"十三五"普通高等教育本科规划教材
电子商务与快递物流综合信息技术实训系列教材

物流信息技术实训

周晓光　杨萌柯　林　钢　编著

北京大学出版社
PEKING UNIVERSITY PRESS

内 容 简 介

本书包括概述篇、入门篇、提高篇和综合篇四大部分，共 13 章。概述篇介绍了常用物流信息技术和物流信息技术实验箱；入门篇介绍了 51 系列单片机的开发基础，包括 51 系列单片机的开发环境搭建及程序下载、投币器的原理及程序控制、电子锁的原理及程序控制、温湿度传感器的原理及程序控制；提高篇介绍了 51 系列单片机与安卓开发板的系统搭建方式和相应技术原理，包括条码、指纹、RFID、GSM、WiFi 及蓝牙的应用操作；综合篇介绍了物流信息技术综合系统搭建方式，包括模拟储物柜系统、温湿度联机监控系统和基于超高频 RFID 的仓储管理系统。在本书的最后提供了单片机开发常用软件的安装和使用教程，方便读者快速掌握常用嵌入式开发工具。

本书作为电子商务与快递物流综合信息技术实训系列教材的实训部分，理论与实践相结合，根据课程教学的实际需要进行相关实验，突出培养实践技能，着眼于提高学生将理论知识应用到实际中的能力，具有较强的实用价值。

本书既可作为物流工程专业、电子信息专业和计算机专业等相关专业的教学用书，也可作为具有一定 C 语言基础、数字电路基础和模拟电路基础的读者和对嵌入式开发有兴趣读者的参考用书。

图书在版编目 (CIP) 数据

物流信息技术实训 / 周晓光，杨萌柯，林钢编著．—北京：北京大学出版社，2017．10
（电子商务与快递物流综合信息技术实训系列教材）
ISBN 978-7-301-28807-8

Ⅰ．①物…　Ⅱ．①周…　②杨…　③林…　Ⅲ．①物流—信息技术—高等学校—教材　Ⅳ．① F253.9

中国版本图书馆 CIP 数据核字 (2017) 第 236253 号

书　　名　物流信息技术实训
　　　　　WULIU XINXI JISHU SHIXUN
著作责任者　周晓光　杨萌柯　林　钢　编著
策 划 编 辑　刘　丽
责 任 编 辑　李瑞芳
数 字 编 辑　陈颖颖
标 准 书 号　ISBN 978-7-301-28807-8
出 版 发 行　北京大学出版社
地　　址　北京市海淀区成府路 205 号　100871
网　　址　http://www.pup.cn　　新浪微博：@ 北京大学出版社
电 子 信 箱　pup_6@163.com
电　　话　邮购部 62752015　　发行部 62750672　　编辑部 62750667
印 刷 者　北京富生印刷厂
经 销 者　新华书店
　　　　　787 毫米 ×1092 毫米　16 开本　16 印张　378 千字
　　　　　2017 年 10 月第 1 版　2017 年 10 月第 1 次印刷
定　　价　38.00 元

前言

PREFACE

随着我国现代物流业的迅速发展，物流信息技术教育也越来越受到重视。但是，在物流工程专业发展的过程中，仍存在着一些问题，相当一部分高等院校拥有日趋完善的理论教学体系，而实验教学体系距离现代物流信息技术还有相当大的差距。例如，对实验实训硬件教学资源的限制，导致一些学生缺乏系统的动手实践能力，难以适应快速发展的物流信息技术。传统的单一教学体系，很难培养出综合的物流信息技术人才，制约着我国物流信息技术人才的培养和现代物流信息技术的发展。

现代物流信息技术是推进我国全面参与全球化竞争、推动我国经济迅速发展的重要因素，而物流信息技术人才对现代物流技术的发展起着至关重要的作用。本书从理论体系、硬件系统组成、系统软件平台等方面，构建了符合我国特色的实验实训教学新模式，以适应我国现代物流快速发展对高素质创新型物流信息技术人才培养的要求。本书旨在通过实训的方式让学生在实际操作中，了解最新的物流信息技术和发展方向，掌握基本的技术原理和实验方法，提高综合实践动手能力，培养适应快速发展的现代物流信息技术的合格人才。

本书的主要内容为物流行业中常用的网络与通信技术和自动识别技术，并与物流信息技术实训实验箱配套使用，将物流信息技术中用到的技术进行分解，以方便学习和掌握。本书分为概述篇、入门篇、提高篇和综合篇。其中概述篇主要介绍教学用到的实训平台和相关技术概况。入门篇、提高篇和综合篇主要以实验的形式展开。其中入门篇以 51 系列单片机和安卓开发板搭建的嵌入式系统进行相关实验，引导学生进行学习，为进一步学习物流技术奠定基础；提高篇主要以安卓开发板为依托进行相关实验，使学生了解现有物流业中切实用到的信息技术，并掌握常见嵌入式系统搭建方式，提高学生综合开发的能力。综合篇分析了物流最后一公里及仓储环节应用物流信息技术的典型案例，抛砖引玉，培养学生发现问题并利用相关物流信息技术解决问题的能力。

本书是电子商务与快递物流综合信息技术实训系列教材，根据北京邮电大学和中科富创（北京）科技有限公司联合成立的电子商务与物流协同发展研究院的研发成果编写而成，亦得益于张琦、邓庆元、孙琼、郑磊、刘刚、周红艳、潘彦、杨宁、于清等团队成员的努力和贡献，在此对他们的付出表示感谢。

由于作者水平有限，加之时间仓促，书中难免出现疏漏和不妥之处，敬请广大读者批评指正。

编　者

2017 年 3 月

【资源索引】

目录

CONTENTS

概述篇

入 门 篇

提 高 篇

综　合　篇

概述篇

第1章 物流信息技术概述

【学习目标】

（1）掌握物流信息技术相关概念。

（2）掌握相关物流信息技术的特点和分类。

（3）了解相关物流信息技术的应用领域。

（4）掌握物流信息技术实验箱的软件和硬件资源及使用方法。

【学习重点】

（1）物流信息技术的分类、特点。

（2）物流信息技术的应用领域。

（3）物流信息技术对现代物流发展的推动作用。

【学习难点】

（1）物流信息技术中自动识别技术的相关原理。

（2）物流信息技术在智能快递柜中的应用。

物流业在我国的迅速发展，成为国民经济发展的重要推动力。随着物联网技术的发展和应用，物流技术也朝着更加智能化的方向发展。物流信息化和智能化的必然趋势已经逐渐得到广泛共识。物流信息技术是计算机技术、网络通信技术、导航技术、图像识别技术和自动化等技术在物流领域的高度集成应用。在物流信息技术中包含大量的硬件和软件技术，如用来构建联结机制的通信网络技术(GSM、4G、WiFi、蓝牙等)和空间信息技术(北斗卫星导航系统、GPS 等)，用来快速实现物流信息提取的技术(RFID 技术、条码扫描技术)，构建智能终端的技术(嵌入式技术、传感器技术)等，以及必要的物流信息管理平台、数据库、手机 APP 等软件技术。物流信息技术为现代物流业的发展起到了积极的促进作用，优化了物流系统，加速了物流业的发展。

本章着重讲解跟实验箱相关的网络与通信技术和自动识别技术的特点、现状和发展，让学生对这方面的常用技术有大概的了解。

1.1　网络与通信技术

随着信息技术的飞速发展，网络与通信的内容不断拓展，尤其是互联网的广泛渗透和普及，更是极大地拓展了网络与通信的内涵。现在的网络与通信技术包含计算机网络技术、移动通信技术、无线局域网技术、无线传感网络技术等内容。网络与通信技术也已经广泛应用到物流行业中，促进了物流行业的快速发展。下面就这几项技术的特点、现状和发展等做简单的介绍。

1.1.1　计算机网络技术

1. 计算机网络技术概述

计算机网络技术是通信技术与计算机技术相结合的产物。计算机网络是按照网络协议，将分散的、独立的计算机相互连接的集合。连接介质可以是电缆、双绞线、光纤、微波、载波或通信卫星。计算机网络具有共享硬件、软件和数据资源的功能，具有对共享数据资源集中处理及管理和维护的能力。

计算机网络包括计算机和网络两部分。其中计算机常见的形式有台式计算机、笔记本电脑、大型计算机等，较先进的计算机有生物计算机、光子计算机、量子计算机等。而网络就是用物理链路将各个孤立的工作站或主机相连在一起，组成数据链路，从而达到资源共享和通信的目的。

21 世纪已进入计算机网络时代，计算机应用已进入更高层次。计算机网络技术实现了资源共享，人们可以在办公室、家里或其他任何地方访问或查询网上的任何资源，也可以实现远程监控，极大地提高了工作效率，促进了办公自动化、工厂自动化、家庭自动化的发展。计算机网络技术的迅速普及深刻地影响了传统的生产生活方式，极大地促进了社会的高速发展与人民生活水平的逐步提高。

在享受网络技术带来的诸多便利时，我们也应清楚地看到，目前网络技术的发展也面临一些问题和挑战。①技术问题，宽带短缺和IP地址资源缺乏都是网络技术发展中面临的严重问题；②安全问题，计算机网络安全是网络技术面临的另一难题。随着计算机信息技术的不断发展，网络受到的侵犯和干扰也越来越多，网络入侵、计算机病毒、数据拦截等都是计算机网络所遭遇的严重问题。

2. 计算机网络技术发展的主要趋势

计算机网络技术的发展主要有以下几个趋势。

（1）作为网络通信技术重要发展方向的无线通信技术，最具代表性的WiFi得到了人们的广泛应用，由网线上网的传统模式转化为开放性的无线上网模式。无线局域网这一技术的成熟，以及产品的增多和性能的稳定，促进了网络通信技术的飞速发展，使得计算机通信网络、广播电视网和电信网能全面发挥自身的功能和优势，从而为广大用户提供高水平的服务质量。通过对计算机通信网络、广播电视网和电信网进行互相兼容和渗透，三网融合已成为发展的必然趋势，逐渐组合成全球通信信息网络。网络融合不仅能实现网络信息资源的共享，提升网络的适用性、稳定性，而且降低了费用，因而必将成为未来的发展趋势。

（2）随着计算机网络技术的飞速发展，网络移动终端设备越来越多，其功能也越来越强大。笔记本电脑、平板电脑、智能手机的大规模使用，使得计算机网络系统的移动化趋势日益显著。计算机网络技术为用户提供了一个开放的资源共享平台，在这个平台上，用户可以实现数据、信息、权限的整合。计算机网络的商业化色彩也越来越浓，计算机网络系统不仅应用于行政办公，而且计算机网络系统与业务管理相融合，扮演着任务管理的重要角色。

（3）目前移动互联网在全球范围内仍然以IPv 4为基础协议，普通用户上网采用的是私有IPv 4地址。而IPv 4因地址短缺、安全性等自身缺陷而无法有效地满足当前不断增长的地址需求。IPv 6作为下一代互联网协议[①]，是针对IPv 4现在面临的问题而提出的。同IPv 4相比较，IPv 6在地址容量、安全性、网络管理、移动性及服务质量等方面有明显的改进，并且已经在主流设备中获得了广泛的支持。

3. 计算机网络技术在现代物流中的应用

对于大多数企业而言，物流占有其相当大的成本，使得许多企业都拿出大量资金自建物流信息平台并建立现代化的物流体系以提高物流效率。

现代物流是以计算机信息管理和通信技术为核心的产业，传统的传递、送货方式已经发生了巨大的变化。严格的、科学的管理系统是物流企业实现事务处理信息化、信息处理电子化的有效途径。这就要求物流企业要充分利用计算机和计算机网络来处理信息，以提

① IPv 6是Internet Protocol Version 6的缩写，其中Internet Protocol译为“互联网协议”。IPv 6是IETF（互联网工程任务组，Internet Engineering Task Force）设计的用于替代现行版本IP协议（IPv 4）的下一代IP协议。目前IP协议的版本号是4（简称为IPv 4），它的下一个版本就是IPv 6。

高自身竞争力。要达到此目的，其关键就是加强物流信息系统的开发建设。

物流信息系统在现代物流中占有极其重要的地位，是整个物流系统的中枢神经，是现代物流企业的核心。物流信息系统能否与现代最新技术结合，以充分发挥其集成、智能、快速、易用的特点，将在很大程度上决定物流企业的效益。据国外统计，现代物流信息技术的应用，可为传统的运输企业带来以下实效：网上货运信息发布及网上下单可增加商业机会20% ~30%，降低空载率15% ~20%；提高对在途车辆的监控能力，有效保障货物安全；无时空限制的客户查询功能，有效满足客户对货物在途运输情况的跟踪、监控；可提高业务量40%；对各种资源的合理综合利用，可减少运营成本15% ~30%。随着互联网技术的迅速发展，在物流信息系统的设计过程中广泛地应用了网络化技术。通过互联网将分散在不同地理位置的物流分支机构、供应商、客户等连接起来，形成了一个信息传递与共享的信息网络，便于各方实时了解各地业务的运作情况，提高了物流活动的运作效率。

物流信息网络化是实现物流信息化的基础，从构成要素分析，主要包括物流信息资源网络化、物流信息通信网络化和计算机网络化3方面内容。其中，物流信息资源网络化，是指各种物流信息库和信息应用系统实现联网运行，从而使运输、储存、加工、配送等信息子系统汇成整个物流信息网络系统，实现物流信息资源共享；物流信息通信网络化，是指建立能承担传输和交换物流信息的高速、宽带、多媒体的公用通信网络平台；计算机网络化，是指把分布在不同地理区域的计算机与专门的外围设备通信线路互联成一个规模大、功能强的网络系统。

物流信息网络化，是指将物流各子系统的计算机管理信息系统，通过现代通信设备和线路连接起来，且以功能完善的网络软件实现网络资源共享的系统。物流信息网络是一个巨型系统，包括运输、储存、装卸搬运、流通加工、包装、配送等各子系统信息网络。每个子系统本身就构成一个大型信息网络。例如，运输系统内部分为5种运输方式，每一种运输方式又形成各自的信息网络。要建立这样一个综合性、巨型物流信息网络是很困难的。因此，一般说来，国内外的做法都是选择一些最急需解决的工作为目标，并确定网络的种类。目前已开发的物流信息网络主要有以下几个方面。

（1）综合信息网络，其中包括物流费用管理信息系统、综合信息系统、进销存综合信息系统等。

（2）运输信息系统，主要处理各种运输问题。

（3）库存信息系统，主要用于解决库存问题。

（4）配送信息系统，主要用于处理车辆运输调度问题。

（5）订货及进货系统，主要用于处理订货和进货问题等。

物流信息网络化可以提高物流管理效率，增加物品流通的透明度。例如，仓库存货可以更快地随着需求量的变化而变化，从而提高仓库的存储空间利用效率。物品流通的透明度（主要包括货物的数量及在物流环节中的位置等）得到提高。这些信息在传统的物流管理方式中较难获取，给物流仓储、物流运输和物流信息跟踪等带来很多问题。而物流信息网络较好地解决了这些方面的问题，使得物流管理者能够及时掌握物流流通信息。

4. 物流信息网络体系结构及其特点

计算机的迅速普及、网络通信技术及社会经济发展的相互作用，支持着企业网络体系结构的普及与发展。Internet/Intranet 网络体系已成为当今企业网络的基本构架和趋势。物流信息网络建设和使用的主要主体是物流企业，因此，可以说物流信息网络的体系结构主要是物流企业的 Internet/Intranet 体系结构。

（1）物流企业的 Internet/Intranet 基本结构，物流企业的 Internet/Intranet 是 Internet/Intranet 技术在物流企业的应用。它是物流企业利用 Internet 技术建立的物流企业信息网络，是物流企业信息管理和交换的基础设施和平台。

根据物流企业的特性，在物流企业的 Intranet（企业内部网）建设中，又可按不同部门和结构来构建物流企业特有的 Intranet。

Intranet 的所有服务是基于客户机/服务器模型的，Intranet 计算模式是客户机/服务器模式的高度扩展，是由客户机/服务器模型发展而来的。在该结构中，客户端的任何计算机只要安装了浏览器就可以访问应用程序。

在物流企业的 Internet/Intranet 之间采用防火墙或路由器连接，这与一般企业的 Internet/Intranet 基本相同。而在物流企业的 Intranet 内，则按不同的部门划分为运输配送部门、订货采购部门、库存控制部门，而分别配备 Web 数据服务器和网络浏览器，构建相应的信息子系统。

（2）物流企业 Intranet 的特点，企业管理信息系统可以简便地实现信息共享、协调作业及网络处理和计算。Intranet 革命性地解决了传统 MIS 开发中不可避免的缺陷，打破了信息共享的障碍，实现了大范围的协作，形成了一个开放、分布、动态的双向多媒体信息交流环境，是对现有网络平台应用技术和信息资源的重组与集成。同时，用户端在一定的工作平台通过 NT 系统网络集成实现对整个网络的透明操作与控制，用户网络协议可以应答用户对整个网络的管理请求和服务请求，通过不同协议与不同的 Server 实现用户的操作请求和数据库信息流的调用。

Intranet 是一种较为先进的企业网络连接的解决方案，对于现有的 MIS 网络系统来讲，有着无法比拟的优势，可以将复杂的网络连接等问题标准化。Intranet 以通信协议（TCP/IP）、域名服务（DNS）和邮件传输协议（POP3）为基础，以 WWW 和 FTP 服务为支撑，使多平台和多服务器的网络连接成为现实。Intranet 以简单的超文本标记语言 HTTP 和公共关系应用接口 CGI 或 API 为主要工具，因此企业内各类应用和数据库以统一的界面在网络上应用，是用户网络各个站点取向的事实标准。由于采用了统一的界面浏览器，因此应用系统的界面统一和应用界面友好。Intranet 利用 CGI 或 API 等程序对数据进行读取操作、维护修改及应用功能添加。

1.1.2 移动通信技术

1. 移动通信技术概述

通信指人与人或人与自然之间通过某种行为或媒介进行的信息交流与传递，从广义上指需要信息的双方或多方在不违背各自意愿的情况下无论采用何种方法、使用何种媒质，将信息从某方准确安全传送到另一方。所谓移动通信(Mobile Communication)是指通信中的一方或双方处于运动中的通信。移动通信是移动体之间的通信，或移动体与固定体之间的通信。

狭义的移动通信，专指公众陆地移动通信系统(Public Land Mobile-communication Network，PLMN)，亦称蜂窝式移动通信系统。蜂窝式移动通信系统是一种小区制移动通信。它的特点是把整个大范围的服务区域划分成许多小区，每个小区设置一个基站，负责本小区各个移动台的联络与控制，各个基站通过移动交换中心相互联系，并与市电话局连接。

移动通信技术的发展主要经历了1G、2G、3G和4G这几个阶段，如图1.1所示。

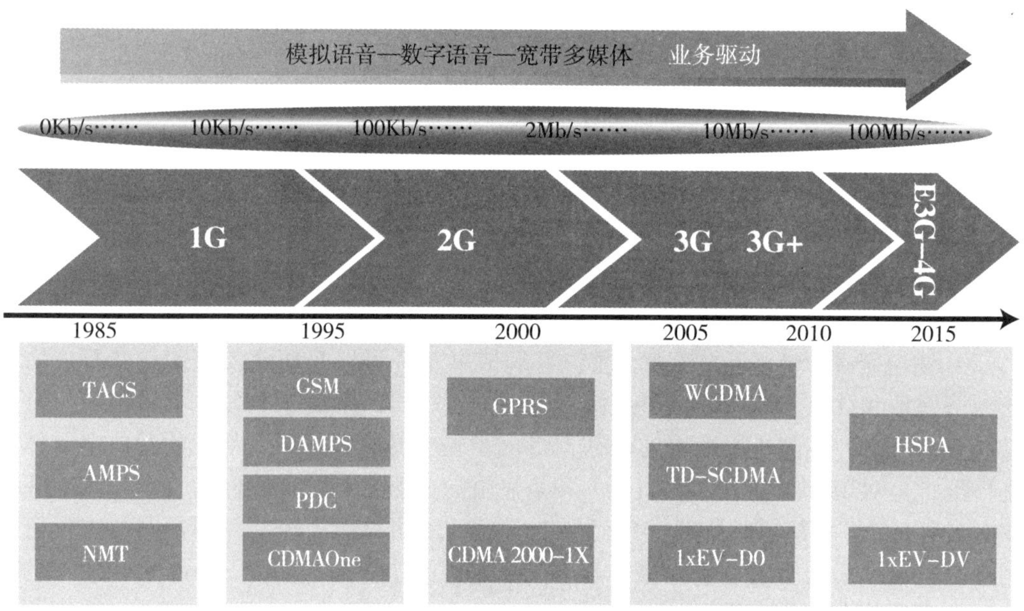

图1.1 移动通信技术发展历程

(1) 1G表示第一代移动通信技术，如现在已淘汰的模拟移动网，主要系统有美国的AMPS系统和后来的改进型系统TACS，以及NMT和NTT等。

(2) 2G是第二代移动通信技术规格的简称，一般情况下无法直接传送如电子邮件、软件等信息；只具有通话和一些如时间日期等传送的手机通信技术规格。不过手机短信(Short Message Service，SMS)在2G的某些规格中能够被执行。主要的第二代手机通信技术规格标准有以下几种。

GSM：基于TDMA所发展，源于欧洲，目前已全球化。

IDEN：基于TDMA所发展，是美国独有的系统，被美国电信系统商Nextell使用。

IS-136(也叫作D-AMPS)：基于TDMA所发展，是美国最简单的TDMA系统，用于美洲。

IS-95(也叫作cdmaOne)：基于CDMA所发展，是美国最简单的CDMA系统，用于美洲和亚洲一些国家。

PDC(Personal Digital Cellular)：基于 TDMA 所发展，仅在日本普及。

(3) 3G(第三代移动通信技术)是指支持高速数据传输的蜂窝式移动通信技术，是将无线通信与国际互联网等多媒体通信结合的新一代移动通信系统。移动通信网络从以语音为主导的网络向以高速数据为主导的网络转型。主要的第三代手机通信技术规格标准有以下几种。

WCDMA：欧洲标准，源自 GSM。

TD-SCDMA：中国标准，时分与码分结合。

CDMA 2000：美国标准，源自 CDMA。

WiMAX：WiMAX(Worldwide Interoperability for Microwave Access)，即全球微波互联接入，WiMAX 的另一个名字是 IEEE 802. 16。

(4) 4G 是第四代移动通信及其技术的简称，并能够传输高质量视频图像以及图像传输质量与高清晰度电视不相上下的技术产品。以 LTE 为主流的 4G 系统能够以 100Mb/s 的速度下载，上传的速度也能达到 20Mb/s。主要的第四代手机通信技术规格标准有以下几种。

LTE：LTE 是 Long Term Evolution 的简称，LTE 项目是 3G 的演进，它改进并增强了 3G 的空中接入技术，采用 OFDM 和 MIMO 作为其无线网络演进的唯一标准。

LTE-Advanced：LTE-Advanced 的正式名称为 Further Advancements for E-UTRA，它满足 ITU-R 的 IMT-Advanced 技术征集的需求，是 3GPP 形成欧洲 IMT-Advanced 技术提案的一个重要来源。

WirelessMAN-Advanced：事实上就是 WiMAX 的升级版，即 IEEE 802. 16m 标准，802. 16 系列标准在 IEEE 正式称为 WirelessMAN，而 WirelessMAN-Advanced 即为 IEEE 802. 16m。

从移动通信的发展历史来看，移动通信的发展不是孤立的，而是建立在与其相关的技术发展和人们需求的基础上的。第一代移动通信是在超大规模模拟集成电路的发展基础和人们对移动通信的需求上发展起来的。第二代移动通信是建立在超大规模数字集成电路技术和微计算机技术以及人们对通话质量的基本需求基础上的。第三代移动通信是建立在互联网技术和数据信息处理技术以及人们对移动数据业务的需求基础上的。第四代移动通信将建立在下一代互联网技术和多媒体技术以及人们对多媒体需求的基础上。

2. 移动通信技术在物流信息技术中的应用

1) 物流系统与移动短信平台、GPRS 网络的对接

物流企业车载及手持无线终端开通 GPRS 业务，无线端通过 GPRS 网络与企业物流管理系统的数据进行对接，可以实现快件揽收、人员调度、车辆监控等功能。实现短信平台功能后，物流企业的工作人员可以使用计算机终端，发送营销短信、会议通知短信、客户关怀短信。物流企业的客户可以通过手机访问物流企业的门户网站、查询各种信息，也可以将信息提交到物流企业办公系统，如提交意见与投诉、进行短信投票等。

2) 快递揽收派件应用

对于物流公司尤其是快递公司，揽收、派件业务是非常重要的。物流企业通过给每个

揽收员部署手持无线终端，可以实现揽收、派件业务的全程监控。揽收员的手持终端一般包含单据录入、条码扫描、人员调度、卫星定位、短信及 GPRS 无线通信等功能。

物流快递软件结合手持终端实现揽收业务包括以下流程。

（1）客户打电话到快递公司的呼叫中心，要求快递收件。

（2）呼叫中心自动产生一个人员调度任务，同时用短信把调度指令发送给负责该客户所在片区的揽收员。

（3）揽收员在指定的时间内上门收件，同时通过手持无线终端录入收件信息并扫描快递单条码，确认后手持终端通过 GPRS 把电子单据上传给物流快递系统。

（4）电子快递单提交到分拣中心，快件到达分拣中心后，分拣系统自动安排装车发件。

3）车辆运输调度应用

目前一些地市级移动公司或企业提供物流车载终端。这种设备集成了全球卫星定位系统（GPS）、移动位置服务（LBS）、地理信息系统（GIS）、车辆监控调度、货物防盗、移动通信（GPRS）等技术。再结合短信的应用，即可实现司机、车辆、线路管理和车辆监控、调度管理。

使用车载无线终端进行运输车辆调度包括以下业务流程。

（1）物流系统通过 GPRS 或短信平台（如 MAS 信息机），发送收货调度指令给司机的车载终端，包括货单号、收货地点、时间、货物信息、送货地点等。

（2）车辆到达指定地点收货后，司机通过车载终端确认车单号，进行收货销单。

（3）车辆开往送货地点，车载终端通过 GPS 或 LBS 系统采集位置坐标，通过 GPRS 或短信发送给总部，总部在电子地图上可以实时查看车辆位置及运行状态。

（4）运输过程中，客户可以随时查询车辆货物位置，物流系统也会主动发出货物运输状态短信通知货主。

（5）车辆到达送货地点卸货后，司机使用车载终端进行送货销单，运输流程完成，司机等待下一个调度指令。

4）客服应用

呼叫中心结合短信服务实现了全天候 24 小时畅通的服务受理，通过短信平台提供的客户服务包括以下几种。

（1）客户短信查单：短信服务应用于网上下单、货物查询系统，通过短信为客户提供货物状态查询、到货通知等服务。顾客 24 小时随时查询货物的到达、签收及在途状态。例如，顾客编辑发送格式短信“CX#货物单号”到企业短信平台特服号，短信查单系统通过信息处理与物流系统对接，查找对应的货物状态信息，再通过短信平台回复货物状态短信到客户手机，完成短信查单。

（2）在线短信客服：利用短信平台发放系统通知、在线客服等信息。

（3）业务咨询管理：通过短信交互功能，使客户查询企业业务范围、资费等信息。

（4）意见投诉受理：客户可以发送投诉短信，企业处理完客户投诉后，自动短信回复处理结果，给客户一个满意的答复。

通信技术在物流行业的应用和普及，可以减少语音通话，降低成本；对外勤服务全面监督，提高管理水平，提高工作效率；建立客服平台，与客户的互动式沟通，提供贴心服务，提升服务质量。此外，移动通信技术还可以应用于物流业的其他方面。

1.1.3 无线局域网技术

1. 无线局域网技术概述

无线局域网(Wireless Local Area Networks，WLAN)。是相当便利的数据传输系统，它利用射频(Radio Frequency，RF)技术，使用电磁波，取代旧式双绞铜线(Coaxial)所构成的局域网络，在空中进行通信连接。

目前的无线局域网产品所采用的技术标准主要包括 IEEE 802.11、IEEE 802.11b、HomeRF、IrDA 和蓝牙，其中 IEEE 802.11b 标准是现在应用广泛的 WiFi 技术采用的标准。

无线局域网产品所采用的无线通信技术一般有以下 3 种，每一种都有相对优势和不足之处。

(1) 窄频技术：数据收发集中在指定的频段上，带宽窄到刚刚可以传送信号。各用户向无线管理委员会申请占用频率执照，并使用这一频率进行通信。接收装置将本频点以外的所有频率信号视为干扰并将之过滤。

(2) 扩谱通信技术：大多数无线网产品采用扩谱通信技术。这是一种由美国军方发展的宽带通信技术，主要应用在对数据安全性要求高的通信系统中。与窄频技术相比，扩谱技术使用更宽的频率带宽，并在更宽的频率范围内交替使用频率通信。有两种无线通信技术可供选择：跳频技术和直频技术。

(3) 红外通信技术：采用甚高频，在频谱中仅低于可见光。它包括方向传播和漫射传播两种技术。方向传播造价较低，但是传播距离较近(3 英尺，1 英尺 =30.48cm)；漫射(反射)传播技术仅局限在室内应用。在成熟的商业无线网络系统中很少采用此技术。

无线局域网通过无线多址信道的方式来支持计算机之间的通信，并为通信的移动化、个性化和多媒体应用提供了有效解决方式。无线局域网具有移动性高、组网灵活等特点，是计算机网络与无线通信技术相结合的产物。

1) 无线局域网的工作原理

通过采用无线电波传输信息，无线波将信号从发送方传送给远方的接收者，要发送的数据信号经过调制叠加到无线载波信号中，调制后的电波占据一定频率带宽。在典型的无线局域网的配置中，发送/接收设备被称为登录点，用标准网线连接到局域网中。简单地说，登录点用来接收、暂存、发送数据，一个登录点可以管理一组用户并在一定的范围内起作用。

普通计算机用户与登录点进行通信的设备是无线局域网适配器，笔记本产品接入无线局域网的产品是 PCMCIA 标准卡(Windows 等应用环境)。其他掌上产品可以采用集成内置式无线产品。

两台装有无线网卡的计算机就可以组成一个最基本的无线局域网络，称为点对点连接。这样的网络不需要管理和配置。在这种情况下，每一个客户端只能登录到另一个节点上，而不能到中心服务器。

在现有的局域网上安装一个登录点，就能有效地扩展网络节点的通信能力。无线网络节点可以同时访问服务器和网络上的其他设备。每一个登录点可以同时管理一系列客户机(Client)，具体数量取决于通信的状态。目前的应用以 15～50 个不等。

在一定功率(以分贝衡量)的通信天线下，网络登录点的通信范围有一定限制，半径从100m 到数千米。较大空间与范围内的应用场地，会安装多个登录点。安装的位置通过对现场的实际监测得到。当无线节点在网络覆盖范围内移动时，保持与网络时时无缝通信的能力称为“漫游”。为解决网络的拓扑问题，可以选择无线网络的中继扩展设备。中继扩展器的功能就像登录点一样，但是不受局域网连线的限制。就像它的名字所暗示的一样，将无线信号从网络的一个无线节点转播给其他的中继扩展器或登录点。中继扩展器可以串接在一起，把局域网线不能达到的地方连成一体。另外一个无线局域网络的概念就是定向天线。假设在工作大楼 A 里已经安装了一个布好线的局域网系统，现在想将其扩展到 1km 外的大楼 B 里。一种办法是在楼宇间布线，另一种办法是在两个楼宇内安装定向天线，两个天线相对，并且连接在相应大楼内局域网的登录点上。这样就可将两个不同的局域网连在了一起。

2）无线局域网的结构

无中心拓扑的网络是一个全连通结构，采用这种拓扑的网络一般使用公用广播信道，各站点都可竞争公用信道，而信道接入控制(MAC)协议大多采用 CSMA。无中心拓扑的网络要求网中任意两点均可直接通信，采用这种结构的网络一般使用公用广播信道，而媒体接入控制协议多采用载波监测多址接入类型的多址接入协议。其特点是网络抗毁性好、建网容易、费用较低。

中心拓扑结构网络，即有一个无线站点充当中心站，所有站点对网络的访问均由其控制。使用这种结构的网络，拥有如下特点：当业务量增大时，网络吞吐性能以及网络时延性能的恶化并不剧烈。另外，由于每个站点只需在中心站覆盖范围之内就可与其他站点通信，所以网络中地点布局受环境限制也相对较小。此外中心站为接入有线主干网提供了一个逻辑接入点。中心网络拓扑结构的缺点是抗毁性差，中心站点的故障容易导致整个网络瘫痪。此外中心站点的引入，在一定程度上增加了网络成本。为了使网络更加高效，且能够以较低成本运营，在实际应用中无线局域网往往与有线主干网络结合起来使用。这时，中心站点就充当了无线局域网与有线主干网的转接器。使用无线局域网的最终目标不是消除有线设备，而是尽量减少线缆和断线时间，让有线与无线网络很好地配合工作。无线局域网不能取代有线网络，它是有线局域网的替补。无线局域网有着传统网络无法比拟的优势，不管是 IT 传统厂商还是新兴厂商，都已经把无线局域网的应用推广视为重中之重，随着科学技术的不断进步和经济社会的不断发展，会有更多的企业用户使用无线局域网。

3）无线局域网的技术特点

(1) 灵活性和移动性。在有线网络中，网络设备的安放位置受网络位置的限制，而无线局域网在无线信号覆盖区域内的任何一个位置都可以接入网络。无线局域网另一个优点在于其移动性，连接到无线局域网的用户可以移动且能同时与网络保持连接。

（2）安装便捷。无线局域网可以免去或最大限度地减少网络布线的工作量，一般只要安装一个或多个接入点设备，就可建立覆盖整个区域的局域网络。

（3）易于进行网络规划和调整。对于有线网络来说，办公地点或网络拓扑的改变通常意味着重新建网。重新布线是一个昂贵、费时、浪费和琐碎的过程，无线局域网可以避免或减少以上情况的发生。

（4）故障定位容易。有线网络一旦出现物理故障，尤其是由于线路连接不良而造成的网络中断，往往很难查明原因，而且检修线路需要付出很大的代价。无线局域网则很容易定位故障，只需更换故障设备即可恢复网络连接。

（5）易于扩展。无线局域网有多种配置方式，可以很快从只有几个用户的小型局域网扩展到上千用户的大型网络，并且能够提供节点之间“漫游”等有线网络无法实现的特性。由于无线局域网有以上诸多优点，因此其发展十分迅速。最近几年，无线局域网已经在企业、医院、商店、工厂和学校等场合得到了广泛应用。

无线局域网作为对有线联网方式的一种补充和扩展，使得网上计算机的可移动性大大增强，为使用有线联网方式不易实现的网络连通问题提供了很好的解决方案。

2. 无线局域网技术在物流信息技术中的应用

物流管理系统中的信息量大、分布广，信息的产生、加工和应用在时间、地点以及应用上比较分散，而且物流信息动态性强，信息的衰减速度快，这就对信息管理的及时性提出了较高的要求，而且物流信息种类多，不仅系统内部各个环节有不同的信息，而且通常物流管理系统和其他系统（如生产系统、发送系统、财务系统）等密切相关，共同组成企业的 ERP 系统。物流管理的过程是流程、信息、物料的管理和流通过程。其最关键的技术在于流程以及流程相关信息的及时有效处理。

物流管理的目标是将输入和输出的效率发挥到最大程度。而通常的物流管理中包含了搬运、清点、输入、移动、包装、退货处理和统计等环节。无线局域网技术显然可以在工作效率以及信息的及时处理方面提供技术上的可行性。另外，对于大型的物流管理活动场所——仓库，由于面积大，又有对象的移动以及移动前、中、后的信息处理，而通常在仓库中又不可能大量布置 LAN 点，这就为 WLAN 在物流管理中的应用提供了现实意义上的实用性。

因此，在各道工序的录入、库存盘点、退货处理环节中运用无线局域网技术可以减少货物的二次搬运或信息的二次录入，提高物流管理的工作效率和信息处理的及时性。

（1）工序录入。对于品种居多，而每个品种数量较少的情况，通常情况是将待录入的物品按一定的操作流程搬运至录入区域，然后由操作员进行录入和清点操作。若采用无线局域网技术就可实现物品相对固定而录入系统移动，则可以大大提高录入的效率。只需扫描货物的条形码，则数量、品种可自动进入系统。

（2）库存盘点。对于任何一个物流来说，为保证精确性，必须在停止其他物流活动的情况下进行库存盘点。通常情况是首先由库存盘点人员逐个清点货物的品种和数量，然后在物流管理信息系统中录入，录入完毕后再由系统判断实际数量和系统中数量的差别，最后进行盘亏或盘盈的操作。若采用无线局域网技术，由于其移动性，可以实现高效率的库存盘点，盘点和数据录入同时完成，通常不需或需要极短的物流中断时间。

（3）退货处理。通常的退货处理要先对退货的货物进行分析，然后进行系统录入，在录入过程中(后)再次进入分析，包裹号和商品号实现分别录入和处理。若采用无线局域网技术，则对于退货的处理就可以在操作上实现简化。例如，不需货物包裹及商品的二次分拣，可以动态地随退货物品的分布而进行。

1.1.4 无线传感网络技术

1. 无线传感网络技术概述

随着无线通信技术的不断发展，无线传感网络应运而生，已成为当前国内外研究的热点。

无线传感网络(Wireless Sensor Networks，WSN)是一种分布式传感网络，它的末梢是可以感知和检查外部世界的传感器。无线传感网络中的传感器通过无线方式通信，因此网络设置灵活，设备位置可以随时更改，还可以跟互联网进行有线或无线方式的连接。通过无线通信方式可以形成一个多跳自组织网络。无线传感网络是当前在国际上备受关注、涉及多学科高度交叉、知识高度集成的前沿热点研究领域。无线传感网络综合了传感器、嵌入式计算、分布式信息处理、现代网络及无线通信等技术，是集信息采集、信息传输、信息处理于一体的综合智能信息系统，具有广阔的应用前景。20 世纪八九十年代，传感器网络的研究依旧主要在军事领域进行，并称为网络中心战思想中的关键技术。1999 年，《商业周刊》将其列为 21 世纪重要的 21 项技术之一。进入 21 世纪后，WSN 受到了更多的关注，并在多种应用方面取得了重大进展。

无线传感网络是由数据分布网络、控制管理中心、数据获取网络 3 部分组成的。其主要组成部件有传感器、数据处理单元和通信模块的节点，各个节点通过协议自组成一个分布式网络，无线电波将优化后的采集数据传输给信息处理中心。无线传感网络节点的数量巨大，而且处在随时变化的环境中，这就使它具有独特的特点。

（1）没有固定中心和自组网特性。在无线传感网络中，所有节点的地位都是平等的，没有预先指定的中心，各节点通过分布式算法来进行相互协调工作，在无人值守的情况下，节点就能自动组织起一个测量网络。而正因为没有中心，网络便不会因为单个节点的问题而受到损害。

（2）能量受限制性。无线传感网络中每个节点的电源电量是有限的，当网络工作在无人区或者对人体有伤害的恶劣环境中时，更换电源几乎是不可能的事，这就要求网络功耗要小，从而延长网络的寿命，以保障其有效长期工作。

（3）网络拓扑的动态性。网络中的节点处于不断变化的环境中，它的状态也在相应地发生变化。又因为无线通信信道的不稳定性，网络拓扑因此也在不断地调整变化，而这种变化方式是人工不能准确预测出来的。

（4）传输能力的有限性。无线传感网络通过无线电波进行数据传输，线的问题得到有效解决，但是相对于有线网络，低带宽则成为它的缺陷。同时，由于信号之间还存在相互干扰，信号自身也在不断地衰减。但是单个节点传输的数据量并不算大，所以这个缺点不会带来很大的问题。

（5）安全性。无线信道、分布式控制、有限的能量都使得无线传感网络更容易受到攻击。被动窃听、主动入侵、拒绝服务则是这些攻击的常见方式。安全性在无线传感网络的设计中至关重要。

2. 无线传感网络的技术应用

无线传感网络的应用前景广阔。从原来的军事应用发展到家庭应用、环境应用、医疗卫生护理应用和物流信息技术应用等方面。下面介绍一些具体的应用，并重点讲解无线传感网络在物流信息技术方面的应用。

（1）军事应用。无线传感网络具有密集型、随机分布的特点，非常适合应用于恶劣的战场环境中，包括侦察敌情，监控兵力、装备和物资，判断生物化学攻击等多方面用途。美国国防部对这类项目进行了广泛的支持。俄亥俄州开发的“沙地直线”（ALine in the Sand），就是一种无线传感网络系统。这个系统能够散射电子绊网(Tripwire)到任何地方，即到整个战场，以侦测运动的高金属含量目标。这种能力意味着一个特殊的军事用途，如侦察和定位敌军坦克和其他车辆。无线传感网络技术，预示着为战场上带来新的电子眼和电子耳，“能够在未来几十年内变革战场环境”。

（2）家庭应用。家用自动化：随着科技发展，智能传感器节点启动器被内置于真空吸尘器、微波炉、冰箱和录像机等家电中。这些内置在家电中的传感器节点相互作用能通过Internet或卫星构成内部的网络。终端用户通过它们可以更容易地远程或本地管理家用电器。智能环境：它的设计可分为两种，以人为核心和以科技为核心。以人为核心是指一个智能环境必须根据输入/输出能力适应终端用户的种种需求。以科技为核心，为发展各种新硬件技术、网络解决方案和中间件服务。传感器节点被嵌入家具和家电中，它们互相通信并与该房间服务器通信，以了解它们提供的服务，如打印、扫描、传真等。另一个智能环境的例子是乔治敦科技学院的家庭型实验室。这个环境中的感知和计算是可靠、持续、透明的。

（3）环境应用。随着人们对环境的日益关注，环境科学所涉及的范围越来越广泛。通过传统的方式采集原始数据是一件很困难的工作。无线传感网络为野外随机性的数据获取提供了方便。例如，跟踪候鸟和昆虫的迁移，研究环境变化对农作物的影响，监测海洋、大气和土壤的成分等。ALERT系统中就有数种传感器来监测降雨量、河水水位和土壤水分，并依此预测爆发山洪的可能性。类似地，无线传感网络对森林火灾准确、及时地预报也是有帮助的。此外，无线传感网络也可以应用在精细农业中，以监测农作物中的害虫、土壤的酸碱度和施肥状况等。

（4）医疗卫生护理应用。英特尔开发了无线传感网络的家庭护理技术。该技术是作为探讨应对老龄化社会技术项目(Center for Aging Services Technologies，CAST)的一个环节开发的。该试制系统通过在鞋、家具以及家用电器等家中道具和设备中嵌入半导体传感器，帮助老龄人士、阿尔茨海默病患者以及残障人士的家庭生活。利用无线通信将各传感器联网可高效传递必要的信息从而从其方便接受护理，而且可以减轻护理人员的负担。

（5）物流信息技术应用。无线传感网络在物流的许多领域都有应用价值，包括生产物流中的设备监测、仓库环境监测、运输车辆及在运物资的跟踪监测、危险品物流管理以及冷链物流管理等。下面列举无线传感网络在物流中应用的两个典型案例。

英特尔对工厂中的一个无线传感网络进行测试。该网络由安装于工厂中 40 台机器上的 210 个传感器组成。每个英特尔半导体装配工厂中大约有 3 000 台机器，而这种微尘（即无线传感器节点）监控系统将可以使工厂受益匪浅。这种监控系统几乎可以应用于任意组装线或引擎。它可以大幅降低检查设备的成本，同时由于可以提前发现问题，因此能够缩短停机时间，提高效率，并延长设备的使用时间。

英国石油公司（BP）无线传感网络的应用比较早，范围也比较广。Loch Rannoch 工程是 BP、Crossbow 和英特尔公司合作完成的一个无线传感网络应用在油轮上的成功案例。这个工程的目的是开发一套能够应用在 BP 全球工业生产中的商用无线传感网络系统。BP 的主要技术部门与 BP 运输部门都对这个试验计划非常关注。例如，BP 运输部门就非常希望能够采集到油轮引擎室搅拌机的震动数据。最后 Loch Rannoch 项目实现了一套用于系统监测和预测维修的高效自动数据采集系统。这是 BP 应用无线传感网络一个比较早的尝试。

3. 无线传感网络关键技术

无线传感网络应用在物流中是未来的一大趋势，但是其广泛应用还有一定的局限。其中有很多关键技术，包括能量管理、节点定位、拓扑控制、MAC 协议和路由协议等值得我们去探讨并加以解决。

（1）对于无线传感器网络而言，最核心的问题就是能源管理。因为传感器网络节点分布数量众多、覆盖范围大、工作环境复杂，很多时候更换电池是不现实的。例如，危险品物流的监测中，环境对人的危害比较大，人工更换电池基本不可能。于是在设计传感器网络时必须充分考虑节能问题，使节点生存时间长达数月甚至数年，以尽可能少的能量完成尽可能多的任务。在目前对于节能问题的研究进展中，休眠机制是节省能源的有效方式之一。由于传感器节点监测事件的偶发性，没有必要让所有单元均工作在正常状态下，此时即可启用休眠模式，能自适应地休眠和唤醒，进行突发工作，节省能量。例如，在运物资的监测系统中，如果温度或压力等测量值在正常范围内，可以让大多数单元进入休眠模式，当超过警戒值时，唤醒某些节点将信息传递给 Sink 节点（即汇聚节点，能够接收所有节点传输包的某个特殊节点），最后到达终端，使管理者能够采取相应措施。这样就能节省大量能量，延长网络的工作寿命。总之，在满足系统要求的情况下，采用各种方法降低耗电量是非常必要的。当然，随着电池技术的发展，如太阳能电池的应用，能耗问题在某些领域将得到更好的解决。

（2）无论是将传感器节点安装在仓库中还是运输工具上，节点定位都是一个关键问题。节点定位是指确定传感器节点的相对位置或绝对位置。节点所采集到的数据必须结合其在测量坐标系内的位置信息才有意义。例如，在物流监测过程中发现某个监测值有异常，必须知道是哪个位置才能采取相应的措施来解决。目前主要有两类节点定位算法：基于测量距离的定位算法和与测量距离无关的定位算法。节点定位问题的研究还有待进一步深入，基于测量距离的定位方法需要附加硬件设备，与测量距离无关的定位方法精度又很低。全球卫星定位系统(Global Positioning System，GPS)技术是比较流行的一种绝对位置定位技术，但是由于成本、功耗、扩展性的问题不可能广泛使用，一般采用的方法是少数节点预先配置或者通过GPS得知自身位置信息而作为信标节点，其他节点依靠信息计算出自身的绝对位置。物流应用当中到底采用哪种节点定位方法能够以较小的成本获得比较好的效果，还需要进一步研究和测试。

（3）在物流中应用的无线传感网络是一个动态的网络，有一部分节点可以移动，如某些节点的位置随着车辆移动而变化，这就涉及一个移动控制问题。移动控制负责检测和控制节点的移动，维护到汇聚点的路由，还可使传感器节点能够跟踪它的邻居。而且一个节点可能会因为电池能量用完或其他故障，退出网络运行；也可能发生节点由于某种需要而被添加到当前网络中的情况。这些都会使网络的拓扑结构发生变化，因此网络拓扑控制具有特别重要的意义。通过拓扑控制自动生成良好的网络拓扑结构，能够提高路由协议和MAC协议的效率，可为数据融合、时间同步和目标定位等很多方面奠定基础，有利于节省节点的能量来延长网络的生存期。传感器网络拓扑控制目前主要的研究问题是在满足网络覆盖度和连通度的前提下，通过功率控制和骨干网节点选择，剔除节点之间不必要的无线通信链路，生成一个高效的数据转发的网络拓扑结构。

（4）MAC协议对节点能耗有重要影响，因为它直接控制射频模块，而射频模块是节点中最大的耗能部件，因此到目前为止，能源效率是无线传感网络MAC协议最主要的设计目标。目前，MAC协议在降低功耗方面主要采用的方法有减少数据流量、增加射频模块休眠时间和冲突避免等。其中，减少数据流量是最根本的解决方案，目前主要靠在网络层或数据链路层上增加一个数据融合层来实现。但在MAC层是否能够进行数据融合以及如何进行数据融合是目前研究较少的领域，还没有成熟的研究成果。而在物流的应用中，诸如可靠性、实时性、移动性等要求会在未来的研究中体现得较明显。

（5）路由协议的主要任务是在传感器节点和Sink节点间建立路由，可靠地传递数据。其首要设计原则是节省能量，延长网络系统的生存期。基于以上原因，协议不能太复杂，不能在节点保存太多的状态信息，节点间不能交换太多的路由信息。同时应尽量避免发送冗余信息，减少能量的浪费。

以上探讨的关键技术都是将无线传感网络应用在物流中需要深入研究的课题，这些关键技术得到很好的解决，将加速推动无线传感网络在物流信息技术中的实际应用，使其得到大范围的推广。

4. 网络与通信技术在物流信息智能管理方案中的应用案例

随着电子商务的不断发展，物流的的规模和地域越来越大，物流管理者不但要解决传统的物流运输调度和仓储问题，还面临着实现资源集中配置和利用等问题。物流管理目的是要解决人与人、人与环境间的互动参与问题，如何尊重现有物流资源及管理现状，科学系统地进行融合、创新，实现物流服务的经营成本下降、管理便捷提升，是许多物流管理者面对的问题。

物流信息智能管理方案主要包括通过公网或企业 VPN 构建全国物流信息管理大联网，通过集中配置、分散管理实现全国物流的人员、设备、财务监管、运输调度、周边资源整合经营等应用，实现物流管理水平和服务水平的提高。集团总部、分部管理人员不管身在何处，都可以通过网络实现对各分部的人员、车辆、设备、资源、资产、经营状况进行了解，及时发现异常，及时做出应对措施。典型的物流信息智能管理网络与通信方案如图 1.2所示。

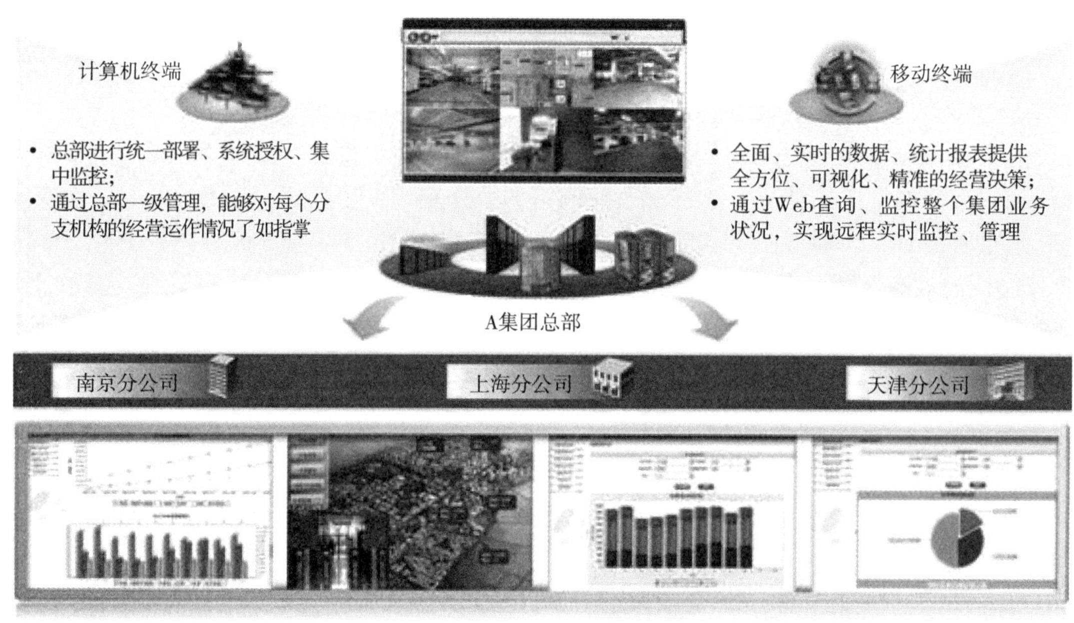

图 1.2　物流信息智能管理网络与通信方案图

1.2　自动识别技术

自动识别(Auto Identification)泛指用机器代替人工识别人或物的技术。自动识别技术在诞生的几十年内得到了迅猛的发展，形成了一个包括条码、磁识别、光学字符识别、射频、生物识别及图像识别等集计算机、光、机电、通信技术为一体的高技术学科。在当今的信息社会，是离不开计算机技术的，而正是由于自动识别技术的崛起才为计算机提供了更为准确和快速的数据采集输入手段，解决了计算机单纯依赖键盘输入，错误率高、速度慢、操作不够简便等瓶颈问题，因此自动识别技术作为先导性的高技术正在为越来越多的人所接受。在现代物流信息技术中，广泛采用的是条码技术和 RFID 技术。

物流业中自动识别技术的应用非常普遍，大部分企业采取自动识别技术进行管理，传统的人工采集和记录物流信息及以电话通信、电子传真进行信息传递的方式逐渐被取代，有效地提高了管理流程中物流信息采集的准确性，解决了信息流转不畅等问题。生产的不断扩大，随之而来的就是生产线的延长、流水线运行不畅、仓库管理困难等问题，使得企业信息化水平低的问题日益突出。计算机与自动识别技术相结合的企业信息化将很好地解决以上问题。自动识别技术的采用将大大加强基础数据采集的准确性，而计算机管理系统将采集的数据准确、及时、直观地展现给管理者，以方便进行决策管理。信息化系统将彻底改变传统企业物流的运作方式，给企业提供一个高效的解决方案。

1.2.1　条码技术

1. 条码技术概述

【拓展文本】

条码是由一组按一定编码规则排列的条、空符号，用以表示一定的字符、数字及符号组成的信息。条码系统是由条码符号设计、制作及扫描阅读组成的自动识别系统。条码分为一维条码和二维条码两种。一维条码比较常用，如日常商品外包装上的条码就是一维条码。它的信息存储量小，仅能存储一个代号，使用时通过这个代号调取计算机网络中的数据。二维条码是近些年发展起来的，它能在有限的空间内存储更多的信息，包括文字、图像、指纹、签名等，并可脱离计算机使用。

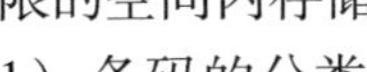

1）条码的分类

（1）一维条码。一维条码在问世以来得到了迅速的普及和广泛的应用。但由于一维条码信息容量小，因此只能作为产品的标识来使用，更多的产品信息只能依赖于后台数据库的支持。离开了数据库，一维条码将变得没有使用价值，因而它的发展也受到了一定的限制。一维条码包括 EAN 码、UPC 码、128 码、93 码、39 码、交叉 25 码及 Codabar（库德巴码）等。

其中，最具代表性的一维条码是 EAN 码。EAN 码是国际物品编码协会制定的一种商品用条码，通用于全世界。EAN 码符号有标准版（EAN-13）和缩短版（EAN-8）两种，我国的通用商品条码与其等效，日常购买的商品包装上所印的条码一般就是 EAN 码。标准版（EAN-13）EAN 码如图 1.3 所示。缩短版（EAN-8）EAN 码如图 1.4 所示。

图 1.3　标准版（EAN-13）EAN 码

6901 2341

图 1.4　缩短版（EAN-8）EAN 码

（2）二维条码。二维条码是在一维条码基础上发展来的。除了具有一维条码的特性外，二维条码还具有信息容量大、可靠性高、保密防伪性强等特点，被称为“便携式数据文件”。由于信息容量比一维条码明显提高，因此二维条码可以部分地脱离数据库工作，它能很好地描述物品的属性信息，因此二维条码的应用也得到了迅速的发展。二维条码分为行排式二维条码和矩阵式二维条码两种。

行排式二维条码。行排式二维条码是建立在一维条码基础上的二维条码，其原理类似于一维条码，只是将一维条码堆积成两行或者多行。最具代表性的行排式二维条码是由美国著名的 Symbol 公司提出的 PDF 417 码，如图 1.5 所示。

图 1.5　PDF 417 码

PDF 417 是至今使用最为广泛的二维条码。其他行排式二维条码还有 Code 16K、Code 49 等。

矩阵式二维条码。矩阵式二维条码是在一个矩形空间通过黑、白像素在矩阵中的不同分布进行编码。在矩阵相应元素位置上，用点的出现表示 1 点，不出现表示 0，点的排列组合确定了矩阵式二维条码所代表的意义。矩阵式二维条码是建立在计算机图像技术、组合编码原理等基础上的一种新型的码制，也是真正意义上的二维条码。最具代表性的矩阵式二维条码有 DATAMatrix、QR 码①。我国自主研发的龙贝码也属于矩阵式二维条码。QR 码和龙贝码如图 1.6 和图 1.7 所示。

图 1.6　QR 码

图 1.7　龙贝码

图 1.6 所示的 QR 码是由日本研制的矩阵式二维条码符号，目前已经得到广泛的应用。

图 1.7 所示的龙贝码是我国自主研发的，它是具有国际领先水平的新码制，具有多向编码/译码功能、极强的抗畸变性能、可对任意大小及长宽比的二维条码进行编码和译码。

目前，国际广泛使用的条码种类有 EAN、UPC 码——商品条码，用于在世界范围内唯一标识一种商品。其中，EAN 码是当今世界上广为使用的商品条码，已成为电子数据交换(EDI)的基础；UPC 码主要为美国和加拿大使用。Code 39 码——因其可采用数字与字母共同组成的方式而在各行业内部管理中被广泛使用。ITF 25 码——在物流管理中应用较多。Codebar 码——多用于血库、图书馆和照相馆的业务中。另还有 Code 93 码、Code 128 码等。除以上列举的一维条码外，二维条码也在迅速发展，其中 QR 码已在许多领域得到了应用，而其他种类的二位条码也在快速发展。

2）条码系统工作原理

条码系统是由条码设计、制作及扫描识读组成的自动识别系统。条码系统主要包括条码的设计、条码的打印和条码的识别。

---

① QR 来自英文“Quick Response”的缩写，即快速反应的意思，源自发明者希望 QR 码可让其内容快速被解码。

（1）条码的设计。条码的设计一般是通过专业的条码设计软件来实现的，这些软件已经具有成熟方便的设计界面和工具，支持各种码制的条码设计。也可以按照条码生成的规则自己来画条形码。

（2）条码的打印。条码设计完毕后是通过条码打印机或其他打印机打印生成的。

（3）条码的识别。条码的识读装置是条码系统最基本的装置，它的功能是读译条码，即把条码条幅的宽度、间隔等信号转换成不同时间长短的输出信号，并将信号转换为计算机可识别的二进制代码输入计算机。识读装置由扫描器和译码器组成。

3）条码识别技术原理

条码是通过将宽度（或大小）不等的多个黑条（块）和白条（块）按照一定的编码规则排列，用以表达一组信息的图形标识。而条码信息的读取主要通过识读设备中的光学系统对条码进行扫描，再通过译码软件将图形标识信息翻译成相应的数据，从而实现对条码所包含信息的读取。

根据扫描及译码方式的差异，条码识别技术主要包括光扫描技术和影像扫描技术两大类，其基本情况如下。

（1）光扫描技术。

光扫描技术主要有红光扫描技术、激光扫描技术两种。现就激光扫描系统进行简要介绍，红光扫描系统与其类似。激光扫描系统由扫描、信号整形、译码3部分组成。扫描部分主要是通过激光二极管产生光束，通过摆动镜的摆动将激光折射到条码表面，条码表面反射的漫射光被感光元件接收后，通过光电转换效应转化为电信号；信号整形部分由信号放大、滤波、整形组成，它的功能在于将电信号处理成与条码条空宽度相对应的高低电平的矩形方波信号；译码部分由集成电路芯片和译码软件实现，它的功能是对得到的条码矩形方波信号进行译码，并将结果输出到条码应用系统的数据采集终端。

激光扫描技术相比其他条码识别技术而言，具有扫描景深大、扫描角度宽、扫描速度快、识别率高、技术方案成熟等优点，目前在一维条码识读设备中占据主导地位。但是，激光扫描技术无法扫描手机屏等自主光源材质显示的条码。同时，激光扫描由于只有水平一个扫描维度，无法扫描二维条码。

（2）影像扫描技术。

根据图像扫描维度的差异，影像扫描技术可进一步分为线性影像扫描技术和面阵影像扫描技术。线性影像扫描技术只可识读一维条码，面阵影像扫描技术对一维条码和二维条码均可识读。目前，面阵影像扫描技术是影像扫描技术的主要发展趋势。

影像扫描技术的扫描系统主要为CCD、CMOS等图像传感器，条码识读设备通过图像传感器对条码图像进行采集。其中，线性影像扫描技术一般采用CCD图像传感器，而面阵影像扫描技术普遍采用CMOS图像传感器。图像预处理主要是对采集的图像进行降噪、背景分离、图像校正等。二值化和模块确定环节是将预处理后的图像信息还原为黑、白两色的图像，然后定位、分割条码黑白模块，译码软件根据条码编码规则进行比对，确定条码字符值，进而读取二维条码所包含的信息。

在手机等智能终端设备中，上述图像处理和识读过程主要通过共用智能终端中的MCU芯片和相应的应用程序实现，即“软解码”；在专用的条码识读设备中，上述图像处理和识读过程主要通过独立的MCU芯片和嵌入式软件实现，即“硬解码”。

相比激光扫描技术，影像扫描技术的成本较高、技术较复杂，但适用领域更广泛，面阵影像扫描技术对一维条码和二维条码均可读取。同时，影像扫描技术利用先进的图像处理技术对于有污染、残缺、产生几何畸变的条码图像进行预处理，然后进行条码识别，相比激光扫描技术进一步提高了识读率，优势明显。因此，影像扫描技术是未来条码识别技术的主要发展方向。

4）EAN/UCC系统

EAN/UCC系统是全球统一的标识系统。EAN/UCC系统是在商品条码基础上发展来的，由标准的编码系统，应用标识符和相应的条码符号系统组成该系统，通过对产品和服务等全面的跟踪描述，简化了电子商务过程，通过改善供应链管理和其他商务处理，降低了成本，为产品和服务增值。EAN/UCC系统的条码符号体系主要由EAN-13、EAN-8、UPC-A、UPC-E、UCC/EAN-128和ITF-14共6个条码组成。

其中UCC/EAN-128条码适用于企业的物流领域。下面简要介绍UCC/EAN-128码。

128码于1981年推出，是一种长度可变、连续性的字母数字条码。商品条码仅能标识单个包装的消费单元，适于零售业对商品进行管理；而流通中还需对商品的生产批号、出厂日期、箱号等辅助信息进行标识，于是国际物品编码协会(EAN)、美国统一代码委员会(UCC)和国际自动识别制造商协会通过筛选，在CODE 128条码的基础上共同设计了EAN/UCC-128条码技术规范，简称EAN-128条码。图1.8所示为UCC/EAN-128码示例。

图1.8　UCC/EAN-128示例

EAN-128条码有如下规定：起始符由一个START A/B/C加一个辅助字符FNC1构成，以区别普通的CODE-128条码。EAN-128码仍然是非定长条码，每一个条码符号可表示的数据最少为3位，最多为32位，并且构成条码的码字数量不超过48个，整个条码的物理长度不超过165mm。一个标准模块的宽度为1mm，放大系数为0.25～1.2。

EAN-128码在表示数据的方法上采用了应用标识符系统(Application Identifier，AI)，使得EAN-128条码成为一种有含义的条码。应用标识符由2～4位数字组成，每一组应用标识符数字的含义是预先定义好的，用来说明其后数字表示的内容。例如，应用标识符01表示贸易项目代码，10表示批号，11表示生产日期，13表示包装日期，15表示保质期等，则以下信息便可以只从数字上做出明确解释：

(01) 16903128100250(11)091020(10)091050表示贸易项目代码为16903128100250，该批产品的生产日期为2009年10月20日，批号为091050。

(01) 16903128100250(13)091020(15)100420表示贸易项目代码为16903128100250，

该产品包装日期为2009年10月20日，保质期到2010年4月20日。

上面示例中应用标识符都放在括号中，是为了方便人眼识读，在条码中表示的时候不使用括号，目的是最大限度地减小条码的长度，以便更多地表示数据内容。

CODE-128条码可以用于任何管理系统中的自动识别，但EAN-128码必须用在EAN/UCC系统中，用来表示商品的储运单元或物流单元的信息，凡用EAN-128条码表示的内容必须符合EAN/UCC系统的规定，即带应用标识符的数据格式，否则就有可能造成条码生成错误或信息识读错误。

2. 条码技术在物流信息技术中的应用①

在物流供应链管理方面，从产品的生产到成品下线、销售、运输、仓储、零售等各个环节，都可以应用条码技术，进行方便、快捷的管理。条码技术像一条纽带，把产品生命期中各阶段发生的信息连接在一起。具体有以下应用。

1）仓库货物管理

条码技术的应用与库存管理，避免了手工书写票据和送到机房输入的步骤，大大提高了工作效率。同时解决了库房信息滞后的问题，提高了交货日期的准确性。另外，解决了票据信息不准确的问题，提高了客户服务质量，消除了事物处理中的人工操作，减少了无效劳动。

2）生产线人员管理

每个班次开工时，工作小组每个成员都要用条码数据采集器扫描员工卡上的条码，把考勤数据和小组成员记录到数据采集器，然后输入计算机系统。小组成员根据记录的情况，决定相应的奖惩。

3）流水线生产管理

在条码技术没有应用的时期，每个产品在生产线前，必须手工记录生成这个产品所需的工序和零件，领料后按记录分配好物料，才能开始生产。在每条生产线上每个产品都有记录表单，每个工序完成后，填上元件号和自己的工号。手工记录工作量大，很复杂，而且不能及时反映商品在生产线上的流动情况。采用条码技术后，订单号、零件种类、产品编号都可条码化，在产品零件和装配的生产线上及时打印并粘贴标签。产品下线时，由生产线质检人员检验合格后扫入产品的条码、生产线条码号并按工序扫入工人的条码，对于不合格的产品送维修，由维修确定故障的原因，整个过程不需要手工记录。

4）进货管理

进货时需要核对产品品种和数量，这部分工作是由数据采集器完成的。首先将所有本次进货的单据、产品信息下载到数据采集器中，数据采集器将提示材料管理员输入收货单的号码，由数据采集器在应用系统中判断这个条码是否正确。如果不正确，系统会立刻向材料管理员作出警示；如果正确，材料管理员再扫描材料单上的项目号，系统随后检查购货单上的项目是否与实际相符。

---

① 袁伟华. 条码技术在物流管理中的应用[D]. 武汉：华中科技大学，2005.

5）入库管理

搬运工(或叉车司机)只需扫描准备入库的物料箱上的标签即可。入库可分间接和直接两种：直接入库指物料堆放在任意空位上后，通过条码扫描记录器地址；直接入库指将某一类货物存放在指定货架，并为其存放位置建立一个记录。

6）库内货物的管理

对于标签破损，参照同类物或依据其所在位置，在计算机中制作标签，进行补贴。在货物移位时，用识别器进行识读，自动收集数据，把采集数据自动传送至计算机货物管理系统中进行管理。按照规定的标准，通过条码识读器对仓库分类货物或零散货物进行定期的盘存。在货物发放过程中，出现某些物品的货物零散领取的情况，可采用两种方式：一种是重新打包，系统生成新的二维码标签，作为一个包箱处理；另一种是系统设置零散物品库专门存储零散货物信息，记录货物的品名、数量、位置等信息，统一管理。

7）货物信息控制、跟踪

库存自动预警：对于各种货物库存量高于或低于限量进行自动预警，结合各种货物近期平均用量，自动生成在一定时间内需要采购的货物品名和数量等，管理人员可适时地采购或取消订货，有效地控制库存量。空间监控：监控货物的实际位置、存放时间、空间余地等参数，对不合理位置、超长存放时间、余地不足等规定的限量自动预警。货物信息跟踪：对整个供应链进行跟踪。报损处理：自动对将要报损货物进行跟踪，管理人员可对报损货物进行登记，填写报损申请表，若报损申请批准后，系统对报损货物进行报损处理，建立报损明细。

8）出库管理

采用条码识读器对出库货物包装上的条码标签进行识读，并将货物信息快递给计算机，计算机根据货物的编号、品名、规格等自动生成出库明细。发现标签破损或丢失，按照上述程序人工补贴。出库货物经过核对，确认无误后，再进行出库登账处理，更新货物库存明细。

3. 我国条码技术存在的问题

在我国，条码被越来越多的企业认识和接受，在商场里许多商品上都印有条码。许多超级市场的收款台也采用条码扫描进行结账，既减轻了收款员的劳动强度，又提高了工作效率，也避免了人为的差错。但是，对于条码的应用，条码在商业企业经营管理中的作用并没有得到充分发挥。一些生产厂商只是将条码作为商品标识和品牌形象，某些零售商将条码作为提高收款速度的一种手段，而相当部分的消费者也认为有条码的商品更可靠、更安全，是否使用商品条码售货也成了人们衡量商场管理水平的一个重要标志。人们对于条码的意义和作用还没有充分认识，而且在我国商品条码的使用中也暴露出一些不容忽视的问题，直接影响了我国商品的声誉和我国商业 POS[①] 系统的建立和正常运行。提高商品条

① POS(Point of Sale)“销售点”——供应链管理的定义为对于某个销售点某一时间的销售数据的计算和存货的支出，通常用条码或磁介质设备。

码的质量，规范商品条码的使用已成为条码技术进一步普及的关键。

条码不仅是一种产品的表示符号，而且它将带来的是一场深刻的商业革命。但是，我国对于条码的应用起步较晚，商品条码普及率有待进一步提高，在码制的统一、条码的质量控制等方面还存在着一些困难。由于对条码的意义和基本要求缺乏足够的认识，在条码的推广和应用过程中也出现了不少问题，商品流通领域的表现尤为突出。主要问题表现在以下方面。

1）各类商品的条码化程度不均衡

目前商场中所经营商品的条码化不均衡，这与各类商场商品的进货种类有关，也与商场在进货时对商品是否使用条码的重视把关程度有关。

食品和日化品的条码化程度较高是因为它们都能规则包装，易于条码印刷，商品本身的价位又较高，而且又都是超市目前的主导商品、大类商品，超市目前对这两大类商品使用条码相对其他商品较重视。而服装、针织品款式、规格繁多，更新变化又快，生产企业对使用条码感到麻烦。因此，积极性不高，而且目前超市这类商品所占份额很少，不少超市还未经营这类商品，这反过来影响了生产企业使用条码的紧迫感。

2）对条码的意义、作用认识不足

各地条码检测结果表明，我国市场上商品条码质量存在的种种问题，绝大多数是由对条码缺乏认识，不了解商品条码的内涵和有关技术规定，不知如何正确使用造成的。近年来，我国各级条码工作机构相继开展了有关条码知识的宣传活动，但由于缺乏统一组织，不够系统，声势规模较小，针对性也不强，所以整体效果不显著，企业的条码质量意识还是十分淡薄，有关条码的知识仍十分缺乏。因此，在商品条码的使用中产生了许多误区，主要表现在以下几个方面。

(1) 用统一代码证书上的条码标识产品。在有关部门对市场商品质量的监督检查中，发现多起用企业代码证书的条码标识商品的现象。近几年在全国范围内建立起来的统一代码制度，其证书上印有条码是为了推动代码信息数据库的广泛应用而标识的。通过扫描器，条码信息就能迅速输入计算机，从而在代码数据库中检索出此证书条码代表的信息，如单位名称、行业、企业性质等。它虽然有商品条码相似的结构，但不是商品条码，不符合我国的《通用商品条码》强制性标准，不能标识商品。但一些厂商误认为企业代码证书的条码是商品条码，擅自将其印在商品的标签上作为企业的商品条码。

(2) 用外国的条码标识商品。随着中外合资与外国独资企业在我国注册的增多和对外贸易的发展，市场上国产商品标识外国(或地区)条码的现象很多，严重地违反了我国的有关法规规定。我国条码管理机构多次发布规定：“不得擅自加入别国(或地区)的条形码系统或使用外商提供的条形码标志。”实际上，在合资企业的所在国生产的商品，都应标识所在国(或地区)的条码(该国或地区未加入国际物品编码协会的除外)，这已是国际上通行的做法。国产商品使用外国(或地区)的条码已干扰了我国商品条码正常的发展秩序，影响了我国商品的形象，不利于将我国商品推向国际市场，必须加大执法力度予以改变。

(3) 用已淘汰产品的条码标识商品。企业产品的品种、规格、包装等由于市场需求的变化，要被淘汰而退出市场，那么原来产品的条码也要随着产品的淘汰而作废，不能重新使用。而有的企业认为，某种规格的产品不生产了，便将原来产品的条码用在新规格、新包装的产品上，既方便又节省资金，还减少了很多麻烦。这种现象也在某些企业中时有发生，造成商品编码混乱。

3）某些条码的印刷质量较差

条码是一种印刷的计算机语言，用于机器阅读，因此在印刷要求上比人眼识读的字符更为严格，光电识读装置对条码的印制缺陷、条码的光学特性以及几何尺寸误差十分敏感。由于条码各方面的缺陷，机器识读率降低，甚至产生错误，造成输入信息的混乱，影响商业 POS 系统的正常运行。主要表现有以下几方面。

（1）条码尺寸不合格。标准版 EAN-13 条码的标准尺寸为 37.29mm × 26.26mm，使用中可在此基础上依据包装印刷面积、印刷工艺状况和商品包装物的形状按 0.8 ~ 2.0 倍放大或缩小。而实际应用中，发现很多商品的条码尺寸不合格，常见问题是空白区太小和粗细线条高度不够。

（2）条码颜色搭配错误。商品条码的底与条颜色反差应满足一定对比度的要求，对比度越大，越易识读。最基本的是黑条白底，禁用红、黄、白色作为条色。

（3）条码印刷位置选择不当。条码的印刷位置应明显而且平整。常有因条码被覆盖、遮挡或内装物品的安放造成的条码弯曲，使扫描器无法识别。

（4）条码印刷模糊。一些商品条码印刷模糊，甚至造成连片。这是由于印刷条件差，质量管理水平低，缺乏条码检测设备，油墨的附着性不好、牢度不够等原因所致的。

4）商品条码使用不规范

国家条码管理部门颁布的有关商品条码的各项规定，是规范我国条码正常发展秩序的基础，是厂商使用商品条码的工作指南，但有些企业对商品条码的有关法规等缺乏足够的了解，以致在条码的使用中出现一些问题。

（1）编制代码有误，主要表现为异物重码或一物多码。商品条码的“唯一性”是其最大意义和特点所在。一个商品项目只有一个代码，一个代码标识只用一种商品。不同价格的商品如用同一代码，自动识别系统会视其为同一商品而造成管理上的差错；反之，同一商品有数种条码，自动识别系统会视其为若干种商品，同样造成管理混乱。

（2）超期使用商品条码。经申请批准注册的商品条码有效期为两年，期满后应进行复审，逾期不参加复审者则失去继续使用的权利，继续使用者被视为假冒商品条码行为。而一些企业不参加复审，依然超期使用。

（3）滥用、冒用条码。一些厂商胡乱将一些不同用途的条码印在自己产品的标签上。这些厂商不了解商品条码技术和办理商品条码的有关要求，看到市场上众多的商品标有条码，觉得是一种趋势和形象，因此，纷纷在商品标签上印制各种条码。伪造、冒用、错用、滥用条码的现象时有发生。

目前商品条码在流通领域会出现这么多的问题，分析起来，主要有如下几个方面的原因：①印刷企业对条码技术要求和有关管理不够重视，形成条码印刷质量问题；②条码的立法与标准化工作不够完善，致使条码管理与质量监督缺乏依据；③部分生产企业、单位和个人等不按规定使用条码，造成设计、管理和使用方面的问题；④监督检查不严使超期使用条码和印刷假冒伪造条码等问题时有发生；⑤商业企业进货未按要求查验“中国商品条码系统成员证书”，使假冒伪造商品条码有机会进入市场。这些因素给我国商品条码的正常发展带来严重影响。

4. 条码识别技术的发展前景

条码技术自诞生以来，凭借着其在信息采集上灵活、高效、可靠、成本低廉的特点，逐渐成为现代社会常见的信息管理手段之一。而条码识读设备作为信息采集的前端设备，是条码技术应用的前提和基础，并且伴随条码技术的不断发展，目前已成为商品零售、物流仓储、产品溯源、工业制造、医疗健康、电子商务和交通系统等信息化系统建设中必不可少的基础设备。

在企业发展中，时间就是金钱，在订单流程中即使是几分钟的时间节省也可能会给最终用户带来不同的结果，因此需要提高供应链管理能力。采用快速准确的条码技术是缩短订单履行周期、降低成本、提高竞争力、提高效益的有效方法之一。条码技术以低成本的方式有效解决各类管理信息系统所遇到的数据采集和输入问题，实现数据快速、准确的自动化采集，提升了工作效能，实现了管理目标。

目前，一维条码识读设备已经较为普及。而随着二维条码技术的不断发展和应用领域的拓展，影像扫描技术开始逐步实现对激光扫描技术的替代，释放出相应的识读设备市场需求。同时，以亚太地区为代表的新兴市场仍处于快速发展阶段，对条码设备的市场需求与日俱增。这些因素均为市场注入了新的活力，推动了条码识别产业的稳步增长。

近年来我国在条码技术的应用领域发展迅速，尤其是物联网层级的信息化、智能化应用逐渐提升，条码识别产业发展空间巨大。

随着移动互联网、云计算、大数据技术的逐渐成熟，物联网理念和相关技术产品已经广泛渗透到社会经济的各个领域，以物联网融合创新为特征的新型网络化智能生产方式正逐步塑造出我国未来制造业的核心竞争力，推动形成新的产业组织方式、新的企业与用户关系、新的服务模式和新业态。而条码识读设备属于物联网架构中的感知层，是实现对物理世界的智能感知识别、信息采集处理和自动控制的重要手段，也是物联网产业发展的基础。未来，随着物联网概念及相关产业的不断发展，对条码识读设备的投资建设需求也将不断增加。因此，长期来看，条码识别产业将直接受益于物联网所带动的投资增长。

1.2.2 RFID 技术

1. RFID 技术概述

射频识别(Radio Frequency Identification，RFID)技术的基础是电磁理论。它根据无线电波对记录媒体进行读写，射频识别的距离可达几十厘米或几米，且读写数据量可达数千字节，同时还可具有比较好的保密性。相对于条码标识，RFID 具有明显的优势。它具有

【拓展文本】

数据量大、非接触式读写、多标签同时读写、加密防伪等优良的特性。由于这些性质，它非常适用于物流领域物品的标识，但由于设备和射频卡成本较高，一直没有得到广泛的应用，但随着技术的进步，现在它的价格已经降到了人们可以接受的程度，RFID 将是自动识别行业发展的方向。

1）RFID 系统

RFID 系统一般由标签、阅读器、编程器、天线几部分组成。

（1）标签：在 RFID 系统中，信号的发射机一般以射频标签的形式存在。标签相当于条码技术中的条码符号，用来存储需要识别的信息，不同的是标签上的信息能够自动或者在外力的作用下通过无线信号主动发射出去，而且标签信息也是可读可写的。标签一般是带有线圈、天线、存储器、控制系统的低电集成电路。

（2）阅读器：在 RFID 系统中，信号接收机叫做阅读器。根据支持标签种类的不同，阅读器的功能也是不尽相同的。但阅读器的基本功能就是提供与标签进行数据传输的途径。

（3）编程器：只有可读写的标签系统才需要编程器。编程器是向标签写入数据的装置。编程器写入数据时一般是离线完成的，也就是预先在标签中写入数据，等到开始应用时直接将标签标识在物品上。但有些 RFID 系统也需要实时写入数据，实现交互式的处理。

（4）天线：天线是标签与阅读器之间传输数据的发射、接收装置。除了系统功率、天线形状，对称性及位置都能影响数据的发射和接受，需要专业人员对系统的天线进行设计安装。

2）RFID 技术的特点

（1）射频技术。RFID 系统最重要的优点是非接触识别，它能穿透雪、雾、冰、涂料、尘垢和条形码无法使用的恶劣环境阅读标签，并且阅读速度极快，大多数情况下不到 100ms。有源式射频识别系统的速写能力也是重要的优点，可用于流程跟踪和维修跟踪等交互式业务。

制约 RFID 系统发展的主要问题是不兼容的标准。RFID 系统的主要厂商提供的都是专用系统，导致不同的应用和不同的行业采用不同厂商的频率和协议标准，这种混乱的状况已经制约了整个 RFID 行业的增长。许多欧美组织正在着手解决这个问题，并已经取得了一些成绩。标准化必将刺激 RFID 技术的大幅度发展和广泛应用。

（2）适用性。物流管理的本质是通过对物流全过程的管理，实现降低成本和提高服务水平两个目的。如何以正确的成本和正确的条件，去保证正确的客户在正确的时间和正确的地点，得到正确的产品，成为物流企业追求的最高目标。一般来说，企业存货的价值要占企业资产总额的 25% 左右，占企业流动资产的 50% 以上。所以物流管理工作的核心就是对供应链中存货的管理。在运输管理方面采用 RFID 技术，只需要在货物的外包装上安装电子标签，在运输检查站或中转站设置阅读器，就可以实现资产的可视化管理。与此同时，货主可以根据权限，访问在途可视化网页，了解货物的具体位置，这对提高物流企业的服务水平有着重要意义。

（3）性能优势。RFID 技术具有优良的性能，主要表现在以下几个方面。

① 快速扫描。RFID 辨识器可同时辨识读取多个 RFID 标签。

② 体积小型化、形状多样化。RFID 在读取上并不受尺寸大小与形状限制，不需为了

读取精确度而配合纸张的固定尺寸和印刷品质。此外，RFID 标签更可向小型化与多样形态发展，以应用于不同产品。

③ 抗污染能力和耐久性。传统条码的载体是纸张，因此容易受到污染，但 RFID 对水、油和化学药品等物质具有很强抵抗性。此外，由于条码是附于塑料袋或外包装纸箱上，所以特别容易受到折损；RFID 卷标是将数据存在芯片中，因此可以免受污损。

④ 可重复使用。现今的条码印刷上去之后就无法更改，RFID 标签则可以重复地新增、修改、删除 RFID 卷标内储存的数据，方便信息的更新。

⑤ 穿透性和无屏障阅读。在被覆盖的情况下，RFID 能够穿透纸张、木材和塑料等非金属或非透明的材质，并能够进行穿透性通信。而条码扫描机必须在近距离而且没有物体阻挡的情况下，才可以辨读条形码。

⑥ 数据的记忆容量大。一维条码的容量是 50 字节，二维条码最大的容量可储存 2 ~ 3 000字符，RFID 最大的容量则有数兆字节。随着记忆载体的发展，数据容量也有不断扩大的趋势。未来物品所需携带的资料量会越来越大，对卷标所能扩充容量的需求也相应增加。

⑦ 安全性。由于 RFID 承载的是电子式信息，其数据内容可经由密码保护，使其内容不易被伪造。

RFID 因其所具备的远距离读取、高储存量等特性而备受瞩目。它不仅可以帮助一个企业大幅提高货物、信息管理的效率，还可以让销售企业和制造企业互联，从而更加准确地接收反馈信息，控制需求信息，优化整个供应链。

2. RFID 技术在供应链不同环节中的应用

1）存储环节

基于 RFID 的库存管理方案可通过自动识别来提高操作的节拍和工作效率，通过提高库存的实时与准确信息，实现快速供货并最大限度地降低了库存成本。同时可降低由于商品误置、送错、偷窃等造成的损耗。另外，通过对货物库位以及操作人员加上 RFID 标签进行编码，实现了整个数字化库存管理体系。

2）分销环节

产品贴上 RFID 标签，在进入中央配送分销中心时，门阅读器读取托盘、货箱上的标签内容。系统将这些信息与发货记录进行核对，以检测出可能的错误，然后将 RFID 标签更新为最新的产品存放地点和状态。在企业分销中和零售业配送中采用 RFID 技术能大大加快配送的速度和提高分拣、包装、装配及分发过程的效率与准确率。

例如，沃尔玛的供货商为了满足其订货要求，根据配送中心发来的各个门店所需产品的订单信息与产品标签信息进行匹配，迅速先挑拣出所有的产品，放在托盘上直接送上输送带。这样可以方便地在同一托盘上分拣出不同类别的产品，而无需人工处理，实现了快速准确的发货。

3）运输环节

在运输货物以及车辆上粘贴 RFID 标签，在运输线的检查点上安装 RFID 设备，通过接收 RFID 标签信息来实现车辆、货运货柜的识别、防伪定位与追踪等。另外，RFID 技术在货运运输过程中能够降低差错率和配送成本；通过防伪、防盗提高产品的安全性；对车辆进行精确追踪、管理，提高资产的利用率。

4）零售环节

RFID 智能标签可以在销售环节改进零售商的库存管理水平，实现实时补货，提高效率，减少出错率。例如，在客户进行购物结算时，可以通过 RFID 读写器自动读取客户所购买的物品种类、数量、价格及折扣信息，通过选择现金或信用卡来实现快速的自动计费与支付，改善了商店的购物环境和购物流程。

在 863 高技术计划项目的支持下，上海邮政局启动了 RFID 技术应用示范工程项目，主要内容包括在速递邮袋上采用 RFID 标签袋牌，通过电子化支局系统、中心局生产作业系统以及自动分拣设备实现 EMS 总包处理的自动化和信息化。在速递处理中心，RFID 系统通过数据接口获取现有业务计算机系统的有机整合。通过 RFID 在数据包总处理全过程的应用，实现了总包信息的多环节自动勾挑核对和自动分拣处理，系统识别率达到 99% 以上，总包分拣速度提高了 20% 以上。RFID 技术最早进入欧洲邮政行业时，主要是通过有源 RFID 标签来实现快件和包裹运输过程的追踪。标签包含了包裹的物品信息、发送者信息及目的地信息，通过自动化扫描来提高邮政的效率和服务质量，并保证服务的安全。

3. RFID 技术在冷链物流中的应用

冷链物流管理泛指温度敏感性产品在生产、储藏运输、销售、消费的各个环节中始终处于规定的低温环境下，以保证物品质量，减少物流损耗的一项系统工程。冷链由冷冻加工、冷冻储藏、冷藏运输及配送、冷冻销售 4 个方面构成。典型的温度敏感性产品有乳制品、其他生鲜食品、园艺品、血液、疫苗、药品等。而食品、药品如果在生产运输过程中缺乏有效的冷链物流管理，将有可能造成重大的事故和经济损失。我国政府制定了相关的食品安全监管法律来规范冷链供应链的管理。而将 RFID 技术引入需要恰当的温度管理的物流和生产流程中，将温度变化记录在带有温度传感器的 RFID 标签上，通过连续的记录温度数据，容易界定责任，方便信息追溯，可以快捷把握运输途中的温度状况，并促进流通过程中生鲜度管理的改善。在解决这样的长途冷链物流，特别是国际物流时，将 RFID 温度监测器放入货箱或物品包装中，监控器按照预定的间隔周期性地记录检测到的温度，并将温度数据传送至各节点的读写器。各个温度监测点的数据通过数据传输网络集中上传至数据中心存储和处理，最终汇总至中心数据平台，实现冷链温度的高效，集中数据管理。企业或联盟成员通过口令获取相关数据，实现对冷链温度的全程实时监控和预警。

4. RFID 技术目前存在的问题

RFID 已经拥有较长的历史，但是随着 RFID 技术在安全性和成本方面的全面发展，在 RFID 的软件中间件以及软件应用领域还存在一些关键的问题需要解决。这些问题包括以下几个方面。

（1）随着 RFID 技术与应用的发展，人们将会从目前对 RFID 硬件以及 IT 架构的关注，逐渐转移到对 RFID 业务流程变化和优化的关注上来。这些业务流程的改变将部分的引起 ERP(Enterprise Resource Planning)系统应用模式的变化。

(2) RFID 正在快速发展，但研究较为分散，特别是在 RFID 应用软件领域目前尚无标准或规范。

(3) 实现数据的多部门、多企业的共享方面，RFID 的软件体系结构以及功能化的设计均要比传统的一些软件应用要求复杂且更为开放。

(4) RFID 标签的价格面临着一些障碍，包括 RFID 系统的现有设备成本以及电子标签、读取器和天线的价格，这是 RFID 技术获得市场应用的一项主要障碍。

(5) RFID 的标准化问题由于目前尚无统一的国际标准。因此，大多数的 RFID 应用仍然局限于某些闭环的场景中，从而极大地限制了应用的发展。

5. RFID 技术的发展前景

随着 RFID 技术的发展演进和成本的降低，以及全球开放的市场为 RFID 技术带来的巨大商机，RFID 技术在供应链中的应用将会更加普及，成为 RFID 技术赢利的重要方式。在供应链运转时，企业必须及时掌握供应链上的商流、物流和信息的流向，才能使企业发挥出最大的效率和效益。但实际上，物品在流动环节中处于松散的状况，商流、物流、信息和资金常随着时间和位置的变化而变化，使企业对这 4 种流向的控制能力大大下降，RFID 技术正是有效解决了供应链上各项业务运作资料输入/输出业务过程中的控制和跟踪问题，以及减少出错率等难题的一种技术。

综上所述，RFID 的技术应用有利于促进整个社会的运行效率。随着 RFID 产业的迅速崛起，相关企业、单位等应积极抓住 RFID 所带来的商机，为 RFID 的引入做积极的准备。另外，如果要大规模扩展 RFID 应用，标准问题是必须加以关注的。只有关注标准才能够将未来的产品与全球市场紧密结合，从而获得更高的投资回报。

1.2.3 自动识别技术与现代物流信息管理系统

1. 自动识别技术给现代物流信息管理系统带来的影响

现代物流信息管理系统需要高速准确地对物流信息进行采集，要捕捉每一产品生产、入库、出库、销售等环节的信息。自动识别技术正是实现信息采集的最佳解决方案。自动识别技术让物流精细化管理成为可能，它的引入对企业物流的管理具有重要意义。

传统的物流信息管理系统存在的问题：①多采用人工统计、手工记录、纸质单据，由于人工采集数据，难免会出现错误，这样就造成了数据采集的不准确；②手工记录操作复杂，需要计算的统计的部分也容易发生错误；③信息反馈慢，纸质单据的传递需要一个过程，管理者得到的数据往往不是及时有效的数据；④数据查询统计困难，通过纸质单据计算数据费时费力；⑤在没有使用条码标识的情况下很难做到产品的单品管理，这样物流的精细化操作是不可能实现的；⑥仓库管理困难，无论是产品的定位还是仓库的盘点，在库存量很大的时候都是非常困难的问题。

企业在引入了物流信息管理系统后，很多问题得到明显的改善。在没有自动识别技术的情况下，数据的采集依然采用手工方式进行，然后再将手工单据录入物流管理信息系统或ERP系统中去。虽然这样并没有简化数据采集的流程，而且增加了数据录入的工作，但即使这样，物流管理的信息化仍然带给企业以效益：在单据录入系统后减少了纸质单据传递的麻烦；数据统计由系统完成，减少了手工统计的错误；数据的查询和统计变得方便，管理者可以方便地通过系统查询数据；提高了数据的实时性，数据一旦录入系统，将立刻在系统中反映出来。

当物流管理信息系统引入了自动识别技术后，物流信息管理系统得到很大改善。每件产品将采用条码（或RFID射频标签）进行标识，按情况不同标识到单品或者种类、批次。数据采集时使用数据采集器，只需扫描条码录入相关信息即可，这样就简化了数据采集的过程，采集器扫描代替了手工记录，增加了数据采集的准确性；如果采用无线数据采集设备，数据采集后，立即在系统中得到反映，真正地做到实时性；彻底摆脱纸质单据的记录、流转，数据采集的过程代替了以前物流管理系统中记录和数据录入两个过程，简化了物流和信息流之间的联系；由于系统具有良好的实时性，因此数据的准确性大大提高，如系统反映的库存就是真实的库存，给管理决策带来极大的方便；通过自动识别技术可以对单品进行管理，其最直接的优势就在于可以监控每件产品在企业内整个生命周期的情况，实现产品质量追溯等功能。

自动识别技术对物流管理的具体影响包括以下几个方面。

1）奠定了物流管理信息化的基础

物流是物资的流动，物资是物流管理的主要对象。实现物流管理信息化的基础是物资的信息化。无论计算机处理信息的功能多么强大，网络传输信息的速度如何快速，实体的物资都无法进入信息网络系统。而只有将物资的实体特征，如其品种、数量、产地等信息进行虚拟化、信息化后，以数据编码的形式输入计算机系统，才能对物资进行信息化管理。而且在现实的物流管理中，物资品种多，流通速度快，在每一个流通环节中都要读取和输入大量的信息，仅仅依靠传统的方式进行物流信息的读取和输入，效率低、错误率高，根本无法实现及时掌握物流状态的目的，物流管理信息化只能是一句空话或者在低层次上徘徊。自动识别技术在物流管理上的应用从根本上解决了这个问题，它不但可以将物资的有关信息进行信息化编码，而且可以在需要的时候对编码信息进行快速、准确的识别和输入，大量物流信息的采集可在瞬间完成，从而为物流管理信息化奠定了坚实的基础，适应了现代物流向大量化、效率化发展的趋势。

2）促进了现代物流的发展

从发展的角度看，物流可以分为传统物流和现代物流。传统物流，一般就是指商品在空间与时间上的位移，以解决商品生产与消费在地点与时间上的差异，主要包括运输、包装、仓储、加工配送等。而且，传统物流在很大程度是功能性的，服务范围比较单一，综合程度低。与传统物流相比，现代物流呈现出以下特征。

（1）多种运输方式的有机集成，把传统运输方式下相互独立的海、陆、空的各个运输手段科学地组织起来，共同完成运输任务。

（2）运用供应链管理的思想和手段，有效沟通供应商、制造商、批发商、零售商和消费者的联系，降低物流成本、提高物流效益。

(3) 适应生产小批量、多样化和消费需求多元化、个性化的趋势，强调为客户服务的意识，向用户提供专业化、个性化的服务。

(4) 充分利用信息技术，实现物流管理的信息化、可视化。

(5) 物流服务内容的综合化。

纵观以上特点可以发现，现代物流总体上呈现一种系统性强、参与方多、内容复杂、管理要求高的特点。为了满足现代物流的发展要求，必须在整个物流过程中提供一种通用的、可以快速识别和录入的通用语言，条码和射频识别等技术的应用满足了这个要求，同时促进了现代物流的发展。

3) 使精确物流管理成为现实

所谓精确物流，就是在物流管理中充分应用信息技术，及时掌握在储、运的每项物资的位置、状态及相关信息，实现物流管理的精确化、实时化和可视化。精确物流管理是现代信息技术和物流管理的有机结合，这些信息技术包括计算机技术、数据库技术、网络技术、卫星通信技术、自动识别技术以及 GPS、GIS、GSM、CDMA 等技术。上述这些技术基本上可以分为4类：① 是数据处理技术，以计算机技术为代表；②数据存储技术，以数据库技术为代表；③数据传输技术，以网络技术为代表；④数据采集技术，以自动识别技术为代表。当然，还离不开数据显示技术。

可以说，为了实现精确物流管理，上述几类信息技术都不可或缺。但是，研究物流管理的发展过程就会发现，自动识别技术的先进程度，在很大程度上制约着精确物流管理的发展。因为，要实现精确物流管理，必须首先要完成物资的信息化标识和大量物流信息化的快速、准确识别和输入。如果无法实现这一点，物流信息的处理、传输、存储和显示都是不可能的。可以说，正是条码、射频识别等自动识别技术在物流管理中的应用，最终解决了物资的标识和大量物流信息的识别和录入问题，才使得其他信息技术在物流管理中的作用得到更好的发挥，最终使物流管理的精确化、实时化和可视化成为可能。

总之，自动识别技术在物流管理中的应用，从根本上提高了物流管理的水平。但同时，在物流管理中应用自动识别技术应注意以下问题。

(1) 要综合考虑，根据物流管理的实际需要，合理应用相应的自动识别技术。这其中包括经济、技术、环境等各种因素。

(2) 必须与物流管理信息系统进行有机的结合。自动识别技术仅仅是一种数据的识别和录入技术，其最终的应用必须依靠物流管理信息系统。因此，在应用自动识别技术时，必须考虑其与相应的物流管理信息的接口问题，确保数据通信的畅通。

(3) 积极推进自动识别技术的标准化工作，为自动识别技术在物流管理中的应用提供一个标准的、一体化的工作环境。

2. 自动识别技术的选择

按照企业的不同情况，应当提供合适的自动识别技术来实现物品的标识。本章前面已经比较详细地介绍了各种自动识别技术，主要有一维条码、二维条码、RFID 技术。

采用一维条码将拥有最低的成本，无论是条码打印，还是条码识读、设备采购价格都比较低。一维条码技术也非常成熟，设备比较稳定，设备选择面广，开发简便。一维条码的识读解码速度快，能达到几百次每秒。但一维条码数据容量小，无法实现数据加密，只能用于产品的标识，无法脱离后台数据库的支持。采用二维条码的方式，由于二维条码的容量较大，因此可在打印时将产品的基础信息写入，以后每次识读都将可以直接获得产品的基本信息，而且可以实现数据的加密操作。但二维条码设备的价格较一维条码设备高，识读速度也较慢。采用 RFID 技术最具有吸引力，不但信息容量大，而且 RFID 的载体是可以读写的，因此可以在每个生产环节读写数据，来动态地记录产品信息；而且 RFID 是非接触读取的，有些还支持同时读取多个标签。但是 RFID 设备相对一维条码设备和二位条码设备的价格都比较高，需要付出较高的成本。因此，采用何种方式进行物品的标识，需要综合考虑标识所携带的信息量、标识成本、标识识别速度和应用场景等问题，以做出合理的选择。如表 1 - 1 所示，对一维条码、二维条码和 RFID 技术做了简要的比较。

表 1 - 1　几种自动识别技术的比较

特性	一维条码	二维条码	RFID 技术
容量	小	较高	高
读取速度	快	较快	非常快
读写性	只读	只读	读/写
读写距离	较近	近	远
设备价格(成本)	低	较低	高

3. 自动识别技术在快递物流手持终端中的应用案例

在传统的物流快递行业中，快运单据号采用手工录入的方式，一般由业务人员送货后带回单据记录，效率低，容易出错。随着物流快递业务日益繁忙，票据数量的增大，人工查阅、管理已不适应当今时代发展的要求。高效率、完善的货物跟踪管理系统除了有先进的管理思想外，还必须以先进的物流自动化设备和技术与优秀的信息系统平台为依托才能更好地发挥作用。自动化设备和技术可以从硬件上提高工作的效率、减少人工操作的失误率，而信息平台从软件上为物流快递提供大量的管理数据信息，便于货物查询、跟踪，用以作为管理决策的依据。

快递物流手持终端通过与计算机系统结合，使用条码及 RFID 自动识别技术、移动手持终端技术构建综合物流信息处理平台，充分实现快递物品信息的一点录入、全程共享，为用户提供全程实时动态跟踪查询，实现处理信息、系统运行状况、业务运作质量的监控管理，同时为各级管理者提供真实、有效、及时的管理和决策支持信息，为业务的快速发展提供支撑。常见的快递物流手持终端主要包括批处理手持终端(有线)和无线手持终端。

(1) 批处理手持终端，使用通信座进行数据通信(或数据线进行信息传输)。手持终端所有数据都以文本文件形式保存在数据终端中，然后再通过通信座传送到 PC(个人计算机)。

（2）无线手持终端通过网络进行数据传输。采用具有 GPRS 功能的手持终端，通过移动网络将数据传输传送至服务器数据库，并可以从数据库中获取最新的信息。以快件查询为例，通过输入任一物件的条码（条码是和单据相关联的），可以查到此快件在物流的哪个环节，其状态是否已送到用户手中，还是在某个中转站。快递物流手持终端在物流中的应用，如图1.9所示。

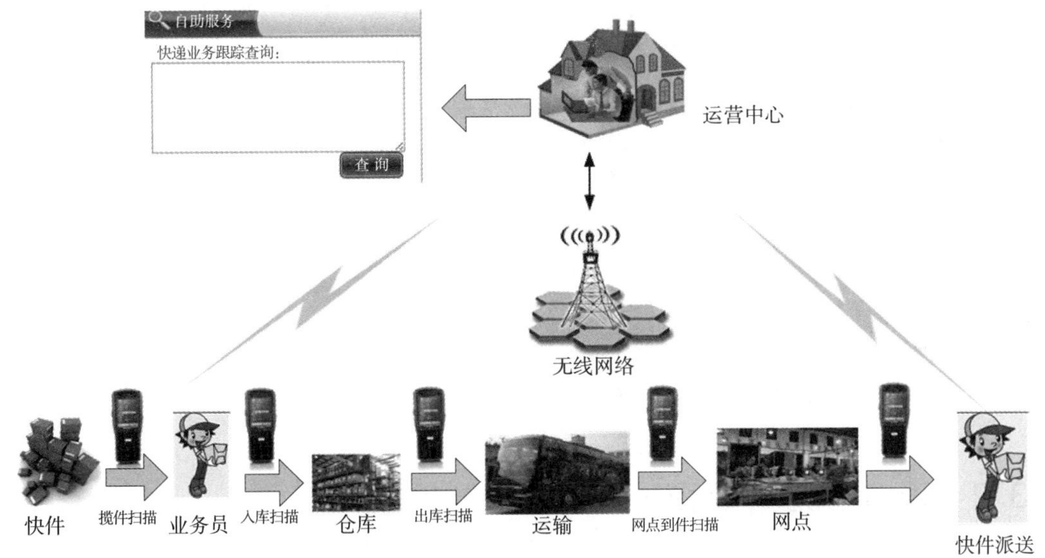

图1.9　快递物流手持终端应用

1.3　物流信息技术在快递物流“最后一公里”的应用

1.3.1　物流“最后一公里”配送概述

“最后一公里”的物流服务是电商面对客户的唯一方式。服务中积累的数据蕴含着客户端的丰富资源，能够积累出基于数据采购、信息管理的极有价值的东西，对前端市场预测，提供有力的支撑。

【拓展文本】

有数据显示，中国物流成本占 GDP 的18%，比发达国家高出一倍。我国物流成本过高的其中一个原因就是物流环节过多。其中，“最后一公里”占到整个物流配送成本的30%以上。“最后一公里”配送，是指客户通过电子商务途径购物后，购买的物品被配送到配送点后，从一个分拣中心，通过一定的运输工具，将货物送到客户手中，实现“门到门”的服务。

配送的“最后一公里”，并不是真正的一公里，是指从物流分拣中心到客户手中这一段距离，通过运输工具，将货物送至客户手中的过程。由于属于短距离，故称之为“最后一公里”配送。这一短距离配送，是整个物流环节的末端环节，也是唯一一个直接和客户面对面接触的环节，意义重大。

物流“最后一公里”配送具有重要意义。在电子商务时代，配送成为电子商务活动中不可缺少的一部分，物流成本也可被视为一项重要的生产经营要素。由于它是物流环节中唯一一个与客户接触的环节，客户满意度在很大程度上取决于这个环节的质量效率。由于个性化的需求，如以旧换新的上门服务，都是依靠最后一公里来实现的，很多专业人士认为，“最后一公里”是工作人员直接与客户面对面的时机，品牌传播和售后服务等工作也可在这个过程中进行。“最后一公里”配送使得整个物流由被动转向主动分析客户信息，挖掘出隐藏价值，对客户提出个性化服务。由于直接的客户接触，企业的形象、价值文化等都能够通过“最后一公里”进行传播，达到增值效益。

总的来说，“最后一公里”配送意义重大，不仅是电子商务企业成败的关键因素之一，也是对电商消费者极其重要的一个物流活动。只有做好“最后一公里”，电商企业才能真正快速发展，整个物流才可以说是一条供应链完善的物流。

物流“最后一公里”配送具有重要意义，但是目前“最后一公里”配送存在很多问题，除了技术上、设备上的落后与不完善，还在制度和政策法规上存在一些盲点。

1.3.2 现有物流“最后一公里”配送模式

1. 国内电商物流“最后一公里”配送模式

近年来，国内相关部门和电子商务物流行业已认识到电商物流“最后一公里”配送中存在的诸多问题，并开始对其配送模式进行一些创新的尝试。根据解决思路的不同，可以分为自助提货和共同配送两大类。

1）自助提货

自助提货主要用于解决“最后一公里”配送中存在的因投递失败、投递单过于分散等因素造成的投递成本过高等问题。基本思路是采用集中投递、自助提货的方式来完成“最后一公里”配送。根据提货点实现形式的不同，分为两种：一是与便民门店合作，二是建立专门的提货点。

(1) 与便民门店合作。与便民门店合作即将便民门店(如社区的物业、便利店、药店等)作为货物代收点纳入“最后一公里”配送环节，以实现货物集中接收。客户可在约定时间到附近或约定的便民门店提取货物。

一些电商和物流公司在这方面进行了一些尝试。例如，顺丰将其在我国台湾地区成功推行的与7-11连锁便利店合作的提货点模式在南方一些城市进行了尝试。即将社区附近的连锁食品店作为收取货物代办点，这样配送件只需送达目的地附近的合作便利店即可，便利店为客户提供24小时取货服务，并代办发件业务。但效果并不好，原因有两个方面。

一方面，对于物流公司或电商来说，虽然能够实现集中投递，避免分散投递造成的浪费，降低“最后一公里”配送阶段的成本，但是由于需要合作机构协助完成客户对货物的提取，并且无法控制自助提货的全过程，存在以下3点不利或风险。

① 难于获得准确的客户反馈信息，不利于企业对自身业务的分析和改进。

② 合作机构从自身的利益出发，往往只专注于自己的主营业务，忽视或不重视代收业务，因此，不一定能为客户提供满意的交货服务，且在货物出现问题时无法界定责任。

③ 对于专业的物流公司来说，还有可能造成客户的流失。

另一方面，对于客户来说，这种方式虽然便于客户根据自己的时间灵活地安排取货，但存在 3 个方面的问题，也不利于其推广。

① 自助提货的方式往往不能被普遍接受，一般是在不得已情况下的选择，常被认为降低了电子商务的便利性或服务不到位。

② 提货地点的地理位置不一定在客户期望范围内，增加客户的负担和不满意程度。

③ 提货地点的服务时间往往不能保证24 小时，尽管很多提货点承诺24 小时服务，但实际情况经常是被限定在合作机构的工作时间或特定的时间段，且以不影响其正常业务开展为前提，取货时间的灵活性得不到充分体现。

（2）建立专门的提货点。建立专门的提货点可以看作是为解决与便民门店合作存在的特有问题的一种方案，是由电商、物流公司或第三方在人流密集的地方，如社区、学校或商务楼等附近建立专门的提货点。货物到达指定的提货点后，客户可以在方便或约定的时间到提货点提取货物。与第一种方式类似，这种方式也是以集中投递、自助提货的方式来完成“最后一公里”配送的，但与前者不同的是这里的提货点是专门建立的，能够在一定程度上提高客户的满意度，增强配送时间的灵活性。但效果也不理想，原因可以概括为两点：①由于需要设置专门的地方存放货物和安排专人协助客户自提货物，成本并不能有效地降低。②由于提货点一般建在人流密集的地方，但人流密集的地方不一定是电商物品接收密集的地方，不便于客户提货。

从上面的分析可以看出，无论是与便民门店合作还是建立专门的提货点，这种以集中投递、自助提货的方式来完成“最后一公里”配送的模式目前在国内并不成功。除了上面分析的这两种自助提货方法本身的局限性外，提货点配送模式不能得到普遍认可的原因还与以下 3 个方面有关。

（1）对自助提货方式的理解存在误区。统计数据显示，驱动电子商务迅速发展的因素主要有两个，一个是价格较低，另一个是其便利性，即可以享受送货上门服务。前者主要来自于取消店面带来的成本下降，后者是电子商务的一项基本服务。如果采用自助提货方式，会被一些客户认为是降低了便利性或服务不到位，因此，从本质上会受到排斥。当然，在客户不方便直接接收货物时，他们也会对自助提货方式表示支持。

（2）提货点的部署位置不够合理。提货点距离目的地的距离是决定自助提货方式能否被接受的一个重要因素。目前，在与便利店合作的自助提货方式中，提货地点常选在社区内的各类便民门店中，距离客户的住址一般较近，可为客户接受。而由电商、物流公司建立的专门提货点大部分在距离方面没有明显优势。为了降低成本，这类专门的提货点往往建在人流密集的地方，但人流密集的地方距离客户居住地不一定近，且不一定便于客户提取货物，如地铁站。这也是目前京东在地铁站设立的人工值守自提点关闭的原因。成功的提货点是建立在高校校园中的提货点，原因在于，学生是电子商务的一个主要群体且基本以学校为主要活动范围，提货距离近且方便。

（3）可提货的时间存在局限性。提货点的营业时间是影响客户提货便利性的又一重要因素，目前国内的提货点都需要人工值守，很难做到24小时营业。由于限定了提货的时间段，给客户造成了不方便。

2）共同配送

共同配送的基本思路是货物进入目的城市后，各物流企业不再各自派件，而是通过专门的末端配送公司通过对整个城市待配送货物的统筹和整合，实现统一配送，从而降低物流企业的总体成本，缓解由各物流公司独立配送造成的交通压力、环境污染等问题。共同配送的本质是城市物流，仍然以送货上门为主要服务方式。例如，北京的共同配送试点工程“城市100”与各快递公司进行合作，实现对末端配送的整合，达到对整体资源的优化配置。这和与便利店合作的自助提货方式类似，同样也切断了电商或物流公司与最终客户的直接联系，依然存在难于获得客户的反馈信息、客户流失等问题。可以看出，目前国内末端配送方式的基本思路大多是借鉴发达国家或地区的一些做法，并不完善，也不能从根本上适应我国电子商务快速发展的需要。

2. 国外电商物流“最后一公里”配送现状

国外发达国家或地区的电商物流“最后一公里”配送模式虽然也主要采用送货上门和自助提货两种方式，但要比国内完善和规范得多。送货上门的情况与国内基本相同，但自助提货的方式与国内的情况存在较大差别，自动化程度非常高。这主要是由国外发达国家或地区的具体情况决定的。具体实现形式可以概括为两类，即公共储物柜和私人(专用)收货箱。

1）公共储物柜

公共储物柜是由物流公司或电商在一些特定的地方设置和管理的，供其客户共同使用的公用电子收物系统，如DHL的Packstation和Amazon的储物柜等，取货过程完全由最终客户完成。

（1）DHL的Packstation。Packstation是DHL在德国部分城市为其Packstation注册客户提供的一种免费的自助提货服务，同时还支持在线支付和退货业务。

Packstation的注册客户在订购货物时，可选择将货物送至指定Packstation站，在货物到达指定Packstation站后，客户会收到通知。注册客户拥有该系统的密码和智能卡，可以在其方便的时候从指定Packstation站的储物柜中提取自己的货物。

Packstation系统从2001年开始运行，到2011年11月已有超过2百万注册用户和2 500多个Packstation站，这些站点一般建在社区、交通枢纽或大公司(超过3 000人)附近，能够在时间上、位置上为人们提供便利，运营得非常成功。

（2）Amazon的储物柜。Amazon的储物柜也是一种电子储物柜，主要应用在美国。一般安装在百货商场、便利店和药店等地方，与Packstation不同的是它不需要用户注册即可使用，只要用户在购物时选择了将货物送至指定的地点Amazon储物柜，在货物被放入储物柜后，用户就会收到一组密码，凭借该密码，用户即可从指定的储物柜中取走自己的货物。

显然，这种基于公共储物柜的配送模式能够在时间上为终端客户和配送人员提供极大的便利，同时还可避免投递失败，有利于降低配送成本。

2）私人收货箱

私人收货箱是由个人或一些特定群体专用的电子收货箱。前者如德国 Condelsys 公司的 SKYBOX，后者如日本的电子接收柜等，客户均可独立地从中提取货物。

（1）Condelsys 公司的 SKYBOX。Condelsys 公司的 SKYBOX 与邮政信箱类似，不同的是需要客户自己订购标准的收货箱。使用这种收货箱系统，用户在下订单时，需要在地址栏上添加一个送货码，根据送货码和地址系统会生成一个地址标签。使用这些准确的数字组合，送货人能够打开客户的空收货箱，将货物放入收货箱。收货人使用自己的识别码可随时打开收货箱，取走货物。

（2）日本的电子接收柜。在日本，B2C 电子商务供应商使用的接收柜是为了方便客户接收送货上门的货物而设计的一种电子储物柜。这些接收柜主要安装在一些公寓中，供公寓中的住户使用。其工作原理为当送货人将货物放入电子储物柜的一个空柜中后，电子储物柜系统会打印出一个收条，并将已经放入柜中的货物信息发送到在公寓安装的服务器上，服务器则将货物已到的通知发送到收货人的计算机、平板式计算机或手机上。如果收货人在收到通知后三天内没有取货，服务器会再次提醒收货人。所有的信息都保存在服务器上，电子储物柜可 24 小时工作，收货人使用智能卡可随时打开储物柜，同时，该储物柜还支持提货时在线支付货款。

显然，私人收货箱的配送方式不但在收货时间和空间上为客户提供了足够的便利性，而且可以避免投递失败，降低平均的配送成本。

1.3.3 物流“最后一公里”配送模式问题分析

随着互联网的普及和电子商务的发展，目前在我国，只要互联网覆盖到的地方，就可能有电子商务交易的发生，电子商务交易量巨大。电商客户已开始从城市走向农村，虽然主要集中在城市，但农村的电子交易量也逐年上升，“最后一公里”配送任务非常繁重。

在我国城市中，人口密度较大，人们以工作单位和居住社区为主要活动范围，相对集中。电子商务交易量大，送货地址一般为家庭或工作单位。而大多数家庭在工作时间没人在家，且很多社区根本不允许快递人员直接进入居住区或居民楼。工作单位虽然工作时间有人，但是很多单位不鼓励员工在工作时间接收私人快递。目前，很多私人物品由单位的收发室代收，给收发人员增加了工作负担，难免会引起一些不满。

在我国农村，人口密度相对较低，居住以村镇为中心，相对分散。而且，目前农村的电子交易量不大，也比较分散，因此配送成本很高。

在支付方式方面，至少有一半的客户希望货到付款，很多电商不得不既提供在线支付，也提供货到付款等多种支付方式。

从资源利用来看，承担“最后一公里”配送的物流公司林立，同一社区的订单由多个物流公司分别配送，不但对城市交通造成压力，也是对社会资源的浪费。

从经济发展水平看，我国目前仍处于发展中水平，私家车急剧增加，城市交通压力非常大，因此，大部分电商客户还是希望送货上门或尽可能近距离提货。此外，在目前经济发展阶段，大部分社区或工作单位也不可能为居民或员工配备专用的电子收货箱。

总之，我国电商客户与“最后一公里”配送现状具有 4 个方面的特点：①电商客户数量巨大、分布范围广，在城市相对集中，在农村分散度高；②大量电商客户为平民大众，对支付方式的灵活性要求高、对价格敏感；③对送货上门的需求比较强烈；④承担“最后一公里”物流的公司众多，不便于统一整合。

以上分析表面我国电子商务物流“最后一公里”配送存在很多问题，主要可以归结为两个方面。

1. 配送服务质量不高

配送服务质量不高主要表现在 3 个方面：①货物配送的时效性差，即投递员不能在约定的时间窗口将货物送达客户手中；②送达的货物被损坏；③投递员的服务态度差。分析起来，有两个方面的原因。

首先，为了能激发投递员的积极性并降低成本，一般公司对投递员的工资都采用计件工资。投递员希望在单位时间内完成尽可能多的投递任务。例如，为了尽可能缩短每件包裹的投递时间，投递员往往会和客户约定一个时间窗口，但由于交通拥堵等原因却不能按时将货物送达，引起客户的不满或造成投递失败。对于后一种情况，投递员又往往会将包裹放到小区物业值班室以尽快结束投递工作，使得物品的安全性和完整性不能保证。此外，在无法尽快完成投递工作时，投递员的情绪还会变坏，从而影响其后续投递服务的态度。

其次，为了降低配送成本，目前国内电商物流“最后一公里”配送的硬件都比较差，主要采用电动三轮车作为配送工具。而三轮车的车厢体积一般较小，投递员为了节约时间，往往尽量将配送的包裹一次装完。挤压、超载等问题很严重，既不规范，也不安全。在天气恶劣时，问题更加突出，包裹的安全性也没办法保障。

2. 配送信息的可追溯性差

目前，国内电商物流“最后一公里”配送阶段一般采用人海战术，信息化程度较低。例如，很多物流公司至今仍然采用多联式单据，进行各种功能区块的交接；包裹也只在各区域分拨中心被进行扫描和登记，快递员一般没有扫描终端，货物何时到达客户手中和客户是否签收等信息的准确性会受到影响，不利于客户、电商或物流公司对配送件进行跟踪。有时只有用户投诉了才发现该投递的物品没有投递或投递错误，甚至丢失了。

可以看出，随着电子商务的发展，“最后一公里”配送阶段的问题将更加严峻，甚至会阻碍国内电子商务的可持续发展。

1.3.4 智能快递柜与物流“最后一公里”配送

针对目前电商“最后一公里”配送中存在的时效性差、客户接收货物的便利性低、配送成本高等问题和对国内电商状况的综合分析，需开发基于公共提货柜的自动提货和退货系统，构建自动化自助提货、人工辅助提货和送货上门相结合的综合配送模式，以适应我国电子商务发展的需要。

我国的电商客户主要分为四大群体，即学生、在职人员、农村客户和其他人员。

（1）学生群体主要指高校的大学生、研究生以及部分高校教师，这类群体具有4个特征。

① 一般居住在学生公寓，集中度很高。

② 空闲时间随各自的选课情况或研究课题的进度而不同，但一般在午饭前后都会有一段空闲时间。

③ 电子商务交易量比较大，但货物体积和价值一般都不大。

④ 送货地址一般集中在学生公寓，而学生公寓不允许快递人员直接进入。

显然，学生群体不具备直接送货上门的条件。目前采用的人工自助提货方式已经得到了普遍的认同，到学生公寓附近的提货点提取货物，效率很高。

（2）在职人员群体主要指各类工作人员，包括公司职员、公务员等。这类群体主要有以下3个方面的特征。

① 在工作时间一般不便接收私人快递。

② 电子商务的总体交易量大，但不集中。

③ 送货地址可能是单位或家庭，且一般比较分散。

由于直接接收货物有困难，因此他们往往可以接受自助提货。可根据电商交易量在各商务区和社区的分布情况，设置自动提货柜或人工自助提货点，以方便客户取走货物。例如，对于电商交易量较少的社区，可通过社区的物业实现自助提货；对于交易量大的社区或较大的社区，可以通过设置自动提货柜的方式实现末端配送；在一些电商交易量较大的商务楼或公司内部可设置提货柜；对于电商交易量较小的商务楼或小公司，可委托其收发部门代为接收货物等。

（3）农村客户是指电商货物的接收地址位于农村。目前这类群体的电商交易量虽不大，但也呈逐年上升的态势。农村地广人稀，电商货物的接收地址分散度很高，直接送货上门会导致极高的成本。而以集镇为中心的自助提货方式则相对合理。在信息化程度不够发达的地区，可以采用与集镇的邮政所或商店合作的人工自助提货方式；对于信息化程度较高的地区，也可采用在集镇的枢纽区域设置自动提货柜的方式。

（4）其他人员主要指退休人员、SOHO族或全职太太等以家为主要活动空间的人群。这类群体一般都要求送货上门，且通常可正常收货。因此适合于采用人工和智能快递柜相结合的方式进行物流“最后一公里”配送。

国内外电商、物流公司和相关研究人员虽然分别针对电商“最后一公里”配送模式开展了一些尝试和研究，并在一定范围内取得了一些有效的成果。例如，DHL在德国的

Packstation 系统、顺丰在我国台湾地区开展的基于便利店的提货点以及日本的专用储物柜等，都是对原来单一送货上门形式的有效补充和发展。但这些模式都有其特定的适用环境，并不能在中国大陆套用。因此，需要从我国大陆电商客户的实际状况出发，构建以自助提货、人工值守提货和送货上门相结合的综合末端配送模式，以适应我国现阶段电子商务发展的需要。

目前成功的电子商务“最后一公里”配送模式主要有 DHL 的 Packstation、顺丰与 7－11 连锁便利店的合作模式和智能快递柜等。虽然这些配送模式并不一定适用于中国大陆，但是，我们可以试图通过对这些解决方案的成功因素进行挖掘和不适应中国市场的原因进行分析，找出具有中国特点的解决方案。现将成功的电子商务“最后一公里”配送模式做简单分析。

（1）DHL 的 Packstation 自助提货系统在德国运营得很成功，分析起来有 4 个方面的原因：①免费的自助提货方式能够吸引电商客户注册为 Packstation 用户；②自动提货柜一般建在社区、交通枢纽或大公司(超过 3 000 人)附近，能够在时间上和位置上为客户提供便利；③DHL 是德国最主要的通用物流企业，业务量巨大，进行统一规划和管理有助于降低末端配送成本；④德国经济比较发达，人口密度低，且居住分散，私家车比较普及，人们能够接受较远距离的提货，只要提货点的位置对用户方便即可，这种位置上的宽松需求有利于 DHL 对提货点进行合理规划，达到节约成本的目的。

（2）顺丰在中国台湾地区推行与 7－11 合作的取货模式之所以能取得成功，也有 4 个方面的主要原因。

①在台湾地区 7－11 连锁便利店非常多，500m 左右就会有一个，能够满足客户取货距离要求。

②人们对 7－11 连锁便利店的依赖度比较高。

③便于合作，因为 7－11 是连锁便利店，只要与 7－11 在当地的总公司谈妥好合作，即可由其总公司负责统一设立取货点。

④7－11 连锁便利店的货物是统一配送的，顺丰只需将其在该地区的待配送物品送抵 7－11 的分拨中心，7－11 的配送系统会将顺丰的货物随其自己的货物配送至各个店铺。这种模式简化了顺丰的配送流程，节约了配送成本，又缓解了城市交通压力，利于社会资源的整合与优化。但这种方式在中国大陆南方部分地区的尝试并不成功，原因可以归结为两点：一是在中国大陆，连锁便利店的密度不够大，不便于货物的提取；二是生活习惯问题，人们对便利店并没有太多的依赖，为提取货物需要特意跑一趟便利店。

（3）智能快递柜得到认可的主要原因是客户取货的便利性能够得到充分的保障。Condelsys 公司的 SKYBOX 需要用户个人出资购置，只适用于高端客户，因此，在高端用户群体中得到了成功实施。日本的电子储物柜属于公寓提供的一项附加服务，主要服务于居住在公寓中的人，可提高公寓的入住率。对于用户来说，提货非常方便，因此受到欢迎。这种方式不适用于中国大陆的原因也有两点：一方面，高端客户的比例非常小，而且高端客户的送货地址往往是快递人员不能直接到达的；另一方面，我国大陆的居住习惯是以社区为单位，公寓居住者一般只局限于高校的学生或大公司的员工，管理工作一般都由物业承担，物业的信息化水平较低，它们既无须提供这类附加服务来吸引人们居住，也没有足够的经济实力来提供这类服务。

通过以上分析，相比高成本低效率的传统派送模式，智能快递柜是业内普遍认可的一种理想的解决快递“最后一公里”的途径。尽管智能快递柜是一个新兴产业，但由于其发展迅速，且与快递物流公司以及电商企业联系紧密，智能快递柜市场也将成为众多企业抢占的目标。智能快递柜拥有很多优点，但在大规模投入应用时仍将面临很多问题，如快递柜的防盗能力、所占空间问题、成本问题以及后期的维修保养问题，但如果能真正形成规模，这些问题不但可以得到解决，甚至能够形成一条以此为核心的新型产业链为快递柜提供专业的维护和安保服务，其带来的经济效益也将推动电商与物流行业产生新的发展。

本书以智能快递柜所用到的技术为基础，为读者提供了详细的技术分析和丰富的应用案例。与书配套使用的物流信息技术实验箱能够加强学生对物流信息技术原理的学习，并提高学生将理论知识用于实践的能力。实验箱包括电子锁、投币器、温湿度传感器、条码识别器、指纹识别器、RFID识别器、GSM模块、WiFi通信模块、蓝牙通信模块等。以智能快递柜用到的技术为设计原型的物流信息技术实验箱，为学生综合学习物流信息技术提供了有效的途径。

智能快递柜系统是物流信息技术应用的一个典型案例，智能快递柜是能够将物品(快件)进行识别、暂存、监控和管理的设备，配套后台运营管理软件，构成智能自提终端系统。智能快递柜系统提供远程管理统一化管理，并对各种信息进行整合分析处理。快递员将快件送达指定地点，扫描快递二维码后，将其存入智能快递柜，系统便自动为目标用户发送一条提醒短信，包括取件地址和验证码，用户在方便的时间到智能快递柜输入验证码即可取出快件。智能快递柜操作流程如图1.10所示。在这个过程中，用到的主要技术包括网络与通信技术和自动识别技术。

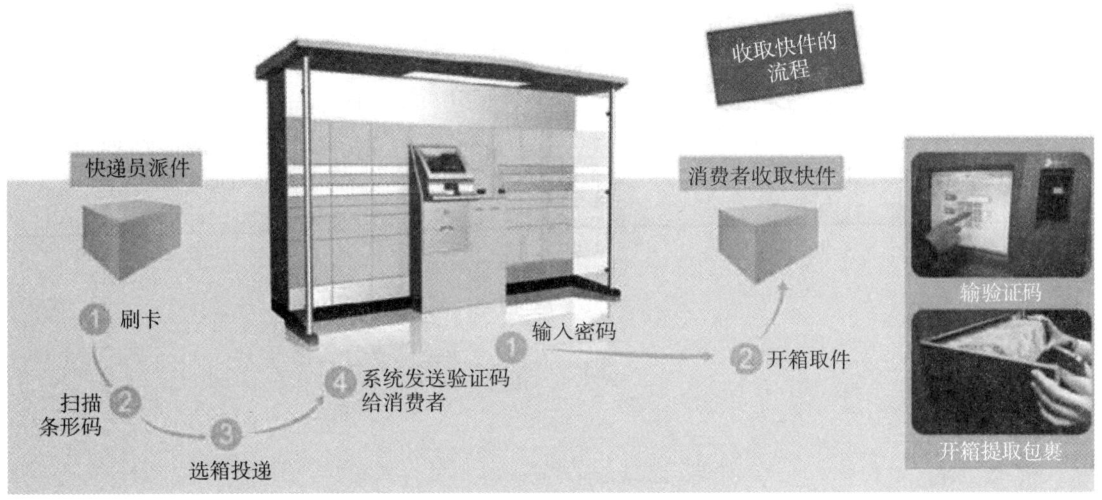

图1.10　智能快递柜操作流程

智能快递柜为用户接收快件提供自主便利的时间和地点，保护用户隐私及安全，同时，提高了快递员派送效率、降低了派送成本、加强了产品黏合度，为进行增值服务提供了拓展空间和新的盈利模式。

本章小结

物流信息技术是计算机技术、网络通信技术、导航技术、图像识别技术和自动化等技术的在物流领域的高度集成应用。在物流信息技术中包含大量的硬件和软件技术，如用来构建连接机制的通信网络技术（GSM、4G、WiFi、蓝牙等）和空间信息技术（北斗、GPS等），用来快速实现物流信息提取的技术（RFID 技术、条码扫描技术），构建智能终端的技术（嵌入式技术、传感器技术）等，以及必要的物流信息管理平台、数据库、手机 APP 等软件技术。

网络与通信技术包含计算机网络技术、移动通信技术、无线局域网技术、无线传感网络技术等内容。网络与通信技术也已经广泛应用到物流行业中，促进了物流行业的快速发展。

自动识别泛指用机器代替人工识别人或物的技术。物流行业中核心的自动识别技术主要包括 RFID 技术与条码技术。

“最后一公里”是当前的物流的瓶颈问题，“最后一公里”主要可以分为自助提货和共同配送两大类，目前“最后一公里”的配送任务非常繁重，智能快递柜是解决“最后一公里”配送的典型方案，同时也包括常见的物流信息技术知识。

关键术语

物流信息技术（Logistics Information Technology）
计算机网络（Computer Network）
移动通信（Mobile Communications）
无线局域网（Wireless Local Area Networks）
无线传感网络（Wireless Sensor Network）
IPv 6（Internet Protocol Version 6）
GPS（Global Positioning System）
条形码（Barcode）
RFID（Radio Frequency Identification）
物流管理信息系统（Logistics Information System）
自动识别（Auto Identification）
GSM（Global System for Mobile Communication）

习　题

一、填空题

1. 网络与通信技术包含有________、________、________、________等内容。
2. 网络连接介质一般有________、________、________、________、________等。

3. 计算机网络包括________和________两部分。

4. 狭义的移动通信专指________，亦称________。

5. 无线局域网络利用________的技术，使用________，取代旧式双绞铜线所构成的局域网络，在空中进行通信连接。

6. 无线局域网的结构有________和________。

7. 无线传感网络是由________、________、________3部分组成的。

8. 在现代的物流技术中，广泛采用的自动识别技术有________和________。

9. 无线射频技术的基础是________。

10. 国内电商物流“最后一公里”配送模式根据解决思路的不同，可分为________和________。

二、思考题

1. 目前网络技术的发展面临哪些问题和挑战?

2. 计算机网络技术在现代物流中有哪些应用?

3. 移动通信技术的发展主要经历了1G、2G、3G和4G这几个阶段，它们的主要区别是什么?

4. 移动通信技术在现代物流信息技术中有哪些应用?

5. 无线局域网的技术特点有哪些?

6. 无线局域网在现代物流信息技术中有哪些应用?

7. 无线传感网络的技术特点有哪些?

8. 无线传感网络在现代物流信息技术中有哪些应用?

9. 条码技术在现代物流信息技术中有哪些应用?

10. 简述条码技术与RFID技术的优、缺点?

11. 自动识别技术给现代物流信息管理系统带来哪些影响?

12. 简述智能快递柜给物流“最后一公里”配送带来的影响。

第 2 章 物流信息技术实验箱介绍

2.1 物流信息技术综合实验平台介绍

物流信息技术综合实验平台以智能快递柜为应用背景，涵盖电子锁控制技术、硬币识别技术、温湿度检测控制技术、条码识别技术、指纹识别技术、RFID应用技术、GSM短信通知技术、WiFi通信技术、蓝牙通信技术等，各个技术对应于独立的工作模块，通过单片机进行控制。箱体搭载有51系列的STC15W4K60S4单片机和安卓开发板，STC15W4K60S4单片机主要用于控制电子锁实验、条码识别实验、硬币识别实验、温湿度检测控制实验、指纹识别实验和RFID识别实验，目的是使学生了解相应技术工作原理，掌握编程控制方法，培养使用51系列单片机组建应用系统的能力。安卓开发板主要进行和无线通信相关的GSM短信息发送实验、WiFi联网实验、蓝牙通信实验，目的是使学生了解相关技术和其应用领域。其中安卓开发板的软件内容包含相应实验技术原理介绍、实训操作和产品应用选型介绍，详细内容如表2-1所示。

【拓展文本】

表2-1 物流信息技术综合实验平台介绍

实验硬件平台	实验软件平台		
	技术原理介绍	实训操作	产品应用选型分析
电子锁	电子锁硬件结构简介	PC上编程、实训平台验证	电子锁应用选型
投币器	投币器硬件结构简介	PC上编程、实训平台验证	投币器应用选型
温湿度传感器	传感器引脚介绍	PC上编程、实训平台验证	温湿度传感器应用选型
条码	条码打印和识别原理	条码生成、条码扫描	条码应用选型
指纹	指纹识别原理	指纹识别实验	指纹应用选型
RFID	RFID原理	RFID信息读取	RFID应用选型
GSM	GSM技术原理	GSM应用实验	GSM模块应用选型
WiFi	WiFi技术原理	WiFi应用实验	WiFi模块应用选型
蓝牙	蓝牙技术原理	蓝牙应用实验	蓝牙模块应用选型

物流信息技术综合实验平台硬件部分主要包括6个可插拔面板(位于实验箱左侧一列)，分别为电子锁实验控制模块、条码识别实验控制模块、硬币识别实验控制模块、温湿度检测实验控制模块、指纹识别实验控制模块、RFID识别实验控制模块、安卓开发板液晶显示屏、GSM供电接口和GSM通信接口、实验箱电源指示灯、指纹识别实验指纹识别器、RFID识别实验RFID识别器、网线接口、条码扫描模块、风扇模块、DHT22传感器、DS18B20传感器接口、投币器、电子锁1和电子锁2。实验平台硬件模块布局如图2.1所示。实验平台实物布局图如图2.2所示。

<table>
<tr><td>电子锁实验
控制模块</td><td colspan="3" rowspan="2">液晶显示屏</td><td colspan="3"></td><td colspan="2" rowspan="5">投币器</td></tr>
<tr><td>条码识别实验
控制模块</td><td colspan="3">条码扫描模块</td></tr>
<tr><td>硬币识别实验
控制模块</td><td rowspan="3">GSM供电
接口
GSM通信
接口</td><td rowspan="4">指纹识别
实验
指纹
识别器</td><td rowspan="4">RFID
识别实验
RFID
识别器</td><td rowspan="2">网线
接口</td><td colspan="2" rowspan="2"></td></tr>
<tr><td>温湿度检测实验
控制模块</td></tr>
<tr><td>指纹识别实验
控制模块</td><td rowspan="2"></td><td colspan="2">风扇模块</td></tr>
<tr><td>RFID识别实验
控制模块</td><td>电源
指示灯</td><td>DHT22
传感器</td><td>DS18B20
传感器接口</td><td>电子锁1</td><td>电子锁2</td></tr>
</table>

图2.1　实验平台硬件模块布局示意图

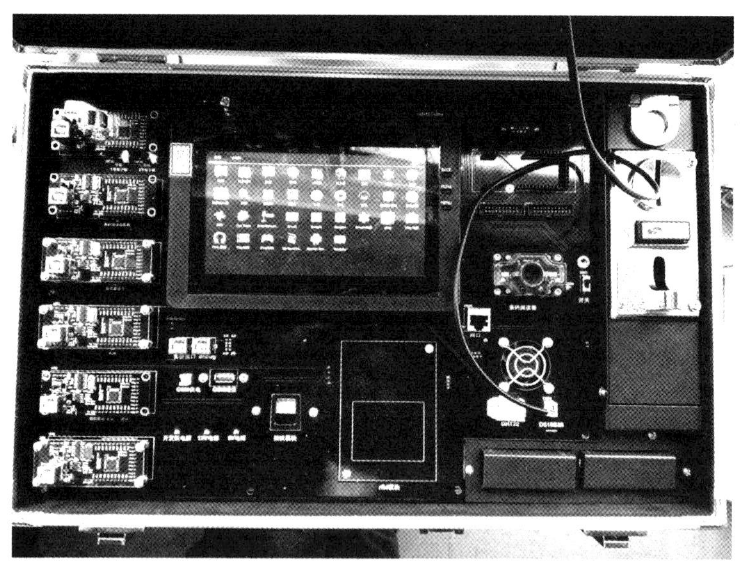

图2.2　实验平台实物布局图

2.2　液晶显示屏模块使用说明

液晶显示屏与安卓开发板相连接，为实验平台的显示部分，该屏幕为触摸屏，可在显示屏上进行相应实验操作。显示模块实物图如图2.3所示。

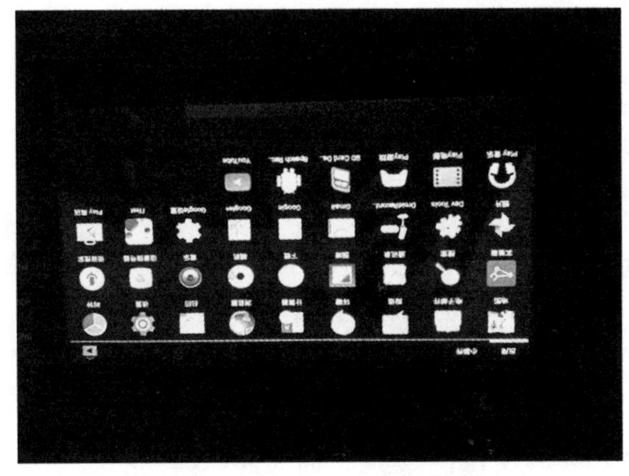

图2.3 显示模块实物图

2.3 硬币识别实验控制模块使用说明

硬币识别实验需要硬币识别实验控制模块和投币器。硬币识别实验控制模块位于实验箱的左侧(标注有投币器字样的控制板),该控制模块集成了STC15W4K60S4单片机最小系统——与投币器相连接的控制电路。投币器位于实验平台的右上角,在投币器上侧有一拉环,进行硬币识别实验时需将其拉起。拉起后投币器实物图如图2.4所示。实验结束后,在投币器左侧下方有一按钮,将其往右侧按下可将投币器放回原处。

图2.4 投币器实物图

2.4 电子锁实验控制模块使用说明

电子锁实验需要电子锁实验控制模块和电子锁。电子锁控制实验控制模块位于实验箱的左侧(标注有电子锁字样的控制板),该控制模块集成了STC15W4K60S4单片机最小系统——与电子锁相连接的控制电路。电子锁位于实验平台的右下角,实验中选择打开相应电子锁,则该电子锁弹起。实验结束后,将打开的电子锁向下按,即可将电子锁恢复原位置。

2.5　温湿度检测实验控制模块使用说明

温湿度检测实验需要温湿度检测实验控制模块、DHT22 传感器和 DS18B20 传感器接口。温湿度检测实验控制模块位于实验箱的左侧(标注有温湿度传感器字样的控制板)，该控制模块集成了 STC15W4K60S4 单片机最小系统电路——与温湿度传感器相连接的检测电路和与温度传感器相连接的检测电路。DHT22 传感器和 DS18B20 传感器位于电子锁的左侧，实验中若进行 DS18B20 温度检测实验，需将 DS18B20 模块与 DS18B20 传感器接口相连接，而 DHT22 传感器已集成在箱体上。

2.6　条码识别实验控制模块使用说明

条码识别实验需要条码识别实验控制模块和条码扫描器。条码识别实验控制模块位于实验箱的左侧(标注有条码阅读器的控制板)，该控制模块集成了 STC15W4K60S4 单片机最小系统——与条码阅读器相连接的控制电路。条码阅读器位于投币器的左侧，实验中若需要进行条码识别，需先将条码阅读器右侧的开关打开，再将条码放在其上方进行扫描。条码扫描模块实物图如图 2.5 所示。

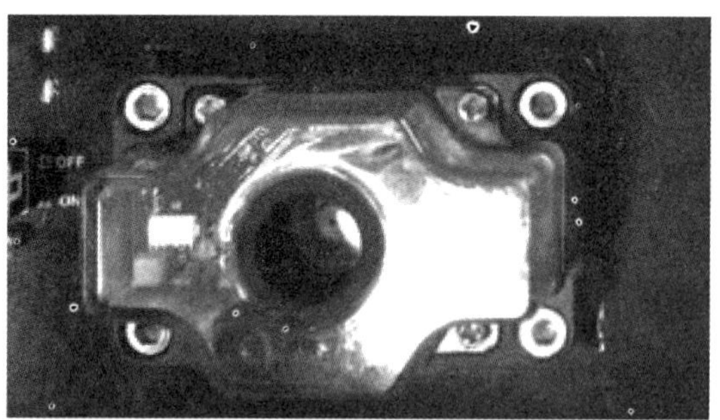

图 2.5　条码扫描模块实物图

2.7　指纹识别实验控制模块使用说明

指纹识别实验需要指纹识别实验控制模块和指纹识别器。指纹识别实验控制模块位于实验箱的左侧(标注有指纹模块的控制板)，该控制模块集成了 STC15W4K60S4 单片机最小系统——与指纹识别器相连接的控制电路。指纹识别器位于实验箱的下方左侧，实验中若需要进行指纹识别，需将手指放于该识别器上。

2.8　RFID识别实验控制模块使用说明

RFID识别实验需要RFID识别实验控制模块和RFID识别器。RFID识别实验控制模块位于实验箱的左侧(标注有读卡器的控制板)，该控制模块集成了STC15W4K60S4单片机最小系统，与RFID识别器相连接的电路。RFID识别器位于实验箱的下方中部，实验中若需要进行RFID识别，需将RFID放于该识别器上。

2.9　GSM/WiFi/蓝牙实验模块使用说明

GSM模块天线实物图如图2.6所示。实验箱的GSM模块天线位于显示屏的上方左侧，该模块主要用于GSM相关的通信实验。WiFi和蓝牙模块在实验箱内部，可直接进行实验，无须进行硬件安装。

图2.6　GSM模块天线实物图

本章小结

物流信息技术综合实验平台以智能快递柜为应用背景，涵盖电子锁控制技术、硬币识别技术、温湿度检测控制技术、条码识别技术、指纹识别技术、RFID应用技术、GSM短信通知技术、WiFi通信技术、蓝牙通信技术等，各个技术对应于独立的工作模块，通过单片机进行控制。物流信息技术实验箱可用于的相关实验有硬币识别实验、电子锁实验、温湿度检测实验、条码识别实验、指纹识别实验、RFID识别实验和GSM/WiFi/蓝牙实验等。

关键术语

安卓(Android)
实验箱(Test Box)
液晶(Liquid Crystal)
电子锁(Electronic Lock)
指纹(Fingerprint)
蓝牙(Bluetooth)
条码阅读器(Bar Code Scanner)

习　题

一、填空题

1. 物流信息技术实验箱包括________平台和________平台。
2. 物流信息技术实验箱用于编程实验的单片机型号为________。
3. 物流信息技术实验箱硬币识别实验需要________和________。

二、思考题

1. 简述物流信息技术实验箱的硬件组成部分。
2. 简述物流信息技术实验箱常用模块使用注意事项。

入门篇

第3章 51系列单片机工程建设实验

【学习目标】

(1) 掌握单片机开发环境搭建和工程建立。

(2) 掌握硬币识别模块的单片机程序编写。

(3) 掌握电子锁控制模块的单片机程序编写。

(4) 了解 DS18B20 温度传感器温度检测系统搭建方式。

【学习重点】

单片机开发环境搭建和工程建立。

【学习难点】

单片机开发环境搭建和工程建立。

3.1 51单片机开发环境搭建和工程建立

【实验目的】

(1) 掌握51系列单片机开发环境搭建的方法。

(2) 掌握51系列单片机工程建立的方法。

(3) 掌握51系列单片机程序下载的方法。

【实验内容】

(1) 建立51单片机工程。

(2) 进行程序下载调试。

【实验仪器】

(1) PC机。

(2) 物流信息技术综合实验平台。

【实验原理】

1. 单片机简介

1) 认识单片机

众所周知，计算机内部主要包含微处理器CPU、硬盘、内存条等部件，一个单片机内部也包含了微处理器内核、程序存储器、数据存储器等，单片机的内核相当于计算机主板上的CPU，单片机的程序存储器相当于计算机的硬盘，单片机的数据存储器相当于计算机的内存，计算机是按程序命令一条条执行语句完成所需的功能，单片机也是按程序命令一条条执行语句完成所需的功能。从这里可以看出，单片机与计算机很相似，只是单片机拥有的这么多的结构部件都是集成在单一的一块集成电路芯片上的，加上体积微小，所以称为单片微型计算机，简称单片机。

单片机与普通集成电路的区别是普通集成电路的功能是固定死的，使用者无法更改，单片机的功能是可以通过编写程序进行更改的。事实上，由于单片机只是用在电子产品线路板上的一个集成电路芯片，完成一些常用的电气检测与控制功能，因此把它称为微型计算机太过夸大其辞，于是又有人把它改名称为微控制器(Micro Control Unit，MCU)，不管是称为单片微型计算机还是微控制器或者MCU，它本质上始终是用在电子产品线路板上的一个集成电路芯片。

2) 单片机的用途

【拓展文本】

单片机用途十分广泛，如常见的家用电器洗衣机、空调、电磁炉等内部有单片机，现在的智能化仪器仪表内有单片机，工业生产上的数控机床有位移检测用的光栅尺，光栅尺连接的控制仪表内就有单片机，作者设计过的用在全国各地的国家粮食储备库与中央粮食储备库的计算机测温系统除计算机外的核心就是单片机，作者设计过的用在生产流水线检验家用热水器部件的检验设备和检验汽车部件的检验设备都是以计算机和单片机为核心构成的检验设备。

3）51 单片机概述

51 单片机是对所有兼容 Intel 8031 指令系统的单片机的统称。该系列单片机的始祖是 Intel 的 8004 单片机，后来随着 Flash rom 技术的发展，8004 单片机取得了长足的进展，成为应用广泛的 8 位单片机之一，其代表型号是 ATMEL 公司的 AT89 系列，它广泛应用于工业测控系统之中。很多公司都有 51 系列的兼容机型推出，占有大量市场。51 单片机是基础入门的一个单片机，还是应用最广泛的。需要注意的是，51 系列的单片机一般不具备自编程能力。

51 单片机主要发展历程：AT89C51(已停产)→AT89S51(已淘汰)→STC89C52(2004 年，已落后)→STC12 系列(2007 年)→STC15F 系列(2011 年)→STC15W(2014 年，最新主流)。

51 单片机主要产品：

① Intel(英特尔)的，包括 80C31、80C51、87C51，80C32、80C52、87C52 等；②ATMEL(艾德梅尔)的，包括 89C51、89C52、89C2051、89S51(RC)、89S52(RC)等；③Philips(飞利浦)、华邦、Dallas(拉达斯)、Siemens(西门子)等公司的许多产品；④STC(国产宏晶)单片机，包括 89c51、89c52、89c516、90c516 等众多型号。

C51 单片机主要功能有 8 位 CPU；4 千字节的程序存储器(ROM)(52 为 8 千字节)；128 字节的数据存储器(RAM)(52 有 256 字节的 RAM)；32 条 I/O 口线 · 111 条指令，大部分为单字节指令；21 个专用寄存器；2 个可编程定时/计数器 · 5 个中断源，2 个优先级(52 有 6 个)；一个全双工串行通信口；外部数据存储器寻址空间为 64kB；外部程序存储器寻址空间为 64kB；逻辑操作位寻址功能 · 双列直插 40PinDIP 封装；单一 +5V 电源供电；CPU：由运算和控制逻辑组成，同时还包括中断系统和部分外部特殊功能寄存器；RAM：用以存放可以读写的数据，如运算的中间结果、最终结果以及欲显示的数据；ROM：用以存放程序、一些原始数据和表格；I/O 口：4 个 8 位并行 I/O 口，既可用作输入，也可用作输出；T/C：两个定时/计数器，既可以工作在定时模式，也可以工作在记数模式；5 个中断源的中断控制系统；一个全双工 UART(通用异步接收发送器)的串行 I/O 口，用于实现单片机之间或单片机与微机之间的串行通信；片内振荡器和时钟产生电路，石英晶体和微调电容需要外接。最佳振荡频率为 6～12MHz。

4）单片机学习的典型芯片

单片机种类较多，比较流行的有 51 单片机、AVR 单片机、PIC 单片机、MSP430 单片机、STM32 等，过去比较流行的 51 单片机典型型号是 AT89C51 与 AT89S51，现在已被功能更强大、使用更方便的 STC 单片机取代。STC 单片机对原有 51 内核进行了重大改进并增加了很多片内外设，第一代的 STC89 系列单片机性能就显著超越了 AT89 系列，又经历了几代发展，现在 STC 已发展到了 51 系列，具有低功耗、低价位、高性能、使用方便等显著特点。STM32 是意法半导体公司使用 Cortex-M3 内核生产的 32 位单片机，运行速度更快，功能更强大，性价比高，现在运用也比较广泛，至于 AVR 单片机、PIC 单片机、MSP430 单片机等由于价格高、供货渠道不稳定等多种因素，在市场的占有份额已经越来越小。

本实验的单片机选型是 STC15W4K60S4 单片机[①]，它属于 STC15W4K32S4 系列。STC15 系列单片机又分为多个子系列，STC15W100/STC15F100W 系列→STC15W201S 系列→STC15W401AS 系列→STC15W404S 系列→STC15W1K16S 系列→STC15F2K60S2 系列→STC15W4K32S4 系列等，它们的功能从简单到高级依次增强。本书主讲 STC15W4K32S4 系列中的 STC15W4K60S4，STC15W4K60S4 单片机兼容 STC15 系列其他型号单片机，在 STC15W4K60S4 单片机上运行正常的程序一般不用任何修改就可以直接下载到同系列其他型号单片机上运行，在硬件上，STC15W4K60S4 引脚排列也完全兼容相同封装的 15 系列其他型号，因此，与本书配套的实验板除了可以做 STC15W4K60S4 相关的实验外，也可以完成 15 系列其他型号单片机的实验。

STC15W4K60S4 是 STC15W4K32S4 系列中典型的型号，STC15W4K32S4 系列单片机的主要特色是高速、宽电压(2.5 ~5.5V)、不需要外部晶振与复位电路、不需要编程器与仿真器即可高效开发单片机产品(单片机本身具有仿真功能)、程序保密性好(无法破解)、程序空间大(64 千字节)、RAM 空间 4 千字节、62 个 I/O 口、4 个串口、5 个定时器、带 A/D 转换器、SPI 接口、比较器、内部 EEPROM、看门狗，价格低廉、学习简单等。

2. STC15W4K32S4 系列单片机简介

STC15W4K32S4 系列单片机是 STC 生产的单时钟/机器周期(1T)的单片机，是宽电压/高速/高可靠/低功耗/超强抗干扰的新一代 8051 单片机，采用 STC 第九代加密技术，无法解密，指令代码完全兼容传统 8051，但速度快 8 ~12 倍。内部集成高精度 R/C 时钟(±0.3%)，±1%温飘(-40 ~ +85℃)，常温下温飘 ±0.6%(-20℃ ~ +65℃)，ISP 编程时 5 ~30MHz 宽范围可设置，可彻底省掉外部昂贵的晶振和外部复位电路(内部已集成高可靠复位电路，ISP 编程时 16 级复位门槛电压可选)。8 路 10 位 PWM，8 路高速 10 位 A/D 转换(30 万次/s)，内置 4 千字节大容量 SRAM，4 组独立的高速异步串行通信端口(UART1/UART2/UART3/UART4)，1 组高速同步串行通信端口 SPI，针对多串行口通信/电机控制/强干扰场合。内置比较器，功能更强大。

在 Keil C 开发环境中，选择 Intel 8052 编译，头文件包含 <reg51.h> 即可。

现 STC15 系列单片机采用 STC-Y5 超高速 CPU 内核，在相同的时钟频率下，速度又比 STC 早期的 1T 系列单片机(如 STC12 系列/STC11 系列/STC10 系列)的速度快 20%。STC15 系列单片机资源如图 3.1 所示。

STC15 系列单片机资源介绍：

(1) 增强型 8051 CPU，1T，单时钟/机器周期，速度比普通 8051 快 8 ~12 倍。

(2) 工作电压：2.5 ~5.5V。

(3) 16/32/40/48/56/58/61/63.5 千字节片内 Flash 程序存储器，擦写次数 10 万次以上。

(4) 片内大容量 4 096 字节的 SRAM，包括常规的 256 字节 RAM <idata> 和内部扩展的 3 840 字节 XRAM <xdata>。

① STC15W4K60S4 单片机是宏晶科技的产品。参考手册下载地址：http://www.stcmcu.com/。

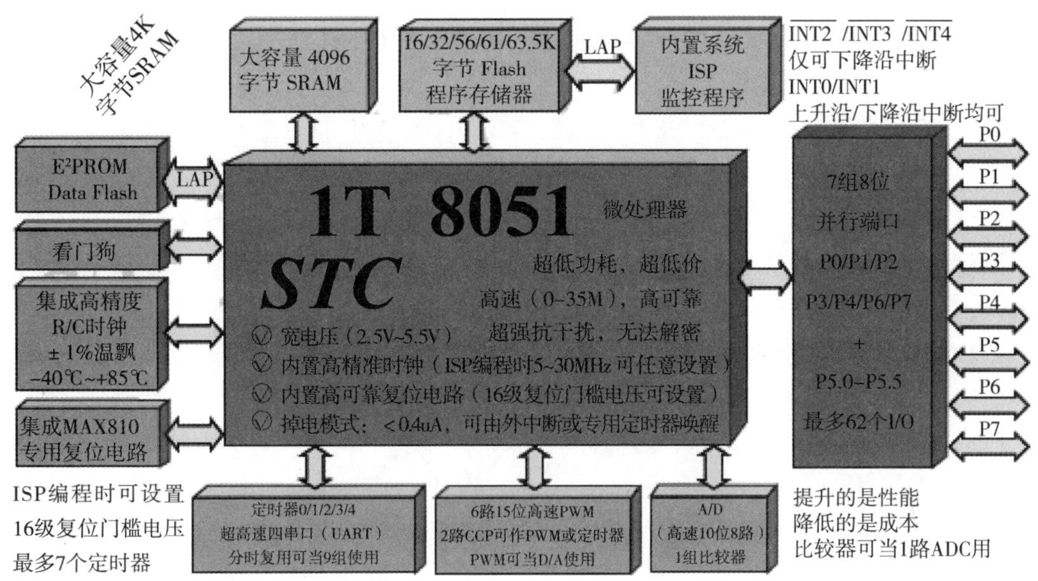

图3.1 STC15系列单片机资源

（5）大容量片内EEPROM，擦写次数10万次以上。

（6）ISP/IAP，在系统可编程/在应用可编程，无须编程器/仿真器。

（7）共8通道10位高速ADC，速度可达30万次/s，8路PWM还可当8路D/A使用。

（8）6通道15位专门的高精度PWM（带死区控制）+2通道CCP（利用它的高速脉冲输出功能可实现11~16位PWM）。可用来再实现8路D/A，或2个16位定时器，或2个外部中断（支持上升沿/下降沿中断）。

与STC15W4K32S4系列单片机的6路增强型PWM相关的12个端口[P3.7/PWM2、P2.1/PWM3、P2.2/PWM4、P2.3/PWM5、P1.6/PWM6、P1.7/PWM7、P2.7/PWM2_2、P4.5/PWM3_2、P4.4/PWM4_2、P4.2/PWM5_2、P0.7/PWM6_2、P0.6/PWM7_2]上电复位前要进行初始化，因为这些端口上电复位后默认为高阻输入（既不向外输出电流也不向内输出电流），若要使其能对外输出，要用软件将其改设为强推挽输出或准双向口/弱上拉，因此上电前用户须在程序中将这些端口设置为其他模式（如准双向口或强推挽模式）；注意这些端口进入掉电模式时不能为高阻输入，否则需外部加上拉电阻。

（9）内部高可靠复位，ISP编程时16级复位门槛电压可选，可彻底省掉外部复位电路。

（10）工作频率范围：5~30MHz，相当于普通8051的60~360MHz。

（11）内部高精度R/C时钟（±0.3%），±1%温飘，常温下温飘±0.6%，ISP编程时内部时钟从5~30MHz可设（5.529 6MHz/6MHz/11.059 2MHz/12MHz/18.432MHz/20MHz/22.118 4MHz/24MHz/27MHz/30MHz）。

（12）不需外部晶振和外部复位，还可对外输出时钟和低电平复位信号。

（13）4 组完全独立的高速异步串行通信端口，分时切换可当 9 组串口使用：

串口 1(RxD/P3.0，TXD/P3.1)可以切换到(RxD_2/P3.6，TxD_2/P3.7)，还可以切换到(RxD_3/P1.6，TxD_3/P1.7)；

串口 2(RxD2/P1.0，TxD2/Pl.1)可以切换到(RxD2_2/P4.6，TxD2_2/P4.7)；

串口 3(RxD3/P0_0，TxD3/P0.1)可以切换到(RxD3_2/P5.0，TxD3_2/P5_1)；

串口 4(RxD4/P0.2，TxD4/P0.3)可以切换到(RxD4_2/P5.2，TxD4_2/P5.3)。

注意：用户将串口 1 放在 P3.6/P3.7 或 P1.6/P1.7(P3.0/P3.1 作下载/仿真用)；若不切换，使用 P3.0/P3.1 或作为串口 1 进行通信，则务必在下载程序时，在软件上勾选“下次冷启动时，P3.2/P3.3 为 0/0 时才可以下载程序”复选框。

（14）一组高速同步串行通信端口 SPI。

（15）支持程序加密后传输，防拦截。

（16）支持 RS485 下载。

（17）低功耗设计：低速模式、空闲模式、掉电模式/停机模式。

（18）可将掉电模式/停机模式唤醒的定时器：有内部低功耗掉电唤醒专用定时器。

可将掉电模式/停机模式唤醒的资源有 INT0/P3.2、INT1/P3.3(INT0/INT1 上升沿下降沿中断均可)、INT2/P3.6、INT3/P3.7、INT4/P3.0(INT2/仅可下降沿中断)；管脚 ccpo/ccpi；外部管脚 RxD/RxD2/RxD3/RxD4(下降沿，不产生中断，前提是在进入掉电模式/停机模式前相应的串行口中断已经被允许)；外部管脚 T0/T1/T2/T3/T4(下降沿，不产生中断，前提是在进入掉电模式/停机模式前相应的定时器中断已经被允许)；内部低功耗掉电唤醒专用定时器。

（19）共 7 个定时器，5 个 16 位可重装载定时器/计数器(T0/T1/T2/T3/T4，其中 T0/T1 兼容普通 8051 的定时器/计数器)，并均可独立实现对外可编程时钟输出(5 通道)，另外管脚 SysClkO 可将系统时钟对外分频输出(+1 或 +2 或 +4 或 +16)，2 路 CCP 还可再实现 2 个定时器。

定时器/计数器 2，也可实现 1 个 16 位重装载定时器/计数器，定时器/计数器 2 也可产生时钟输出 T2CLKO。

（20）新增可 16 位重装载定时器 T3/T4，也可产生可编程时钟输出 T3CLK0/T4CLK0。

（21）可编程时钟输出功能(对内部系统时钟或对外部管脚的时钟输入进行时钟分频输出)。

由于 STC15 系列 5V 单片机 I/O 口的对外输出速度最快不超过 13.5MHz，所以 5V 单片机的对外可编程时钟输出速度最快也不超过 13.5MHz。

而 3.3V 单片机 I/O 口的对外输出速度最快不超过 8MHz，故 3.3V 单片机的对外可编程时钟输出速度最快也不超过 8MHz。

（22）T0 在 P3.5/TOCLKO 进行可编程输出时钟(对内部系统时钟或对外部管脚 T0/P3.4 的时钟输入进行可编程时钟分频输出)；

T1 在 P3.4mCLKO 进行可编程输出时钟(对内部系统时钟或对外部管脚 T1/P3.5 的时钟输入进行可编程时钟分频输出)；

T2 在 P3.0/T2CLKO 进行可编程输出时钟(对内部系统时钟或对外部管脚 T2/P3.1 的时钟输入进行可编程时钟分频输出);

T3 在 P0.4/T3CLKO 进行可编程输出时钟(对内部系统时钟或对外部管脚 T3/P0.5 的时钟输入进行可编程时钟分频输出);

T4 在 P0.6A" 4CLKO 进行可编程输出时钟(对内部系统时钟或对外部管脚 T4/P0.7 的时钟输入进行可编程时钟分频输出);

以上 5 个定时器/计数器均可 1 ~65 536 级分频输出。

(23) 系统时钟在 P5.4/SysClkO 或 P1.6/XTAL2/SysClkO_2 对外输出时钟，并可如下分频 SysClk/1、SysClk/2、SysClk/4、SysClk/16。

系统时钟是指对主时钟进行分频后供给 CPU、定时器、串行口、SPI、CCP/PWM/PCA、A/D 转换的实际工作时钟；主时钟可以是内部 R/C 时钟，也可以是外部输入的时钟或外部晶体振荡产生的时钟；SysClk 是指系统时钟频率，SysClkO 是指系统时钟输出。

STC15 系列中除 STC15W4K32S4 系列、STC15W401AS 系列、STC15W1K08PWM 系列及 STC15W1K20S-LQFP64 单片机是将系统时钟对外分频输出外，其他系列单片机均是将主时钟对外分频输出。

(24) 比较器可当 1 路 ADC 使用，可作掉电检测，支持外部管脚 CMP + 与外部管脚 CMP - 进行比较，可产生中断，并可在管脚 CMPO 上产生输出(可设置极性)，也支持外部管脚 CMP + 与内部参考电压进行比较。

(25) 若[P5.5/CMP +，P5.4/CMP -]被用作比较器正极(CMP +)/负极(CMP -)，[P5.5/CMP +，P5.4/CMP -]要被设置为高阻输入。

注意：STC15W4K32S4 系列单片机的 8 路 ADC 口不可用作比较器正极(CMP +)。

(26) 硬件看门狗(WDT)。

(27) 先进的指令集结构，兼容普通 8051 指令集，有硬件乘法/除法指令。

(28) 通用 I/O 口(62/46/42/38/30/26 个)，复位后为准双向口/弱上拉(普通 8051 传统 I/O 口)。

可设置成 4 种模式：准双向口/弱上拉、强推挽/强上拉、仅为输入/高阻、开漏。每个 I/O 口驱动能力均可达到 20mA，但 40 - pin 及 40 - pin 以上单片机的整个芯片电流最大不要超过 120mA，16 - pin 及以上/32 - pin 及以下单片机的整个芯片电流最大不要超过 90mA。如果 I/O 口不够用，可外接 74HC595(参考价 0.15 元)来扩展 I/O 口，并可多芯片级联扩展几十个 I/O 口。

(29) 封装：LQFP64L(16mm × 16mm)、LQFP64S(12mm × 12mm)、QFN64(9mm × 9mm)、LQFP48(9mm × 9mm)、QFN48(7mm × 7mm)、LQFP44(12mm × 12mm)、LQFP32(9mm × 9mm)、SOP28、SKDIP28、PDIP40。

(30) 开发环境：在 KeilC 开发环境中，选择 89C52 编译，头文件包含 <%51 上>即可。

3. STC15W4K32S4 系列单片机的内部结构

STC15W4K32S4 系列单片机的内部结构框图如图 3.2 所示。STC15W4K32S4 系列单片机中包含中央处理器(CPU)、程序存储器(Flash)、数据存储器(SRAM)、定时器/计数器、掉电唤醒专用定时器、I/O 口、高速 A/D 转换、比较器、看门狗、UART 高速异步串行通信口 1、串行口 2、串行口 3、串行口 4、CCP/PCA/PWM、高速同步串行通信端口 SPI、片内高精度 R/C 时钟及高可靠复位等模块。STC15W4K32S4 系列单片机几乎包含了数据采集和控制中所需要的所有单元模块，可称得上是一个真正的片上系统(SysTem Chip 或 SysTem on Chip，STC，这是宏晶科技 STC 名称的由来)。

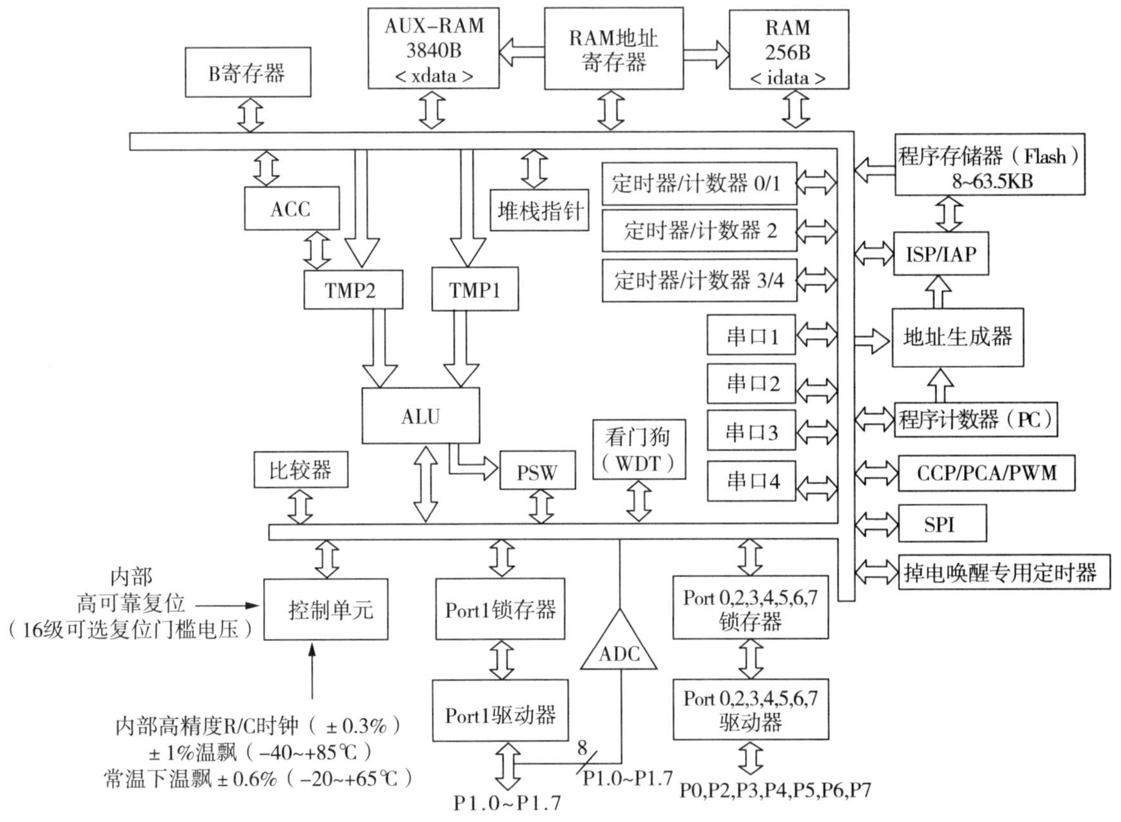

图 3.2　STC15W4K32S4 系列单片机的内部结构框图

4. STC15W4K32S4 系列单片机常见封装

(1) STC15W4K32S4 系列单片机 LQFP-44 封装方式的引脚图如图 3.3 所示。

(2) STC15W4K32S4 系列单片机 DIP-40 封装方式的引脚图如图 3.4 所示。

5. STC15W4K32S4 系列单片机引脚功能说明

如图 3.4 所示，STC15W4K32S4 系列单片机 DIP－40 封装方式，除 18 脚与 20 脚用作电源引脚外，默认情况下，其余所有引脚都是数字输入输出 I/O 口，P4～P7 口的使用如同使用常规的 P0、P1、P2、P3 一样，并且都可以按位操作，I/O 口作为输入使用时，2.2V 以上时单片机认定为高电平，0.8V 以下时单片机认定为低电平，DIP－40 封装各引脚功能详细说明如下。

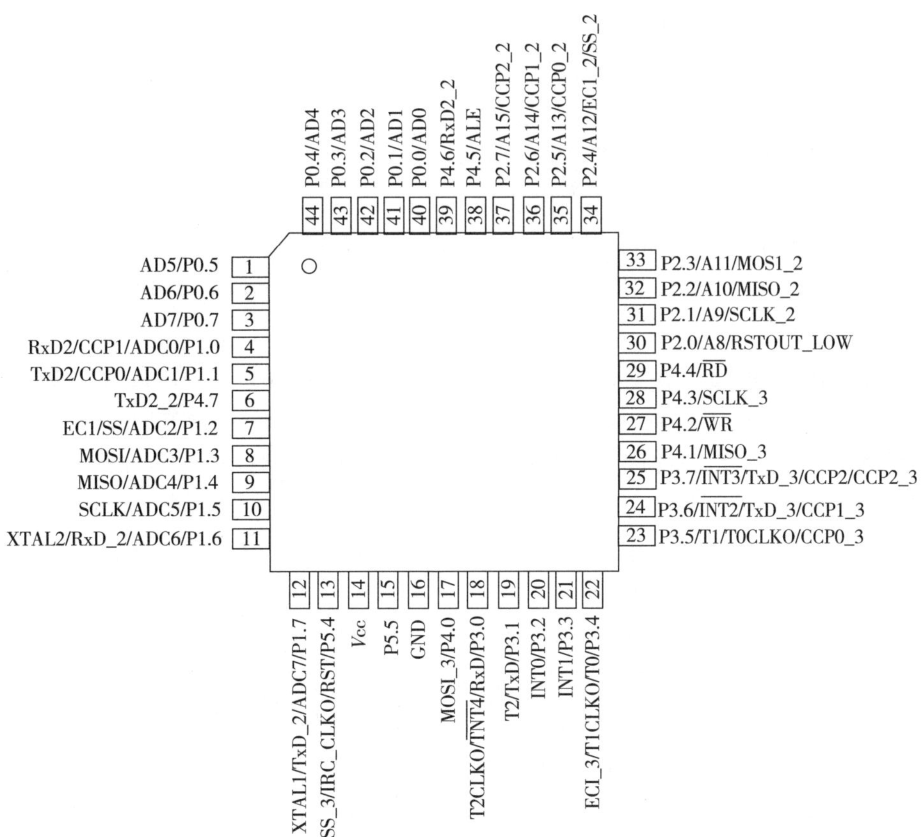

图 3. 3　STC15W4K32S4 系列单片机 LQFP-44 封装方式的引脚图

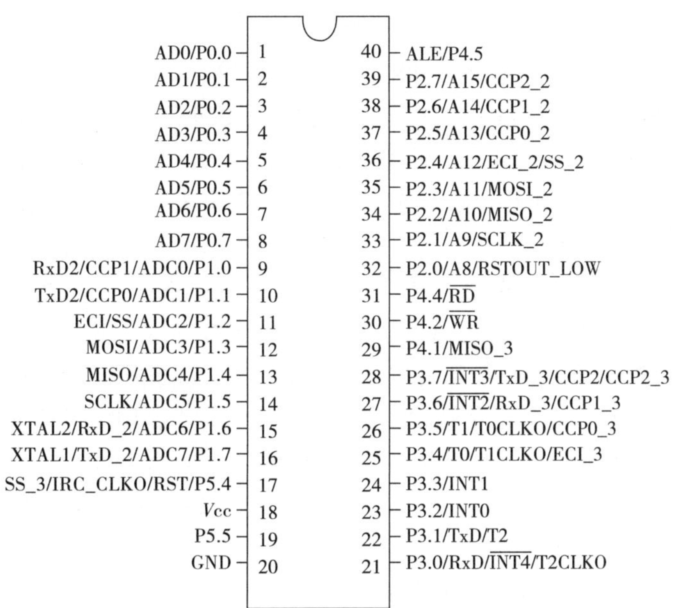

图 3. 4　STC15W4K32S4 系列单片机 DIP-40 封装方式的引脚图

1～8 脚为 P0 口，包括 P0.0～P0.7。

P0.0 还复用为 RxD3(串口 3 数据接收端)。

P0.1 还复用为 TxD3(串口 3 数据发送端)。

P0.2 还复用为 RxD4(串口 4 数据接收端)。

P0.3 还复用为 TxD4(串口 4 数据发送端)。

P0.4 还复用为 T3CLKO(定时器/计数器 3 的时钟输出)。

P0.5 还复用为 T3(定时器/计数器 3 的外部输入)与 PWMFLT_2(PWM 异常停机控制管脚)。

P0.6 还复用为 T4CLKO(定时器/计数器 4 的时钟输出)与 PWM7_2(脉宽调制输出通道 7)。

P0.7 还复用为 T4(定时器/计数器 4 的外部输入)与 PWM6_2(脉宽调制输出通道 6)。

在特殊情况下需要扩展外部数据存储器时，P0 口还可分时用作数据总线(D0～D7)与 16 位地址总线的低 8 位地址，P0 口到底是用作 I/O 口还是低 8 位数据/地址是不需要单独设置的，程序中如果是 I/O 操作命令，它就是 I/O 口，程序中如果是在执行访问外部数据存储器的命令，它就是 8 位数据/地址。

9～16 脚为 P1 口，包括 P1.0～P1.7。同时复用为 8 通道模数转换器 ADC 输入口，STC15 系列 I/O 口用作模数转换 ADC 时不需要对 I/O 口输出状态作额外配置。

P1.0 还复用为 CCP1(捕获/脉冲输出/脉宽调制通道 1)与 RxD2(串口 2 数据接收端)。

P1.1 还复用为 CCP0(捕获/脉冲输出/脉宽调制通道 0)与 TxD2(串口 2 数据发送端)。

P1.2 还复用为 ECI(可编程计数阵列定时器的外部时钟输入)与 SS(单片机用作 SPI 从机时的从机片选输入控制端)，P1.2 还复用为 CMPO(比较器的比较结果输出端)。

P1.3 还复用为 MOSI(SPI 主机输出从机输入)。

P1.4 还复用为 MISO(SPI 主机输入从机输出)。

P1.5 还复用为 SCLK(SPI 主机时钟输出或从机时钟输入)。

P1.6 与 P1.7 复用为外部晶振输入端口，程序下载时若勾选“选择使用内部 R/C 时钟”复选框则 P1.6 与 P1.7 设置为普通 I/O 口，若不勾选“选择使用内部 R/C 时钟”复选框则 P1.6 与 P1.7 设置为外部晶振输入端口，程序下载完毕后给单片机断电，重新上电后设置生效，P1.6 还复用为 RxD_3(串口 1 接收端备用切换引脚)，P1.6 还复用为 MCLKO_2(主时钟输出备用切换引脚)，P1.6 还复用为 PWM6(脉宽调制输出通道 6)，P1.7 还复用为 TxD_3(串口 1 发送端备用切换引脚)，P1.7 还复用为 PWM7(脉宽调制输出通道 7)。

17 脚为 P5.4 口，若要用作外部复位引脚 RST，需在程序下载软件中设置，外部复位与内部的 MAX810 专用复位电路是逻辑或的关系，P5.4 还复用为 MCLKO，即可编程主时钟输出：无输出、输出主时钟、输出 0.5 倍主时钟、输出 0.25 倍主时钟，由于单片机所有 I/O 口对外允许最高输出频率为 13.5MHz，所以这里最高输出也不能超过 13.5MHz，主时钟指外部晶体振器频率或内部 R/C 时钟频率，P5.4 还复用为 SS_3(SPI 从机时的从机片选输入端备用切换引脚)与 CMP－(比较器负极输入端)。

18 脚为电源正，STC15W 系列使用 2.5～5.5V，STC15F 系列使用 4.5～5.5V，STC15L 系列使用 2.4～3.6V。

19 脚为 P5.5，复用为 CMP +（比较器正极输入端）。

20 脚为 GND。

21 ~ 28 脚为 P3 口，包括 P3.0 ~ P3.7。

P3.0 复用为 RxD（串口 1 数据接收端）、INT4（外中断 4，只能下降沿中断）、T2CLKO（T2 时钟输出）。

P3.1 复用为 TxD（串口 1 数据发送端）、T2（定时器/计数器 T2 外部计数脉冲输入）。

P3.2 复用为 INT0（外部中断 0 输入，既可上升沿中断也可下降沿中断）。

P3.3 复用为 INT1（外部中断 1 输入，既可上升沿中断也可下降沿中断）。

P3.4 复用为 T0（定时器/计数器 T0 外部计数脉冲输入）、T1CLKO（T1 时钟输出）、ECI_3（可编程计数阵列定时器的外部时钟输入备用切换引脚）。

P3.5 复用为 T1（定时器/计数器 T1 外部计数脉冲输入）、T0CLKO（T0 时钟输出）、CCP0_2（捕获/脉冲输出/脉宽调制通道 0 备用切换引脚）。

P3.6 复用为 INT2（外部中断 2 输入，只能下降沿中断）、RxD_3（串口 1 数据接收端备用切换引脚）、CCP1_3（捕获/脉冲输出/脉宽调制通道 1 备用切换引脚）。

P3.7 复用为 INT3（外部中断 3 输入，只能下降沿中断）、TxD_3（串口 1 数据发送端备用切换引脚）、PWM2（脉宽调制输出通道 2）。

29 脚 P4.1，复用为 MISO_3（SPI 主机输入从机输出备用切换引脚）。

30 脚 P4.2，复用为/WR（扩展片外数据存储器时的写控制端）与 PWM5_2（脉宽调制输出通道 5）。

31 脚 P4.4，复用为/RD（扩展片外数据存储器时的读控制端）与 PWM4_2（脉宽调制输出通道 4）。

32 ~ 39 脚为 P2 口，包括 P2.0 ~ P2.7，在扩展外部数据存储器时作地址总线的高 8 位输出。

P2.0 复用为 RSTOUT_LOW 功能，可通过程序下载软件设置上电复位后输出高电平还是低电平。

P2.1 复用为 SCLK_2（SPI 时钟备用切换引脚）与 PWM3（脉宽调制输出通道 3）。

P2.2 复用为 MISO_2（SPI 主机输入从机输出备用切换引脚）与 PWM4（脉宽调制输出通道 4）。

P2.3 复用为 MOSI_2（SPI 主机输出从机输入备用切换引脚）与 PWM5（脉宽调制输出通道 5）。

P2.4 复用为 ECI_2（可编程计数阵列定时器的外部时钟输入备用切换引脚）、SS_2（SPI 从机时的从机片选输入端备用切换引脚）、PWMFLT（PWM 异常停机控制管脚）。

P2.5 复用为 CCP0_2（捕获/脉冲输出/脉宽调制通道 0 备用切换引脚）。

P2.6 复用为 CCP1_2（捕获/脉冲输出/脉宽调制通道 1 备用切换引脚）。

P2.7 复用为 PWM2_2（脉宽调制输出通道 2）。

40 脚为 P4.5，复用为 ALE，在扩展外部数据存储器时利用此引脚锁存低 8 位地址，使 P0 口分时作地址总线低 8 位和 8 位数据总线，P2 口作地址总线高 8 位。P4.5 还复用为 PWM3_2（脉宽调制输出通道 3）。

6. STC15W4K32S4 系列单片机 I/O 工作模式

STC15W4K32S4 系列单片机所有 I/O 口都可由软件配置成 4 种工作模式之一：准双向口(标准 8051 单片机输出模式)、推挽输出、仅为输入(高阻)与开漏输出。每个口的工作模式由 2 个控制寄存器(P*n*M1、P*n*M0)中的相应位控制，其中 $n=0$、1、2、3、4、5、6、7。例如，P0M1 和 P0M0 用于设定 P0 口，其中 P0M1.0 和 P0M0.0 用于设置 P0.0，P0M1.7 和 P0M0.7 用于设置 P0.7，依次类推，设置关系如表 3－1 所示。STC15 系列中的 STC15W4K32S4 系列芯片，上电后所有与死区控制专用 PWM 相关的 IO 口均为高阻态，需将这些口设置为准双向口或强推挽模式方可正常使用，相关的 IO 有 P0.6/P0.7、P1.6/P1.7、P2.1/P2.2/P2.3/P2.7、P3.7、P4.2/P4.4/P4.5，其余 I/O 口上电复位后都是 200μA 的弱上拉输出状态，可直接作输出口使用。

表 3－1　I/O 口工作模式

P*n*MI[7～0]	P*n*M0[7～0]	I/O 口工作模式
0	0	准双向口(标准 8051 单片机输出模式)，灌电流可达 20mA，拉电流典型值为 200μA，由于制造误差，实际为 150～270μA
0	1	推挽输出，强上拉输出，可达 20 mA，外加限流电阻，尽量少用
1	0	仅为输入(高阻)
1	1	开漏，内部上拉电阻断开，要外接上拉电阻才可以输出高电平

例如，若设置 P1.7 为输出，P1.6 为强推挽输出，P1.5 为高阻输入，P1.4、P1.3、P1.2、P1.1 和 P1.0 为弱上拉，则可使用下面的代码进行设置。

```
P1M1 =0xa0;//1010 0000B
P1M0 =0xc0;//1100 0000B
```

为了所有 I/O 口都方便直接使用，可将所有 I/O 口都配置为准双向口，函数代码如下。

```
void port_mode()//端口模式
{
P0M1 =0x00;P0M0 =0x00;P1M1 =0x00;P1M0 =0x00;P2M1 =0x00;P2M0 =0x00;P3M1 =0x00;
P3M0 =0x00;
P4M1 =0x00;P4M0 =0x00;P5M1 =0x00;P5M0 =0x00;P6M1 =0x00;P6M0 =0x00;P7M1 =0x00;
P7M0 =0x00;
}
```

在使用单片机 I/O 口作灌电流输入或拉电流输出时，由于内部无电流限制功能，外部电路设计上一定要限制进出 I/O 口的电流不要超过 20 mA。另外，虽然 IAP15W4K58S4 单片机所有 I/O 口驱动能力都能达到 20 mA，但整个芯片的最大工作电流不要超过 120 mA，电流较大时可使用 74HC245、ULN2003 或晶体管进行驱动。

7. Keil－C51 单片机编程软件

Keil C51 是美国 Keil Software 公司出品的 51 系列兼容单片机 C 语言软件开发系统。

Keil 提供了包括 C 编译器、宏汇编、链接器、库管理和一个功能强大的仿真调试器等在内的完整开发方案，通过一个集成开发环境(μVision)将这些部分组合在一起。运行 Keil 软件需要 Windows XP、Windows 7、Windows 8 等操作系统。Keil 软件对使用 C 语言进行 51 系列单片机编程或者其他类型单片机(如 STM32 系列)编程提供了很好的支持，即使不使用 C 语言而仅用汇编语言编程，其方便易用的集成环境、强大的软件仿真调试工具也具有很大优势。本实验选用的是 Keil4 版本。

【实验步骤】

(1) 安装 Keil 之前务必仔细查看配套光盘里的安装说明。

(2) 安装成功后，首次启动界面如图 3.5 所示。

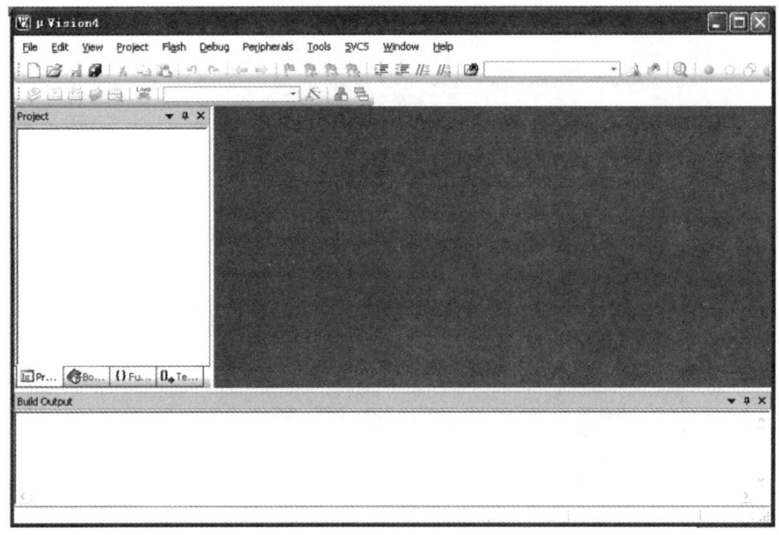

图 3.5　Keil 使用步骤(一)

(3) 先新建一个工程文件，选择 Project | New Project…命令，打开 Create New Project 对话框，选择工程文件要存放的路径，并输入工程文件名，这里用 example 作为工程文件名，如图 3.6 所示。

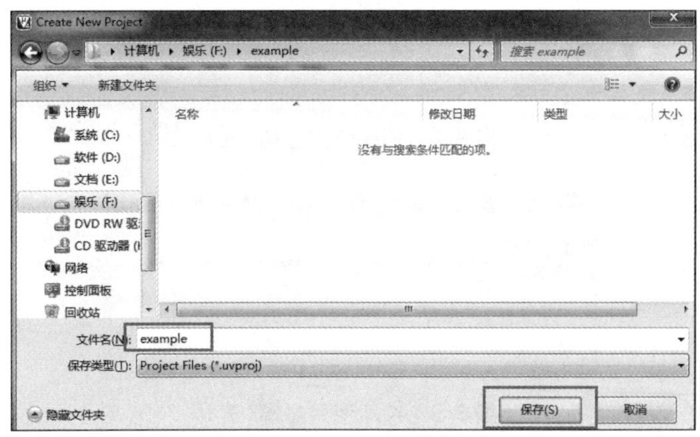

图 3.6　Keil 使用步骤(二)

（4）单击“保存”按钮后弹出 Select Device for Target ‘Target 1’ 对话框，如图 3.7 所示。

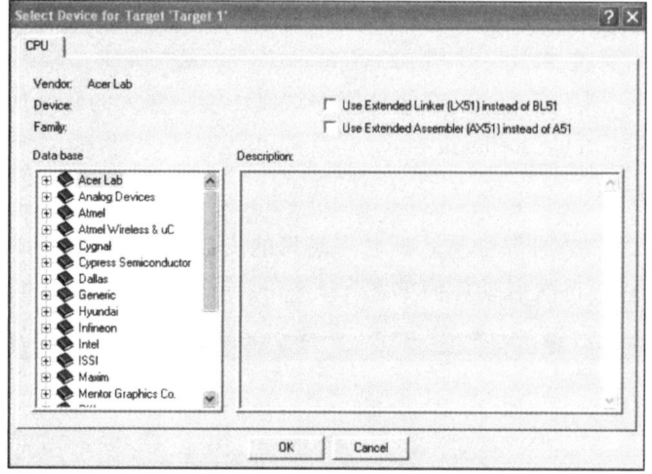

图 3.7　Keil 使用步骤(三)

（5）由于本开发板所配的单片机是 STC 公司生产的，而 Keil 中并没有 STC 公司的产品，不过 STC 公司的单片机和传统的 51 单片机是兼容的，所以这里选择 Atmel 公司的 89C52，如图 3.8 所示。单击 OK 按钮，弹出消息提示框，如图 3.9 所示，单击“是(Y)”按钮。

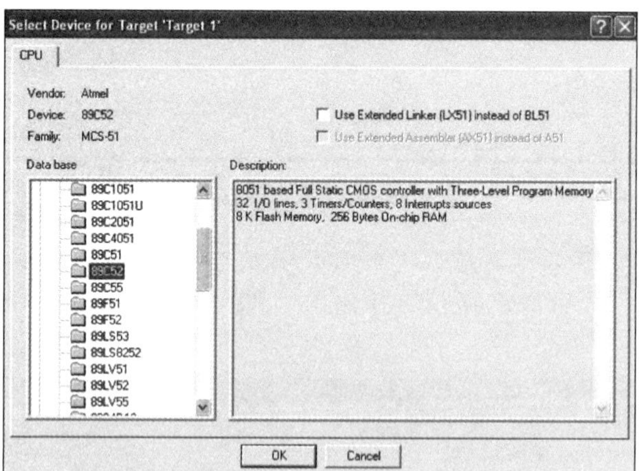

图 3.8　Keil 使用步骤(四)

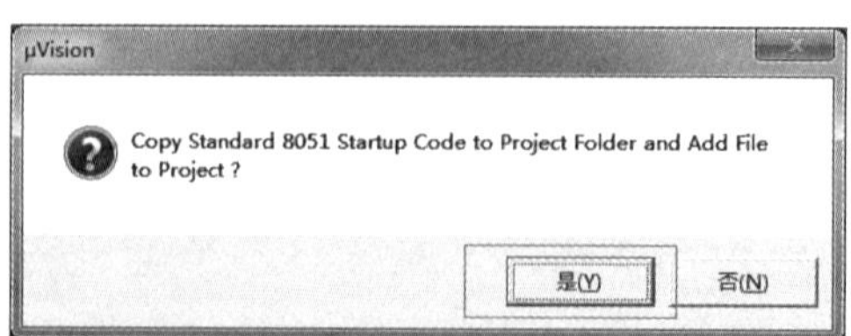

图 3.9　Keil 使用步骤(五)

（6）新建一个 C51 文件，选择 File | New 命令，如图 3.10 所示。弹出 examl-μVisiond 对话框，如图 3.11 所示。

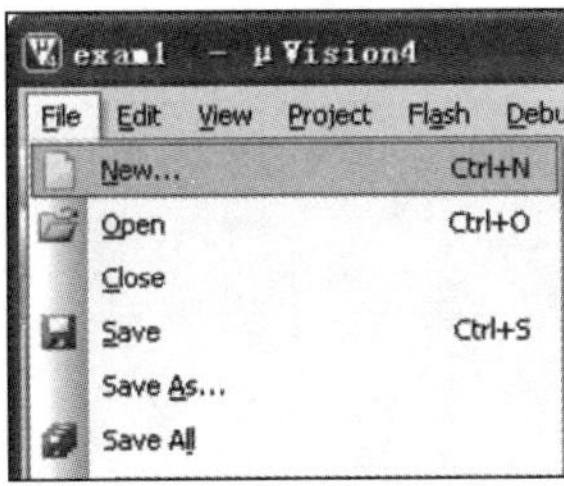

图 3.10　Keil 使用步骤(六)

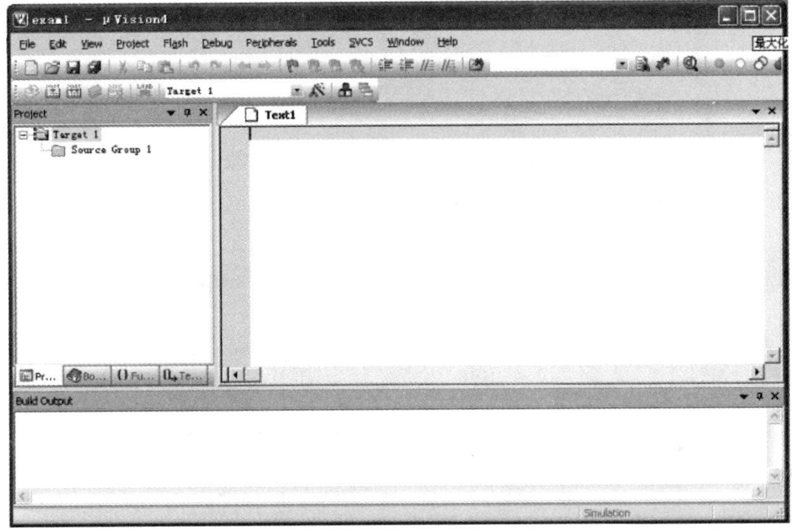

图 3.11　Keil 使用步骤(七)

（7）保存新建的文件，单击工具条上的“保存”按钮，弹出 Save As 对话框，输入文件名“example. c”，如图 3.12 所示。

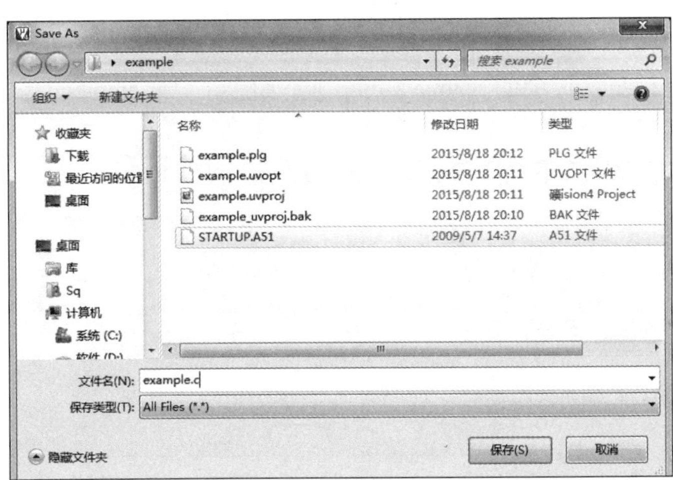

图 3.12　Keil 使用步骤(八)

(8) 单击“保存”按钮后，还需要把文件加入工程项目中，在 Source Group 1 上右击，在弹出的快捷菜单中，选择 Add Files to Group ‘Group Source Group1’命令，如图 3.13所示。

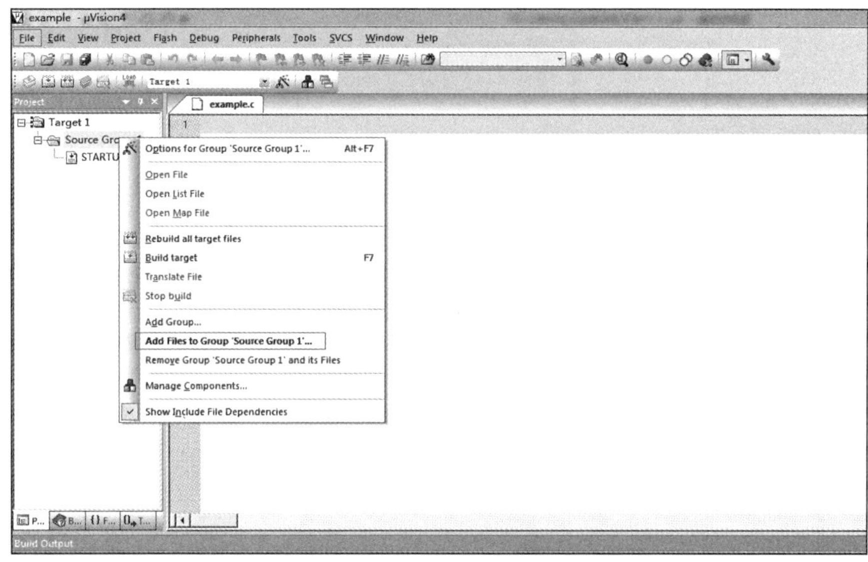

图 3.13 Keil 使用步骤(九)

(9) 然后选择刚才建立的“example. c”文件，单击 Add 按钮，如图 3.14 所示。

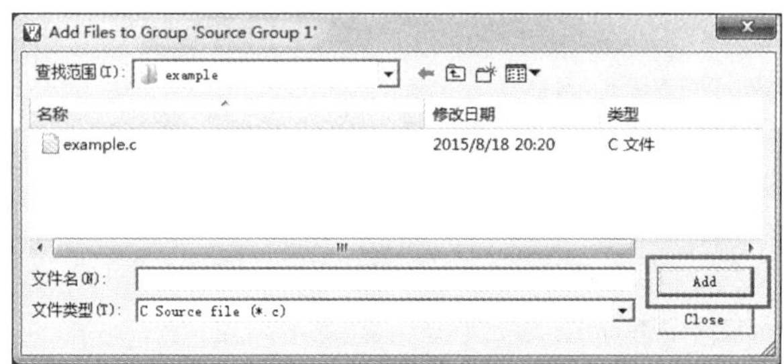

图 3.14 Keil 使用步骤(十)

这时左边工程信息窗口中的 Source Group 1 下面多了“example. c”文件，说明添加文件成功了。

(10) 在编辑框内输入下列字符，如图 3.15 所示。

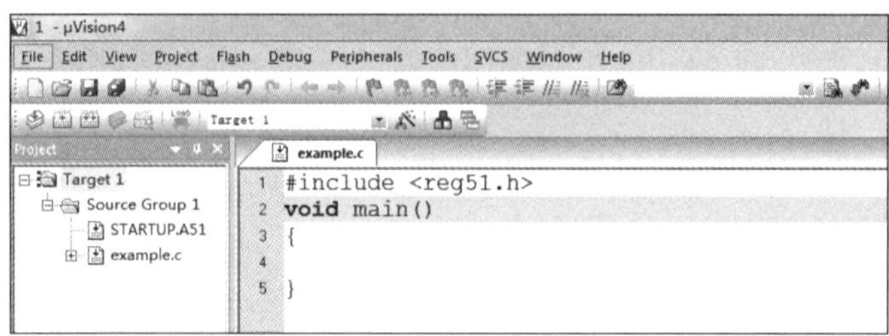

图 3.15 Keil 使用步骤(十一)

(11) 接着编译工程项目，如图3.16所示单击“编译”按钮，如果在下面的信息窗口中显示“0 Error(s)，0 Warning(s).”，则说明没有错误，已经成功编译，如图3.16所示。

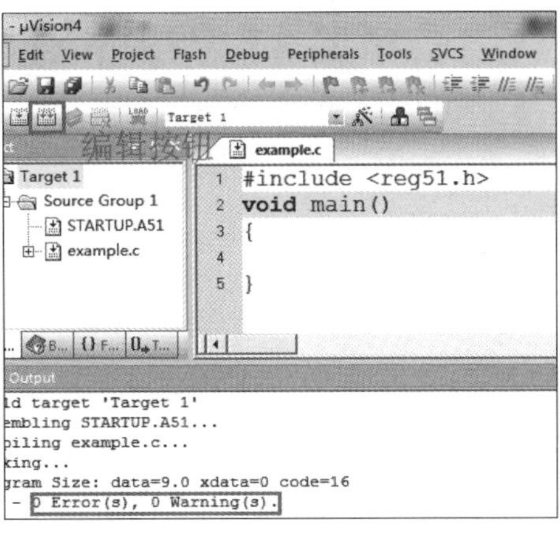

图3.16 Keil使用步骤(十二)

(12) 接下来生成HEX文件，如图3.17所示单击Option for Target按钮。

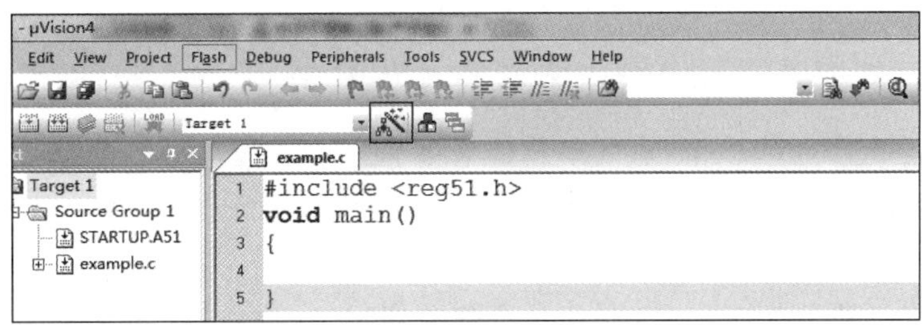

图3.17 Keil使用步骤(十三)

(13) 在弹出的Options for Target ‘Target 1’ 对话框中，单击Output选项卡，勾选Create HEX File复选框，如图3.18所示。最后单击OK按钮，关闭该对话框。

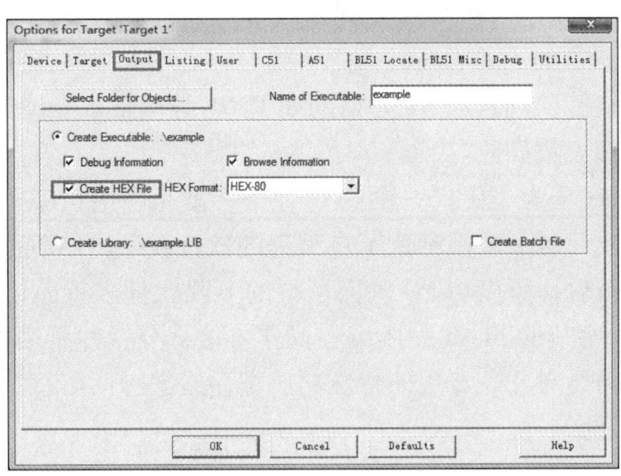

图3.18 Keil使用步骤(十四)

(14) 再次单击“编译”按钮，就会在文件目录下生成“example.hex”文件。

3.2　51 单片机程序下载实验

【实验目的】

（1）掌握 51 系列单片机程序下载的方法。

（2）了解 51 系列单片机下载软件功能。

【实验内容】

下载 51 单片机工程。

【实验仪器】

（1）PC 机。

（2）物流信息技术综合实验平台。

【实验原理】

1. MCS-51 系列单片机串口下载程序工作原理

目前市面上常见的 MCS-51 系列单片机有多种型号，但常见的 MCS-51 系列单片机串口下载程序的下载方式有 ISP 及 IAP 两种。

1）ISP(In System Programming)

ISP，即在系统编程(也有一种叫法是在线编程)，一般目标芯片内包含了专用的接口，接口的定义很像现在 ARM 等较新的处理器芯片中的 JTAG 接口，上位机发送编程命令码及编程控制信息后，经过用户电路板完成信息交互，最终由芯片硬件自动完成编程。不过为此用户电路板上需要增加一些资源支持，这是个缺点。采取这种方式的 51 单片机不多，典型代表就是 ATMEL 公司的 AT89S5x 系列单片机。

2）IAP(In Applicatin Programmin)

IAP，即在应用编程。下面以 SST 公司的 89E564 为例重点介绍一下 IAP 的工作流程，触类旁通，其他的原理大致如此。

SST89E564 的 Flash 分为 2 块，一块 64 千字节，就是应用程序要使用的程序空间；另一块 8 千字节，现在出厂时一般都预置了自编程的软件代码，IAP 的核心内容就是这 8 千字节空间的软件，运行后，可以与 PC 机上运行的下载软件进行通信，获取应用程序机器码内容，然后对 64 千字节的 Flash 完成编程操作。这部分软件所用指令全部都是 51 系列标准的指令代码，只需要对几个专用的特殊功能寄存器进行读写，然后延时、判断，就可以实现对 64 千字节区的编程。

软件流程可以描述如下。

（1）片上电启动后，程序首先在 8 千字节的程序空间中运行(此时相当于 89x52 芯片)。

（2）检测串口有无上位机传递过来的编程命令，有的话应答，开始对 64 千字节区的编程操作。编程操作过程很简单，只要将其代码从串口接收过来，送到相应的寄存器中，按照要求循环，直到全部代码烧写完毕就可以了。结束后通过软件控制使单片机复位。

（3）如果串口没有编程命令，则检测 64 千字节区是否存在有效的机器码。如果有则跳转到 64 千字节区正式开始执行应用程序，否则返回(2)，在 8 千字节区中等待，随时接收上位机传送过来的编程命令。另外，可以在这个环节对 64 千字节应用区的代码进行检查，如查验校验和，从而判断程序状态是否正常。

由此可见，8 千字节区中的软件是可以修改的，假设某种设备有 IC 卡接口，就可以通过修改这 8 千字节的程序，实现通过 IC 卡升级软件的功能；同理，如果想通过以太网、U 盘等其他方式升级软件，理论上也是可行的。只是这种方式第一次烧写时需要专门的编程器，将 8 千字节区的出厂预装程序换成用户自己需要的升级程序。

MCS51 系列单片机的 ISP 编程属于纯硬件操作，只要 Flash 的物理特性未损坏，就可以实现串口升级，但升级模式是固定的。而 IAP 模式属于软件操作，可以根据用户需要扩展多种升级方式，更灵活。

2. STC-ISP 下载工具

STC-ISP 是一款单片机下载编程烧录软件，是针对 STC 系列单片机而设计的，可下载 STC89 系列、12C2052 系列和 15F2K61S2 系列等系列的 STC 单片机，使用简便，现已被广泛使用。在本实验中，单片机选型是 IAP15F2K61S2，这款单片机属于 15F2K60S2 系列单片机。读者可以在宏晶科技官网下载最新 STC-ISP 工具(下载网址：http：//www. stcmcu. com/)。本实验下载工具选用的版本是 stc-isp-15xx-v6. 75。

【拓展文本】

【实验步骤】

（1）用数据线将 51 开发板与计算机相连接，51 开发板连接接口如图 3. 19 所示。

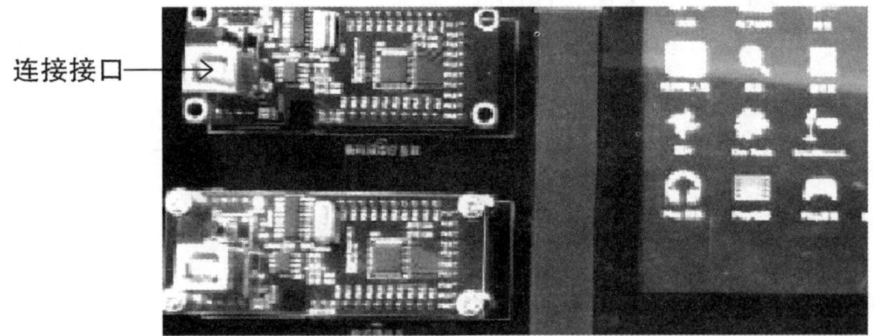

图 3. 19　51 开发板下载线连接接口

（2）连接实验箱电源线，打开系统电源。

（3）双击 STC 系列单片机程序下载软件图标，如图 3. 20 所示，进入程序下载界面，如图 3. 21所示。首先需要选择单片机型号与 51 单片机开发板串口号(stc-isp-15xx-v6. 75 下载软件可自动检测 51 单片机开发板串口号，若无法自动检测到单片机串口号，则可以在

PC设备管理器中查看单片机开发板串口号，并在下载软件中手动选择相应串口号)，然后单击“打开程序文件”按钮查找选择工程编译时生成的HEX文件，选择IRC时钟频率(最常用的是11.0592MHz)，勾选“当目标文件变化时自动装载并发送下载命令”复选框(方便调试程序)，然后单击“下载/编程”按钮。

图3.20　STC系列单片机程序下载软件图标

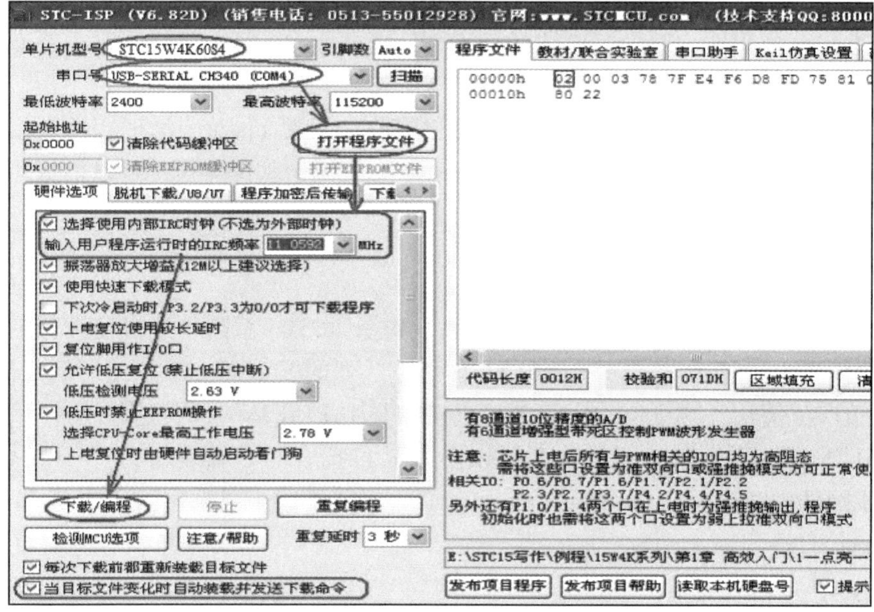

图3.21　程序下载界面

(4) 出现图3.22所示界面后，给实验板上电，或是断一下电再上电，上电瞬间程序开始向芯片下载，下载完成后的界面如图3.23所示。需要注意的是，一定是先单击“下载/编程”按钮，再给单片机电路板上电。

图3.22　下载软件等待单片机上电

图3.23　下载成功

本章小结

单片机是一类内部集成了计算机核心技术的智能芯片，相当于一个微型计算机，它的工作原理与计算机相似，但其体积比计算机小得多，在现实生活中的应用非常广泛。本章讲解了 51 系列单片机的相关知识，包括 51 系列单片机的发展历史和常见 51 系列单片机的类型。重点讲解了 STC15W4K60S4 单片机的相关知识，该单片机也是物流信息技术实验箱中所使用的单片机型号。

51 系列单片机的编程软件和下载方式有多种，本章选择了最常见的 Keil 软件作为 51 系列单片机的编程软件，详细介绍了该软件的使用方法和程序下载方式，该部分内容需重点掌握，以为本书后续章节的实验编程做好准备。

关键术语

单片机(Microcontrollers)
CPU(Central Processing Unit)
芯片(Chip)
兼容机(A Plug-compatible Machine)
寄存器(Register)
指令集(Instruction Set)
封装(Package)
内存(Memory)

习　题

一、填空题

1. 单片机的全称是单片微型计算机，计算机内部主要包含________、________、________等部件。
2. 51 单片机是对所有________的统称。
3. STC15 系列单片机的工作电压是________。
4. STC15 系列单片机的电源引脚是________。
5. STC15W4K32S4 系列单片机所有 I/O 口都可由软件配置成 4 种工作模式，分别为________、________、________与________。
6. 目前市面上常见的 MCS-51 系列单片机有多种型号，但常见的 MCS-51 系列单片机串口下载程序的下载方式有________及________两种。

二、思考题

1. 试列举 51 单片机的主要产品。
2. 常用 51 系列单片机程序开发软件和下载软件分别是什么？
3. 试阐述 51 系列单片机程序开发工程建立的主要步骤。
4. 试阐述 51 系列单片机程序下载注意事项。

第 4 章
硬币识别实验

4.1 硬币识别原理

【实验目的】

（1）了解硬币识别模块的工作原理。

（2）掌握硬币识别模块的单片机程序编写方法。

【实验内容】

（1）编写51单片机硬币识别模块程序。

（2）进行程序下载调试。

【实验仪器】

（1）带有Keil编程环境的PC。

（2）单片机下载线。

（3）物流信息技术综合实验平台。

【实验原理】

1. 投币器硬币识别方法

投币器是一种通过检测硬币含铁量的大小来达到区分真假币目的的电子测量仪器。它具有结构简单、安全性高、抗干扰等特点。一般投币器包括使硬币通过并收集的硬币通道及导引装置、硬币检测装置、硬币辨别装置和控制投币器输入、输出、显示及导引装置工作的中央处理单元。

硬币检测装置由至少一个电感检测器构成，电感检测器在硬币通道上产生振荡磁场，并在有硬币通过振荡磁场时产生脉冲信号。硬币辨别装置由取样装置和对比装置构成。取样装置包括一个以上的电感检测器和放置于电感检测器振荡磁场中的样品硬币，该电感检测器输出与硬币检测装置中的电感检测器脉冲信号同步的基准脉冲信号。对比装置包括一个以上的比较器及A/D转换器，比较器两输入端分别接收硬币检测装置中电感检测器的基准脉冲信号和取样装置中电感检测器的基准脉冲信号，对比装置输出端接中央处理单元，以完成硬币检测装置中电感检测器的基准脉冲信号和取样装置中电感检测器的基准脉冲信号的对比，进而进行真假硬币识别，如图4.1所示。

2. 投币器硬币识别过程中主要功能的说明

投币器的主要功能包括4个部分：①用于产生高频方波的振荡电路；②用于控制真假币流向的电磁闸门；③用于检测硬币投入过程中各个位置的光电传感器；④控制所有检测和控制电路的中央控制单元。

1）方波振荡电路

这个功能模块最重要的是产生高频信号的线圈，当没有任何铁质物品进入线圈时，高

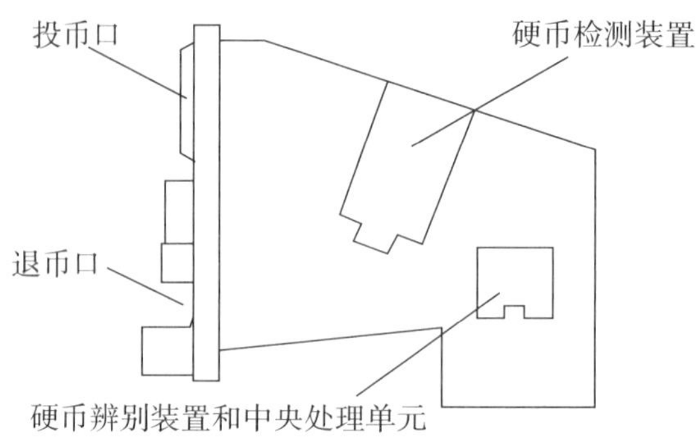

图 4.1　投币器内部简要结构图

频方波振荡电路输出稳定、单一频率的高频正弦波信号；当有铁质物品进入时，线圈检测到的电感值变化引起振荡电路输出的高频信号频率发生变化，只要检测这些变化值，便可以区分出真假币。

2）电磁闸门

电磁闸门是一个简单的直流继电器控制闸门，它的作用是当检测到硬币为真时，吸合电磁继电器，使真币进入，否则使硬币退出。

3）光电传感器

光电传感器由若干个光敏二极管组成，用于检测硬币是否按设定的流程投入，或是检测投币器有无堵币现象等，这是为了防止投币器遭到其他物品的破坏而使硬币不能正常投入或是盗币情况的发生。

4）中央控制单元

中央控制单元由一个微处理器构成，用来控制整个投币器的检测电路和输出电路，通过检测光敏二极管的信号来判断硬币的投入与否，通过检测高频振荡电路输出的高频信号来判断硬币的真假，最后通过电磁闸门来控制真假币的流入方向。

3. 投币器的硬币识别原理

我国目前发行的 1 元、5 角和 1 角硬币的金属原材料是为造币而专门使用的特殊合金，因此，在它通过投币器入口进入由电感和电容组成的特定高频振荡线路所产生的磁场时，金属材质和体积的差异对电感量的影响大小也出现微弱差异，电感量的变化引起振荡频率的变化；通过检测频率的变化，与设定值进行比较，确定某种硬币种类后，经窄带选频电路将频率信号变成电压信号输出，通过判断电压信号的高低，完成对金属硬币的识别。

4. 常见投币器的参数

判别时间：约 3s。

输入接口：Pulse，RS232 和 M. D. B。

电力：12VDC，1Amp。

待机时：125mA@ DC +12V。

工作时：860mA ~1. 5A@ DC +12V。

工作温度：0～55℃。

保存温度：－20～60℃。

相对湿度：30%～85%。

质量：约0.8kg。

接收率：96%以上。

5. 投币器的特点

（1）具有独特的防钓币结构。

（2）具有极高的识别率。

（3）能快速、高效率的处理硬币。

（4）容易装卸清理。

（5）拥有传感器自动校准系统。

（6）具有多种通信接口和协议，适合不同应用领域。

（7）具有结合巧妙的机械结构。

6. 投币器的分类

投币器一般有比较式投币器、一元专用投币器、多币智能型投币器。

所谓比较式投币器，就是在投币器里边存一个作为比较用的母币(或者说样币)，该投币器会对样币的参数进行采样，在有硬币投入的情况下，投币器会把投入的硬币与母币进行比较。如果参数一致(在一个设定的精准范围内)，则会接收该硬币，并输出相应的信号；如果参数不一致或者偏差较大，则会做退币处理，而不会接收。理论上，只要在比较投币器上存放所需要接收的硬币代币或者、游戏币，就可以接收任何种类的硬币、代币或者游戏币(当然只能接收其中的一种)。

一元专用投币器的特点是专门针对一元硬币进行设计，因此对一元硬币具有较高的识别精度。

多币智能型投币器的特点是可以同时接收多种硬币，根据不同的硬币输出不同的脉冲信号。因此这类投币器的设计难度比较大，对投币器的稳定性要求比较高。

7. 投币器在自动售货机控制系统中的应用

投币器由于其稳定可靠的性能已经得到广泛应用，其中投币器在自动售货机控制系统中的应用较为普遍。现在就一般自动售货机的常用功能进行说明。

1）预设售货价格系统

自动售货机售出的同类商品可分若干品种，其售前设定价格须预先储存在控制系统内。以普通易拉罐冷恒温自动售货机为例，采用MC-51系列单片机作为控制系统，采用识币器识别1元和5角硬币，可出售8种易拉罐饮料。该机的价格设置系统由按键和存储器2816A(存储器2816A是一种EEPROM芯片)组成。通过按键选择被设置价格商品的种类及价格，并将价格写入存储器2816A，存储器2816A本身具有掉电保护功能，属于软件设置方式。此外，在简易型售货机中，由于出售商品种类少，价格变化小，使用币种单一，也可用硬件方式来设置价格。例如，如采用拨码开关的方式，这种方式具有结构简单、操作方便的特点。

2）巡回检查

金额累计、可售指示和退币系统控制系统的核心CPU对识币、退币、无货检测及购货信号进行巡回检查，当有识币信号后，将金额数值送入金额累计存储器中进行累计，并通过串行扩展接口进行显示，同时将金额累计存储器中的数值与预设价格存储器中的数值进行比较，如金额累计数值等于或大于预设价格的数值，则通过串行接口使可售指示灯亮，提示购货。此时可按下“购货”按钮，由CPU检测到购货信号后，如果金额累计存储器中的数值与预设价格相等，则通过并行扩展接口驱动电磁阀或微电机驱动出商品，并将金额累计存储器清零，完成一次售货过程；如果累计金额大于预设价格，驱动商品后，相减差额由信号驱动退币，实现售货和退币找零功能。

3）售完检测系统

在自动售货机商品储存道下方安装有接触行程开关，当储存道内有商品时，压下行程开关，售货机正常工作；当商品出售完毕时，行程开关被释放，向CPU发出无货信号，经检测通过串进扩展接口向相应的售完指示灯发出信号，使机身外部“售完”指示灯亮，此种商品自动停售，即使投币累计金额达到该道商品预设价格数值，“可售”按钮仍然无启动信号，金额累计存储器也不清零。

4）售出累计及自测功能系统

自动售货机的中央控制器在每次售出商品后，向售出累计存储器中累计售出数据，通过售货机内部的按键可在金额显示窗中读到累计结果。此外，在按下“自测”功能键后，出现自测功能信号，由外部按键操作，可检测各商品储存道内的商品数量。

5）系统防干扰措施

电源采用稳压、隔离、滤波和屏蔽等方法；当程序偶然进入死循环状态时，用程序计数器溢出端对系统进行强迫复位，使系统程序重新执行；设置软件陷阱，防止程序飞掉。

8. 硬币识别实验模块电路

投币器外观图如图4.2所示。投币器与STC15W4K32S4单片机相连接的控制电路如图4.3所示。

在图4.3中，CN1接口1、2、3、4分别对应图4.2中的+12V电源线、COIN信号线、接地线和接码表线。投币器识别硬币后通过P3.2接口发送信号给单片机，单片机通过判断接收到的信号宽度不同，判定硬币的不同种类。

9. 硬币识别实验程序控制流程

硬币识别实验程序控制流程图如图4.4所示。

【实验步骤】

（1）建立投币实验程序工程。

（2）编写实验程序，实验程序部分代码参考步骤(3)。

【拓展文本】

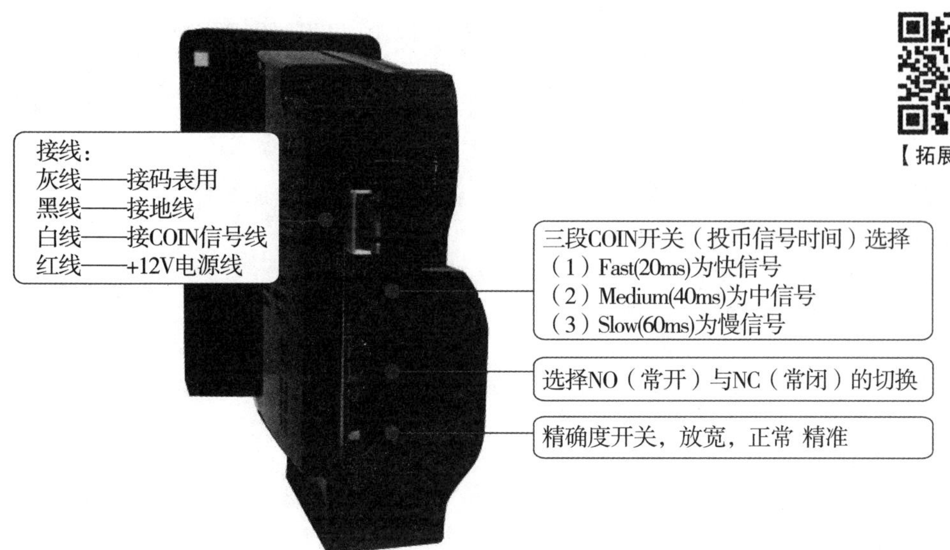

图4.2　投币器外观图

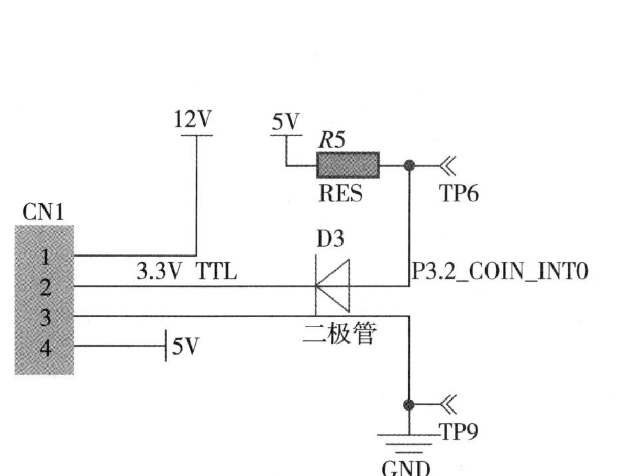

图4.3　投币器输出币值信号检测电路

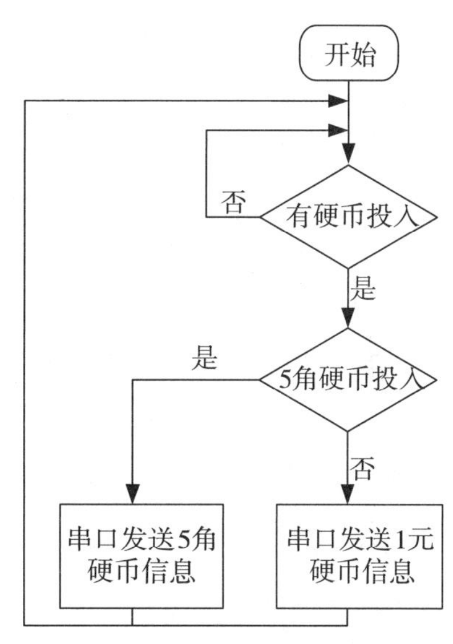

图4.4　硬币识别实验程序控制流程图

（3）分析实验程序流程和代码，主程序代码如下。

```
/*
 * Copyright(C)ZhongKeFuChuang,Inc. All Rights Reserved.
 *
 * www.jinlinbao.com at 2015-09-12.
 * version 1.0
 */
/*
```

```
  * If in the KEIL development environment, please select the Intel 80/87C52
chip model
  * to compile this project. Using the internal oscillator, the frequency of
11.0592M
  */
  #include "conf.h"
  #include "intrins.h"// 使用 intrins.h
  #include "ringbuf.h"//使用 FIFO_DataIn()函数
  #include "communication.h"
  #include "string.h"//memeset
  #include "uart1_scan.h"
  #include "uart3_rs485.h"
  #include <stdio.h>
  #include <string.h>

  u8 BOARD_MODE =0;
  sbit P22 =P2^2;
  sbit P21 =P2^1;
  sbit P20 =P2^0;
  sbit P30 =P3^0;
  sbit P31 =P3^1;

  extern void int0_coin_init(void);
  extern void init_all(void);
  extern void coin_task(void);

  void Delay100ms(void)   //@11.0592MHz
  {
    unsigned char i,j,k;
    _nop_();
    _nop_();
    i =5;
    j =52;
    k =195;
    do
    {
        do
        {
            while(--k);
        } while(--j);
    } while(--i);
  }
  void start_flag(void)
  {
    u8 i;
    for(i =0;i <50;i + +)
```

```
    {
        P30 = ~P30;
        Delay100ms();
        WDT_CONTR |=0x10;
    }
    P30 =1;
}
void reset_log(void)
{
  u8 msgbuf[30] ={0};
  sprintf(msgbuf,"RESET ID:% d",(int)BOARD_MODE);
  COMM_callback(strlen(msgbuf),msgbuf);
}
void extend_board_init(void)
{
  u8 temp2,temp1,temp0;
  temp2 =P22;
  temp1 =P21;
  temp0 =P20;
  BOARD_MODE =(temp2 < <2) |(temp1 < <1) |temp0;
}
void main(void)
{
  extend_board_init();
  while(BOARD_DEF ! =BOARD_MODE)
  {
      P31 = ~P31;
      Delay100ms();
  };

  start_flag();
  int0_coin_init();
  if(BOARD_MODE! =2)
  uart1_debug_init();
  init_all();
  uart3_rs485_init();
  IE2|=0x08;                //使能串口3中断
  EA =1;
  reset_log();
  memset(Buf,0,NMAX);
  log_printf("start 51 PLG\r\n");
  WDT_CONTR =0x04;        //看门狗定时器溢出时间计算公式:(12*32768*PS)/FOSC(秒)
                          //设置看门狗定时器分频数为32,溢出时间如下:
                          //11.0592M :1.14s
  WDT_CONTR |=0x20;       //启动看门狗
```

```
    while(1)
    {
    TSK_COMM();
    coin_task();
    WDT_CONTR|=0x10;
    }
}
```

(4) 将实验箱投币器51单片机模块与PC通过专用下载线连接。

(5) 打开实验箱电源，进行代码下载验证[完整工程代码参考步骤(3)提供的代码]。

4.2 硬币识别实验实训

【实验目的】

(1) 了解硬币识别系统的工作流程。

(2) 理解硬币识别模块的系统搭建过程。

【实验内容】

(1) 进行硬币识别实验在实验箱中的操作。

(2) 观察投放不同硬币的输出信号。

【实验仪器】

(1) 带有Keil编程环境的PC。

(2) 单片机下载线。

(3) 物流信息技术综合实验平台。

【实验原理】

1. 硬币识别在自助收缴费系统中的应用案例

随着社会的进步和发展，人们的生活方式发生着深刻的变化，人们已不再满足于传统的业务收费管理模式，智能化、多样化的自助服务广泛应用于各行各业，而硬币识别技术在其中得到广泛应用。硬币识别技术除了在智能快递柜和智能售货机中应用普遍，在其他领域也得到广泛应用，如银行的自助缴费业务、地铁的自助售票系统和智能停车场收费管理系统等。现就智能停车场收费管理系统做简单的介绍。

随着停车场管理系统被广泛采用，为方便停车场管理者对各种车辆的管理和收费，智能停车场收费管理系统应运而生。智能停车场收费管理系统可实现停车场无人值守智能化收费管理、自助缴费和自动找零。智能停车场收费管理系统如图4.5所示。在停车场收费管理系统中，末端的自助缴费机为了满足客户缴费的多样性要求，普遍在自助缴费机中设计了硬币缴费的方式。硬币缴费方式不仅可以满足客户缴费的多样性要求，而且工作稳定，对真假币的识别能力高，现已被广泛使用。

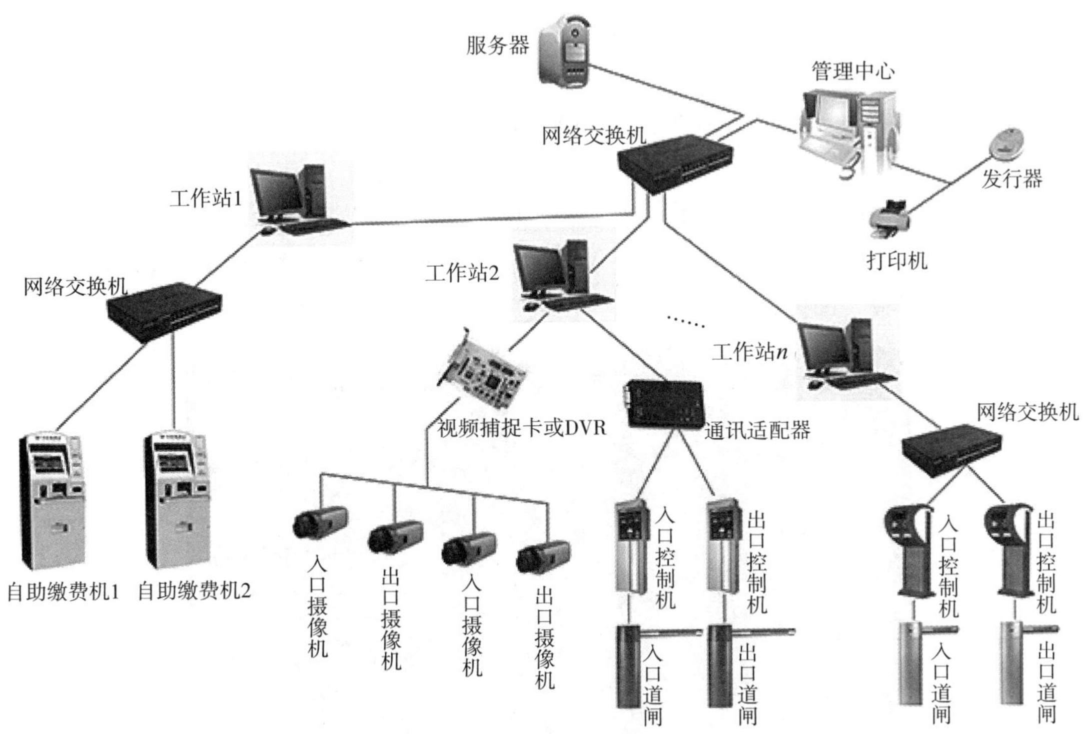

图4.5　智能停车场收费管理系统

智能停车场收费管理系统具有以下功能与特点。

(1) 无人智能收费，完全代替人工收费，提高效率，降低成本。

(2) 支持纸币、硬币接收模式。

(3) 支持纸币、硬币找零，实现自动找零功能。

(4) 支持纸票扫描、票据打印功能。

(5) 自助收费机设备配备液晶显示，方便用户操作。

(6) 具有循环播放广告功能。

(7) 支持IC、ID、纸票临时卡、月卡中央缴费和超时缴费。

(8) 支持月卡延期功能，延期收费方案可由管理员设定。

(9) 支持储值卡自助充值功能。

(10) 在联网模式下管理中心能够及时了解自助机工作状态，方便出现故障后得到及时维护。

(11) 提示报警功能，包括钱箱满、钱箱空报警，票据打印机缺纸报警，系统故障报警，异常震动冲击、防撬报警。

2. 硬币识别实验系统方案设计

本硬币识别实验系统方案如图4.6所示。信号采集模块采集投币器输出的信息，然后将信息发送给处理器。处理器通过分析信号采集模块发送的不同信息，判别出是何种硬币后，将硬币信息通过液晶屏进行显示。

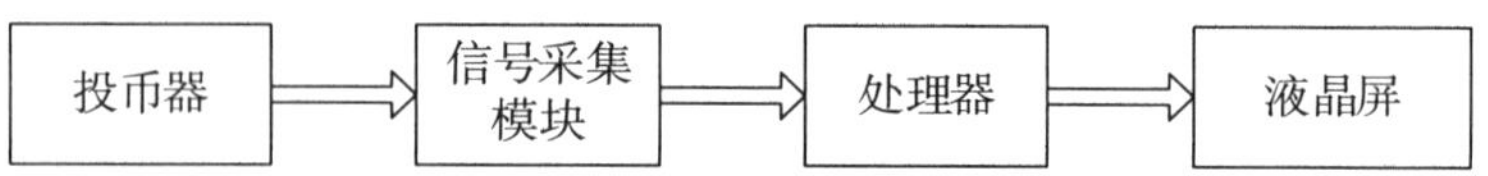

图 4.6　硬币识别实验系统方案

【实验步骤】

（1）打开系统电源，在上节实验的基础上下载硬币识别单片机程序。

（2）如图 4.7 所示，首先单击“嵌入式实验”图标。然后在打开的“嵌入式”界面中单击“投币实验”图标，如图 4.8 所示。

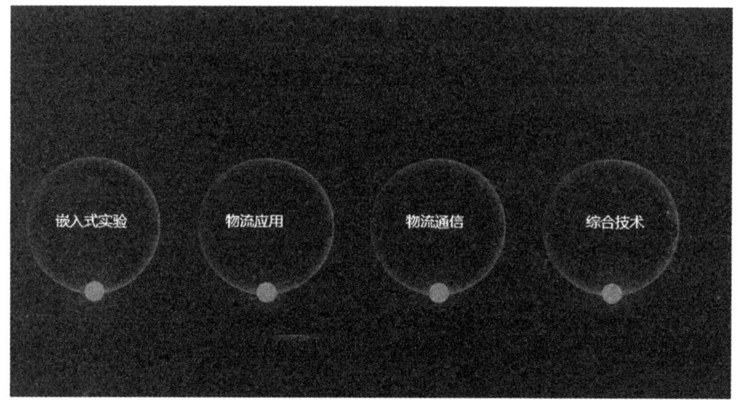

图 4.7　选择“嵌入式实验”

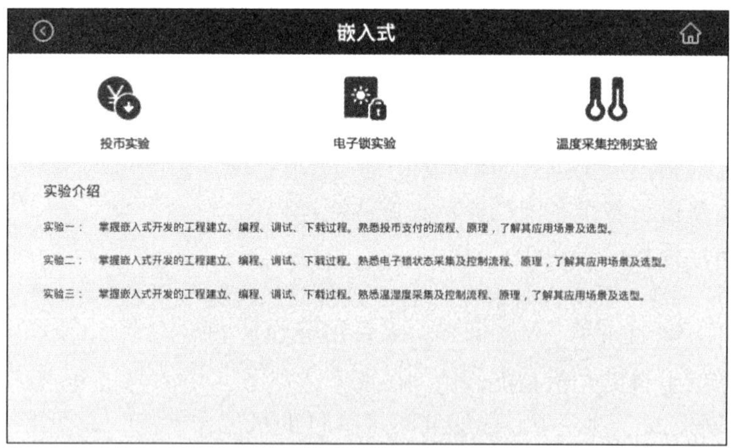

图 4.8　选择“投币实验”

（3）在打开的“投币实验”界面中单击“实验操作”图标下的“进入”按钮，如图 4.9所示，进入投币实验。

（4）向投币器投放不同面值的硬币，观察输出波形。图 4.10 所示为硬币识别实验 5 角硬币投放波形图。图 4.11 所示为硬币识别实验 1 元硬币投放波形图。

图4.9 选择“实验操作”

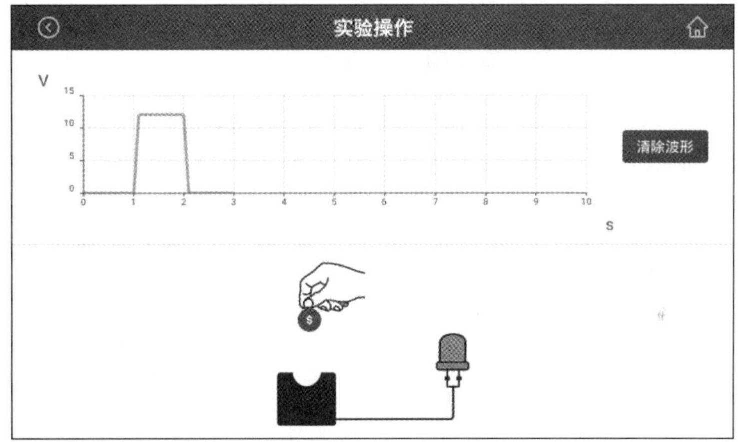

图4.10 硬币识别实验5角硬币投放波形图

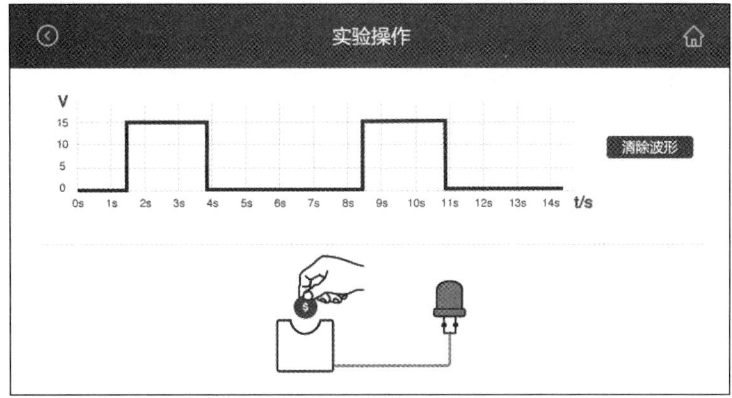

图4.11 硬币识别实验1元硬币投放波形图

本章小结

投币器是一种通过检测硬币含铁量的大小来达到区分真假币目的的电子测量仪器。它具有结构简单、安全性高、抗干扰等特点。一般投币器包括使硬币通过并收集的硬币通道及导引装置、硬币检测装置、硬币辨别装置和控制投币器输入、输出、显示及导引装置工作的中央处理单元。

本章通过在物流信息技术实验箱中进行硬币识别实验，观察投放不同硬币的输出信号，使学生掌握硬币识别的相关原理、编程控制方法以及硬币识别系统的硬件搭建方式。

关键术语

电感(Inductor)
电磁(Electromagnetism)
脉冲信号(Pulse Signal)
串行接口(Serial Interface)
滤波(Wave Filtering)
自助收缴费(Self-service Payment)
光电传感器(Photoelectric Sensor/Micro Sensor)
智能停车场(Intelligence Parking Manager System)

习　题

一、填空题

1. 投币器是一种通过________来达到区分真假币目的的电子测量仪器。
2. 投币器具有结构简单、安全性高、抗干扰等特点。一般投币器包括________、________、________和________。
3. 硬币检测装置由至少一个电感检测器构成，电感检测器在硬币通道上产生________。
4. 投币器一般有________、________和________三种类型。
5. 存储器 2816A 是一种________芯片。

二、思考题

1. 简述投币器的硬币检测原理。
2. 简述投币器系统防干扰措施。
3. 简述单片机控制投币器的程序控制流程。
4. 简述自助收缴费系统的工作流程。
5. 简述硬币识别实验系统的搭建方式。

第 5 章 电子锁控制实验

5.1　电子锁控制原理

【实验目的】

（1）了解电子锁模块的工作原理。

（2）掌握电子锁控制模块的单片机程序编写方法。

【实验内容】

（1）编写51单片机电子锁实验控制模块程序。

（2）分析实验程序。

（3）进行程序下载验证。

【实验仪器】

（1）带有Keil编程环境的PC。

（2）单片机下载线。

（3）物流信息技术综合实验平台。

【实验原理】

1. 电子锁原理

锁是日常生活中常见的产品，每个时代的锁都能在一定程度上反映当时的科学技术水平。虽然古代的锁和今天的锁很不一样，将来的锁也完全可能是另一种样子，但是锁一般由两部分构成，即控制部分和执行机构。所谓电子锁，一般指的是采用电子线路控制，以电磁铁(或微型电机)和锁体作为执行机构的机电一体化保险装置。现在，电子锁是组成公共安全防范系统的重要电子装置，也是家用电器类常用电子产品。电子锁区别于传统的机械锁，电子锁的特点是使用方便、工作安全、可靠、保密性极强。

电子锁的执行机构一般采用电磁铁或微型电机拖动锁体，常见的锁体有锁舌式和锁扣盒式两种设计方式。

1）电子锁的一般结构

电子锁控制部分一般由输入、存储、编码、鉴别、抗干扰、驱动、显示和报警等单元组成。其中，编码和鉴别电路是整个控制部分的核心。电子锁的一般结构如图5.1所示。

（1）编码器：编码的实质就是人为地设定一组 n 位二进制数或 N 位十进制数。设定该组数的指导思想是所编的密码尽量不易被人识破。对编码电路的要求是容量大，换码率高；保密性、可靠性要好；换码操作容易，便于日常管理。

编码器的换码率的计算公式为：

$$C=2^n \text{ 或 } C_1=10^N$$

式中，C、C_l 是编码器的换码率(二进制、十进制数列各种不同的组合)；n 是二进制数的位效；N 是十进制数的位效。

（2）输入器和存储器：输入器的作用是输入一组密码。存储器负责记忆这组密码并送至鉴别器。

（3）鉴别器：鉴别器的任务是对来自输入器和编码器的两组密码进行比较，当两组密码完全相同时，鉴别器输出电信号，经抗干扰处理后送至后级驱动和显示单元。若用户有特殊要求，鉴别器还可以输出报警、封锁道路或启动监视器所需的电信号。

（4）驱动器：由于鉴别器送出的电信号通常很微弱，为能够带动执行机构的电磁铁动作，故设驱动器。

（5）抗干扰电路：这是为了抑制外界干扰，如周围家用电器、工业设备或控制器受水浸入等特殊情形，保证在这些情况下电磁锁头不会自行误动作而设置的，从而提高电子锁的可靠性和安全性。通常用延时、限辐和定相等来达到抗干扰的目的。

（6）显示器和报警器：这是电子锁控制部分的附加电路，用于显示鉴别结果和报警，扩展了电子锁的功能。

（7）电源：对于电子锁来讲，电源不可或缺。设计理想的不间断电源成为一个重要课题。相对于执行机构而言，电子锁的控制电路部分具有极大的灵活性，这是造成电子锁种类繁多的主要原因。

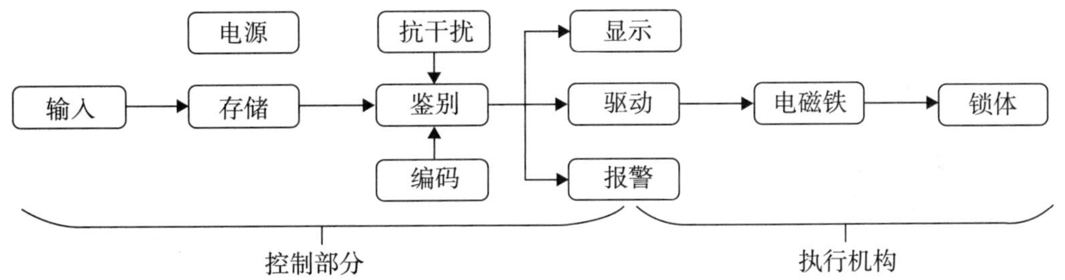

图5.1 电子锁的一般结构

2）电子锁的分类

电子锁的分类方法很多。为阐述问题方便，力求条理清晰，根据以下两种方式对电子锁进行分类。

按照开锁方式的异同，电子锁可分为以下几种。

（1）卡片钥匙式电子锁，其特点是使用卡片钥匙开锁，卡片钥匙是控制电路的有机组成部分。制作钥匙的卡片，就其性质而言具有多样性，如磁卡、穿孔卡等。一般将控制电路设计成平时不耗电状态。

（2）电子钥匙式电子锁，其特点是使用电子钥匙开锁，电子钥匙是构成控制电路的重要组成部分。电子钥匙可由元器件或由元器件搭成的单元电路组成，做成小型手持单元形式。电子钥匙和主控电路的联系可以是声、光、电等多种形式。

（3）按键式电子锁，其特点是采用按键(钮)方式开锁，简易方便。这是电子锁普遍采用的一种开锁形式。

（4）拨盘式电子锁，其特点是：采用拨盘方式开锁。很多按键式电子锁可以改造成拨盘式电子锁。

（5）触摸式电子锁，其特点是：采用触摸方式开锁，操作方便。相对于按键开关，触摸开关使用寿命长、造价低，因此优化了电子锁电路。

按使用的主要元器件的异同，电子锁又可分为以下几种。

（1）继电器式电子锁，其特点是采用继电器的触点联动，配合各类开关的串、并联组合进行编码控制。

（2）可控硅式电子锁，其特点是采用串、并联的可控硅进行编码控制。

（3）电容记忆式电子锁，其特点是利用电容充放电原理进行编码控制。

（4）单结管延迟式电子锁，其特点是利用单结管作开锁延时器，增强了电子锁的保安性能。

（5）电子密码开关，其特点是运用模拟集成开关块，配合组合开关进行编码控制。

（6）555 电路式电子锁，其特点是将 555 定时电路接成触发器、振荡器等形式，配合组合开关进行编码控制。

（7）专用保密锁集成电路式电子锁，其特点是作为电子锁控制电路的核心，专用保密锁集成电路的集成度高，功能很强，所需外围元件很少，安装方便、可靠。目前，在所有采用集成电路进行编码控制的电子锁当中，专用保密锁集成电路式电子锁的性能价格比最高。

2. 电子锁核心器件——电磁铁

在电子锁控制中，其核心器件是电磁铁，电磁铁是电磁应用中的常见形式。现就电磁和电磁铁相关知识做简单介绍。

1）电磁的概念

电磁，物理概念之一，是物质所表现的电性和磁性的统称，如电磁感应、电磁波等。电磁是丹麦科学家奥斯特发现的。电磁现象产生的原因在于电荷运动产生波动，形成磁场，因此所有的电磁现象都离不开磁场。电磁学是研究电磁和电磁的相互作用现象及其规律和应用的物理学分支学科。麦克斯韦关于变化电场产生磁场的假设，奠定了电磁学的整个理论体系，发展了对现代文明起重大影响的电工和电子技术，深刻地影响着人们认识物质世界的思想。

电磁是能量的反映，是物质所表现的电性和磁性的统称，如电磁感应、电磁波、电磁场等。所有的电磁现象都离不开磁场，而磁场是由运动电荷产生的。运动电荷可以产生波动。其波动机理为运动电荷 e 运动时，必然受到其毗邻电荷 e 的阻碍，表现为运动电荷带动其毗邻电荷 e 向上运动，即毗邻电荷 e 随同运动电荷 e 一起向上运动；当毗邻电荷 e 向上运动时，必然受到其自身毗邻电荷 e 的阻碍，表现为毗邻电荷 e 带动其自身毗邻电荷 e 向上运动。这样依次向前传播，形成波动。在真空中，这种波动的传播速度为光速。

2）电磁铁的概念

电磁铁是通电产生电磁的一种装置。在铁芯的外部缠绕与其功率相匹配的导电绕组，这种通有电流的线圈像磁铁一样具有磁性，因此它也叫作电磁铁(Electromagnet)。通常把它制成条形或蹄形，以使铁芯更加容易磁化。另外，为了使电磁铁断电立即消磁，往往采用消磁较快的软铁或硅钢材料来制作。这样的电磁铁在通电时有磁性，断电后磁就随之消失。电磁铁在日常生活中有着极其广泛的应用，它的发明也使发电机的功率得到了很大的提高。

当在通电螺线管内部插入铁芯后，铁芯被通电螺线管的磁场磁化。磁化后的铁芯也变成了一个磁体，这样由于两个磁场相互叠加，螺线管的磁性大大增强。为了使电磁铁的磁性更强，通常将铁芯制成蹄形。但要注意蹄形铁芯上线圈的绕向相反，一边顺时针，另一边必须逆时针。如果绕向相同，两线圈对铁芯的磁化作用将相互抵消，使铁芯不显磁性。另外，电磁铁的铁芯用软铁制作，而不能用钢制作。否则钢一旦被磁化后，将长期保持磁性而不能退磁，则其磁性的强弱就不能用电流的大小来控制，而失去电磁铁应有的优点。

电磁铁的磁场方向可以用安培定则来判断。安培定则是表示电流和电流激发磁场的磁感线方向之间关系的定则，也叫右手螺旋定则。

（1）通电直导线中的安培定则(安培定则一)：用右手握住通电直导线，让大拇指指向电流方向，四指指向通电直导线周围磁力线方向。

（2）通电螺线管中的安培定则(安培定则二)：用右手握住通电螺线管，使四指弯曲与电流方向一致，那么大拇指所指的那一端是通电螺线管的N极。

电磁铁有许多优点：电磁铁的磁性有无可以用通、断电流控制；磁性的大小可以用电流的强弱或线圈的匝数多少来控制；也可通过改变电阻控制电流大小来控制磁性大小；它的磁极可以由改变电流的方向来控制；等等。即磁性的强弱可以改变、磁性的有无可以控制、磁极的方向可以改变、磁性可因电流的消失而消失。

电磁铁是电流磁效应(电生磁)的一个应用，与生活联系紧密，如电磁继电器、电磁起重机、磁悬浮列车、电子门锁、智能通道匝、电磁流量计等。

电磁铁可以分为直流电磁铁和交流电磁铁两大类型。如果按照用途来划分，主要可分为以下5种。

（1）牵引电磁铁：主要用来牵引机械装置、开启或关闭各种阀门，以执行自动控制任务。

（2）起重电磁铁：用作起重装置来吊运钢锭、钢材、铁砂等铁磁性材料。

（3）制动电磁铁：主要用于对电动机进行制动，以达到准确停车的目的。

（4）自动电器的电磁系统：如电磁继电器和接触器的电磁系统、自动开关的电磁脱扣器及操作电磁铁等。

（5）其他用途的电磁铁：如磨床的电磁吸盘及电磁振动器等。

电磁铁的应用举例：①起重机，为工业用的强力电磁铁通上大电流，可用以吊运钢板、货柜、废铁等；②电话；③安培计、伏特计、检流计；④电铃；⑤自动化控制设备；

⑥工业自动化控制、办公自动化；⑦包装机械、医疗器械、食品机械、纺织机械等；⑧电磁继电器；⑨磁悬浮列；⑩电子锁等。

3. 电子锁控制实验电路

本实验电子锁内部结构如图5.2所示，由图可知，其内部核心器件即为电磁体。

【拓展文本】

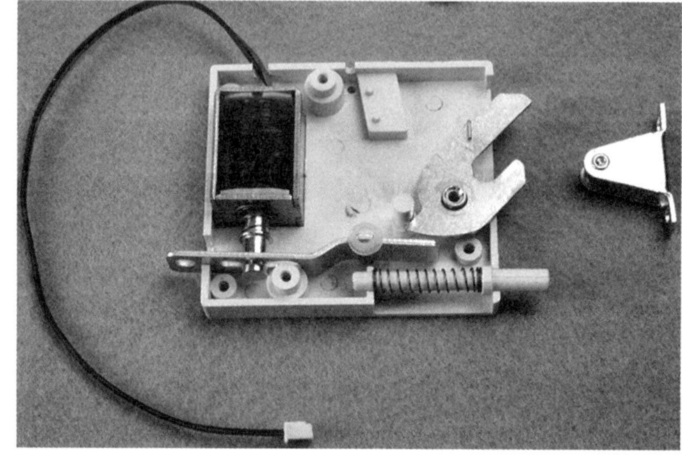

图5.2　电子锁内部结构

电子锁内部的电磁铁与单片机连接的电路如图5.3所示。图5.3中，单片机通过P3.4发送低电平信号时，光电隔离器工作，驱动继电器的晶体管导通，电磁铁线圈得电，产生电磁吸合，电锁打开。当单片机通过P3.4发送高电平信号时，继电器掉电，电锁闭合。

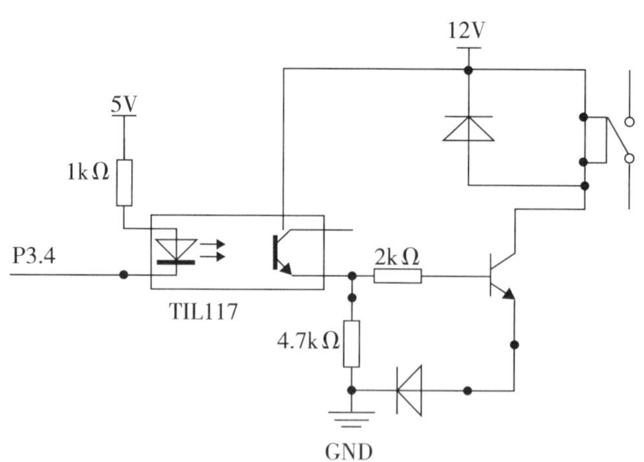

图5.3　电子锁控制电路图

4. 电子锁程序流程

电子锁控制实验中，实验程序控制流程如图5.4所示。

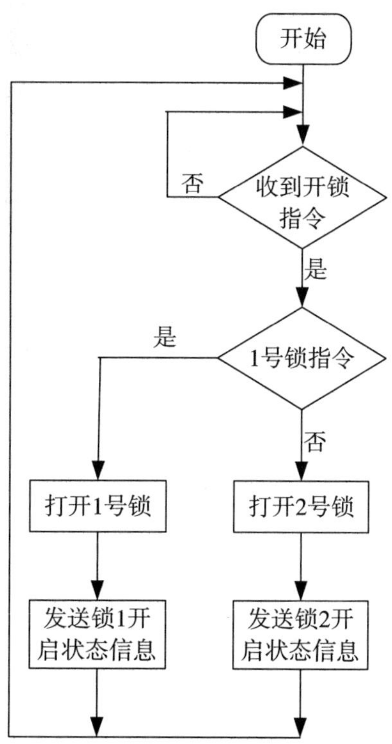

图5.4 电子锁实验程序控制流程

【实验步骤】

（1）打开 Keil 编程环境，建立电子锁实验程序工程。

（2）编写实验程序，实验程序部分代码参考步骤(3)。

（3）分析实验程序流程和代码，部分主程序代码如下。

```
/*
 * Copyright(C)ZhongKeFuChuang,Inc. All Rights Reserved.
 *
 * www.jinlinbao.com at 2015-09-12.
 * version 2.0
 */
/*
 * If in the KEIL development environment, please select the Intel 80/87C52
chip model
 * to compile this project. Using the internal oscillator, the frequency of
11.0592M
 */
#include "conf.h"
#include "reg51.h"
#include "intrins.h"    //使用 intrins.h
#include "ringbuf.h"    //使用 FIFO_DataIn();
#include "communication.h"
```

```
#include "string.h"     //memeset
#include "uart1_scan.h"
#include "uart3_rs485.h"
#include <stdio.h>
#include <string.h>

u8 BOARD_MODE =0;
sbit P22 =P2^2;
sbit P21 =P2^1;
sbit P20 =P2^0;
sbit P30 =P3^0;
sbit P31 =P3^1;
extern void lock_check(void);
extern void lock_init(void);
extern void init_all(void);
extern void Timer0Init(void);

void Delay100ms(void)   //@11.0592MHz
{
  unsigned char i,j,k;
  _nop_();
  _nop_();
  i =5;
  j =52;
  k =195;
  do
  {
    do
    {
        while(--k);
    } while(--j);
  } while(--i);
}
void start_flag(void)
{
  u8 i;
  for(i =0;i <50;i + +)
  {
      P30 = ~P30;
      Delay100ms();
      WDT_CONTR |=0x10;
  }
  P30 =1;
}
void reset_log(void)
{
```

```
    u8 msgbuf[30] = {0};
    sprintf(msgbuf,"RESET ID:% d",(int)BOARD_MODE);
    COMM_callback(strlen(msgbuf),msgbuf);
}
void extend_board_init(void)
{
    u8 temp2,temp1,temp0;
    temp2 = P22;
    temp1 = P21;
    temp0 = P20;
    BOARD_MODE = (temp2 < <2) |(temp1 < <1) |temp0;
}
void main(void)
{
    extend_board_init();
    while(BOARD_DEF ! =BOARD_MODE)
    {
        P31 = ~P31;
        Delay100ms();
    };
    start_flag();
    if(BOARD_MODE! =2)
    uart1_debug_init();
    Timer0Init();
    init_all();
    uart3_rs485_init();
    IE2 |=0x08;              //使能串口 3 中断
    EA =1;
    reset_log();
    memset(Buf,0,NMAX);
    log_printf("start 51 PLG\r\n");
    WDT_CONTR =0x04;         //看门狗定时器溢出时间计算公式:(12*32768*PS)/ FOSC(秒)
                             //设置看门狗定时器分频数为 32,溢出时间如下:
                             //11.0592M :1.14s
WDT_CONTR |=0x20;            //启动看门狗
    lock_init();
    while(1)
    {
        TSK_COMM();
        lock_check();        //由于放这里检测次数频繁,电子锁存在抖动,返回电子锁信息较多,
                               加延时
                             //上位机通信有问题
        WDT_CONTR|=0x10;
    }
}
```

(4) 将实验箱电子锁51单片机模块与PC通过专用下载线连接。

(5) 打开实验箱电源，进行代码下载验证[完整工程代码参考步骤(3)提供的代码]。

5.2 电子锁控制实验实训

【实验目的】

(1) 了解电子锁控制系统的搭建方式。

(2) 理解电子锁控制系统的控制过程。

【实验内容】

发送指令控制不同电子锁，观察电子锁信号输出。

【实验仪器】

(1) 带有Keil编程环境的PC。

(2) 单片机下载线。

(3) 物流信息技术综合实验平台。

【实验原理】

1. 电子锁在门禁管理系统中的应用案例

电子锁不仅用于智能快递柜、储物柜等，而且广泛应用于安防等系统，现对其在门禁管理系统中的应用做简要描述。

门禁管理系统是一个集通道安全管理、自动化控制、报警处理、事件记录、多系统联动为一体的，具有主动安全防范功能的通道管制系统，它结合完备的安全管理与通行许可机制、多系统联动机制，为用户提供了一个安全便捷的通道管理方案。在门禁管理系统中，系统末端门的开关控制大多采用电子锁控制的方式。门禁管理系统方案图如图5.5所示。

常见门禁管理系统具有以下功能与特点。

(1) 通行方式：支持刷卡、多卡、密码、卡+密码、指纹识别、时段常开/常闭等通行方式。

(2) 精准的权限控制：精准控制任何成员在任何时间点上，对任何房门的通行权限及通行方式。

(3) 实时监控：实时图文监控门状态及各类刷卡、警报等事件，具备视频监控、刷卡拍照、人像核对等功能，全面掌控门禁系统工作状态。

(4) 读卡机防撬：非法拆卸读卡机将触动预设的报警。

(5) 多卡认证：多个合法成员(可指定必须参与的成员)同时认证通过后方可通行。

(6) 通道管制：管制时间内仅系统卡和警卫卡有开门权限。

(7) 胁迫报警：防止非法人员通过胁持并强迫合法人员进入。

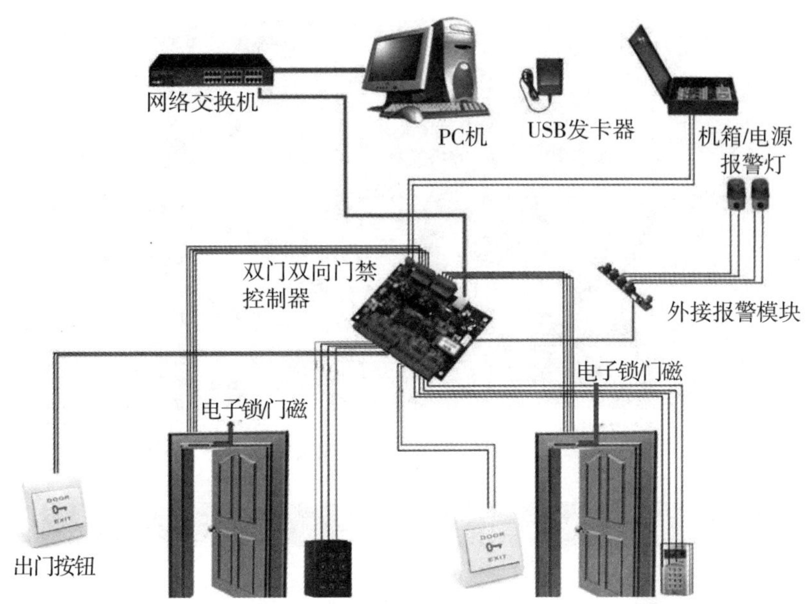

图5.5　门禁管理系统方案图

（8）强行进入报警：未经合法认证暴力开门将触动强行进入报警。

（9）开门超时报警：房门正常开启后，必须在规定的时间内闭合，否则将触动报警。

（10）反潜回功能：防止合法成员进入后，在正常外出之前将卡片交他人使用。

（11）互锁功能：互锁的一组房门，同一时间只能开启其中一道房门。

（12）多种通信方式：具备 TCP/IP、RS485 等多种通信方式，并实现混合组网。

2. 电子锁控制实验系统搭建方式

本实验电子锁控制系统搭建方式如图 5.6 所示。安卓开发板发送指令给处理器(即 STC15W4K32S4 单片机)，处理器通过判断收到的数据，打开相应的电子锁。在工作过程中，处理器也会检测锁的状态，将数据发送到安卓开发板并在液晶屏上进行显示。

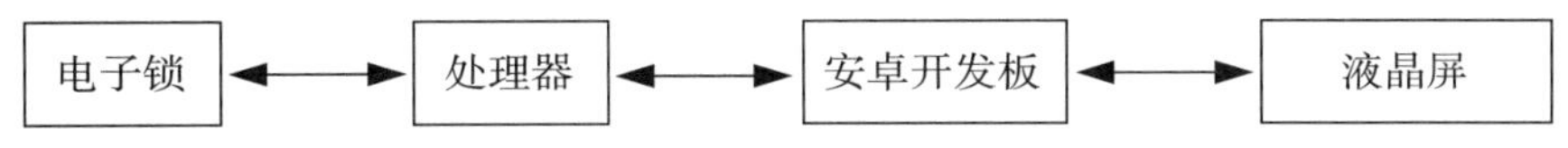

图5.6　电子锁控制系统搭建方式

【实验步骤】

（1）打开系统电源，在上节实验的基础上下载电子锁控制程序。

（2）如图 5.7 所示，首先单击“嵌入式实验”图标。然后在打开的“嵌入式”界面中单击“电子锁实验”图标，如图 5.8 所示。

（3）在打开的“电子锁实验”界面中单击“实验操作”图标下的“进入”按钮，如图 5.9 所示，进行电子锁实验。

（4）在打开的“实验操作”界面中单击“打开电子锁 1”按钮(图 5.10)，观察波形显示，如图 5.11 所示。继续单击“打开电子锁 2”按钮，观察波形显示，如图 5.12 所示。

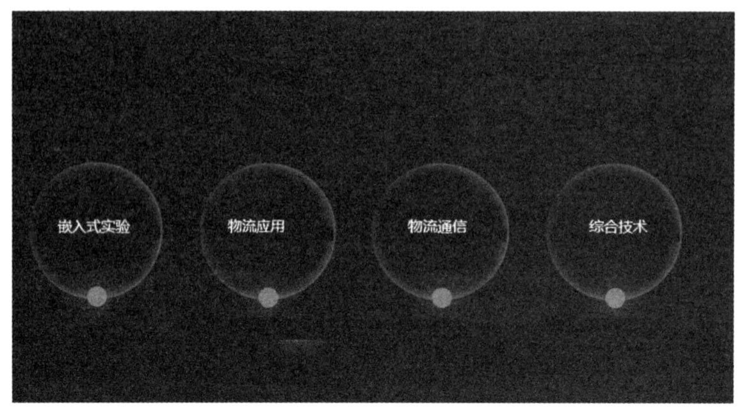

图 5.7　选择“嵌入式实验”

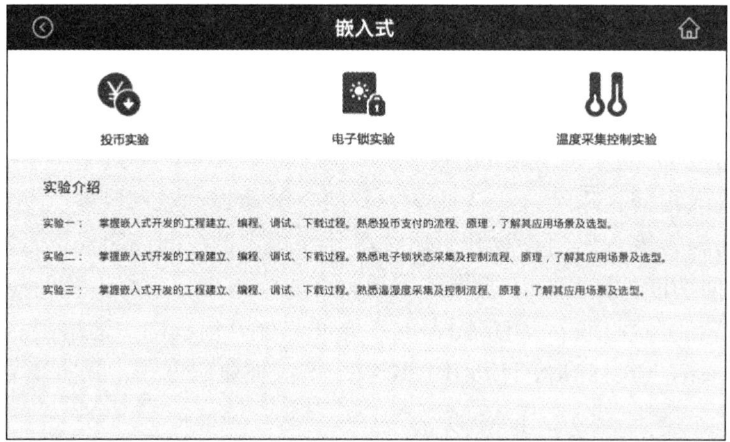

图 5.8　选择“电子锁实验”

图 5.9　选择“实验操作”

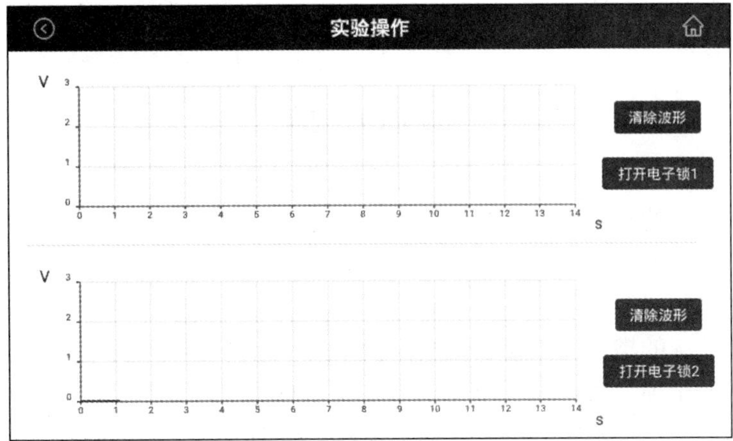

图5.10　电子锁控制实验波形显示

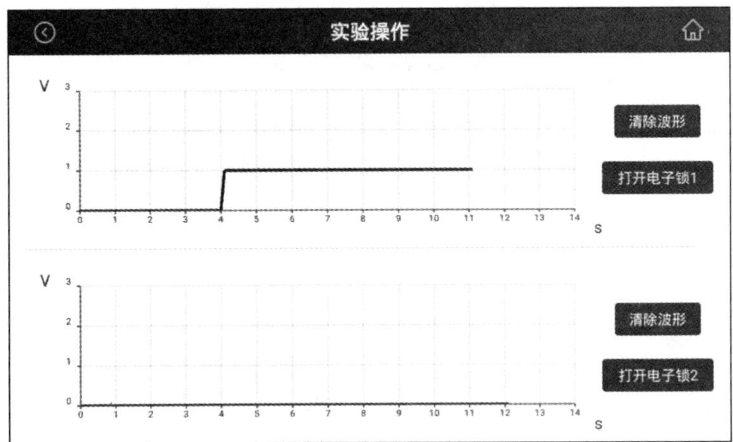

图5.11　电子锁1打开波形显示

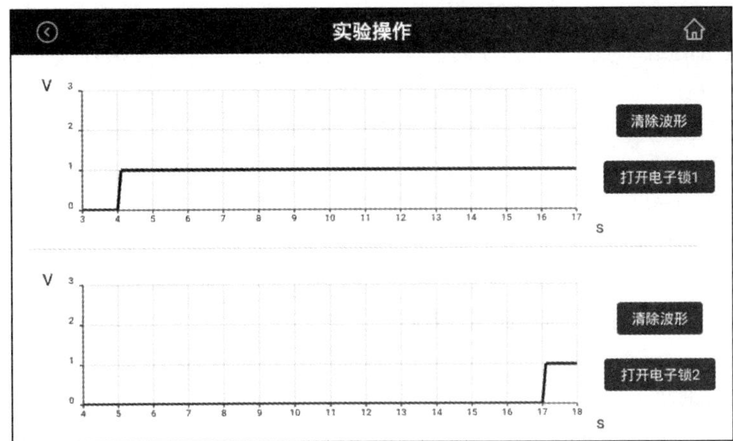

图5.12　电子锁1和电子锁2都打开波形显示

本章小结

电子锁，一般指的是采用电子线路控制，以电磁铁(或微型电机)和锁体作为执行机构的机电一体化保险装置。电子锁的执行机构一般采用电磁铁或微型电机拖动锁体，常见的锁体有锁舌式和锁扣式两种设计方式。

在门禁管理系统的搭建中，安卓开发板发送指令给处理器，处理器通过判断收到的数据，打开相应的电子锁，实现电子锁安全可靠、方便管理等功能。

本章通过物流信息技术实验箱进行电子锁控制实训，使学生了解电子锁模块的工作原理，掌握电子锁控制模块的单片机程序编写。

关键术语

电磁铁(Electromagnet)
电磁继电器(Electromagnetic Relay)
编码(Coding)
驱动(Driver)
电容器(Capacitor)
电荷(Electric Charge)
门禁管理系统(Entrance Guard System)

习　题

一、填空题

1. 锁一般由________、________两部分构成。

2. 电子锁一般指的是采用________控制，以________和________作为执行机构的机电一体化保险装置。

3. 电子锁控制部分一般由________、存储、编码、鉴别________、________、________、________显示和报警等单元组成。

4. 按照开锁方式的异同，电子锁可分为________、________、________、________和________。

5. 电子锁的核心器件是________。

6. 电磁铁是________的一种装置，在铁芯的外部缠绕与其功率相匹配的________，这种通有电流的线圈像磁铁一样具有磁性，因此它也叫作电磁铁。

二、思考题

1. 电子锁具有哪些优点?

2. 试阐述电子锁的工作原理。

3. 试阐述单片机控制电子锁的程序控制流程。

4. 试阐述电子锁控制实验系统的搭建方式。

第 6 章

温湿度采集实验

6.1 DS18B20传感器温度检测原理

【实验目的】

(1) 掌握DS18B20温度采集的工作原理。

(2) 了解DS18B20温度传感器温度检测系统的搭建方式。

【实验内容】

(1) 编写DS18B20传感器温度采集程序。

(2) 进行DS18B20温度采集实验实训。

【实验仪器】

(1) 带有Keil编程环境的PC。

(2) 单片机下载线。

(3) 物流信息技术综合实验平台。

【实验原理】

1. DS18B20温度传感器概述

【拓展文本】

DS18B20温度传感器是DALLAS公司生产的1-Wire型器件，即单总线器件①。DS18B20温度传感器是一种数字型温度传感器，具有体积小、硬件开销低、抗干扰能力强、精度高的特点。用DS18B20组成的测温系统，只需一根通信线即可挂载多个DS18B20温度传感器。由于其使用方便、线路简单，现已被广泛应用于家电、仓储、加工和物流等多个领域。

1) DS18B20温度传感器的常见封装和管脚定义

DS18B20芯片的常见封装为TO-92封装。另外，DS18B20传感器还有SO(DS18B20Z)和μSOP(DS18B20U)形式的封装，如图6.1所示。DS18B20芯片TO-92封装包含GND、DQ和VDD 3个引脚，其各功能如表6.1所示。

表6-1 温度传感器引脚功能说明

符号	引脚功能描述
GND	地信号
DQ	数字输入输出引脚，单总线接口引脚，当使用“寄生电源模式”时，可向传感器提供电源
V_{DD}	电源引脚，当工作于“寄生电源模式”时，该引脚必须接地

① 采用单根信号线，既可传输时钟，又能传输数据，而且数据传输是双向的，因而这种单总线技术具有线路简单、硬件开销少、成本低廉、便于总线扩展和维护等优点。

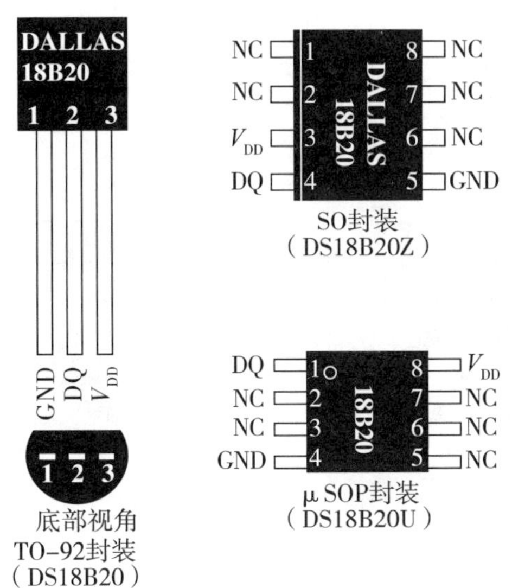

图 6.1　DS18B20 芯片封装图(NC 为置空引脚)

DS18B20 芯片可以工作在“寄生电源模式”下，该模式允许 DS18B20 工作在无外部电源状态，当总线为高电平时，功率由 DQ 引脚提供，DS18B20 可以从总线“窃取”能量，并将“偷来”的能量储存到寄生电源储能电容(C_{pp})中，当总线为低电平时释放能量供给器件工作使用。当 DS18B20 工作在“寄生电源模式”时，V_{DD}引脚必须接地。

2) DS18B20 内部寄存器

DS18B20 内部有 64 位的 ROM 单元和 9 字节的暂存器单元。DS18B20 是 64 位 ROM 存储器件独一无二的序列号。暂存器包含 2 字节(0 字节和 1 字节)的温度寄存器，用于存储温度传感器的数字输出。暂存器还提供 1 字节的上线警报触发(TH)寄存器和下线警报触发(TL)寄存器(2 字节和 3 字节)，以及 1 字节的配置寄存器(4 字节)，使用者可以通过配置寄存器来设置温度转换的精度。暂存器的 5 字节、6 字节和 7 字节器件内部保留使用。第 8 字节含有循环冗余码(CRC)。DS18B20 内部主要寄存器如图 6.2 所示。DS18B20 内部寄存器结构如图 6.3 所示。DS18B20 主要寄存器数据格式如图 6.4 所示。

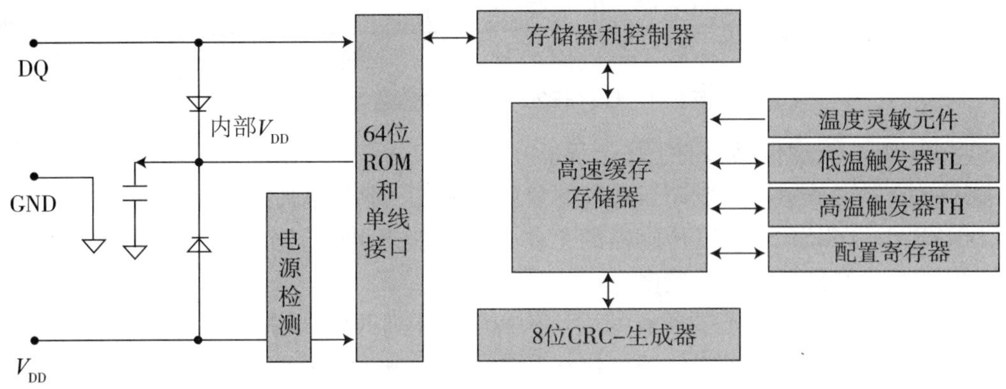

图 6.2　DS18B20 内部主要寄存器

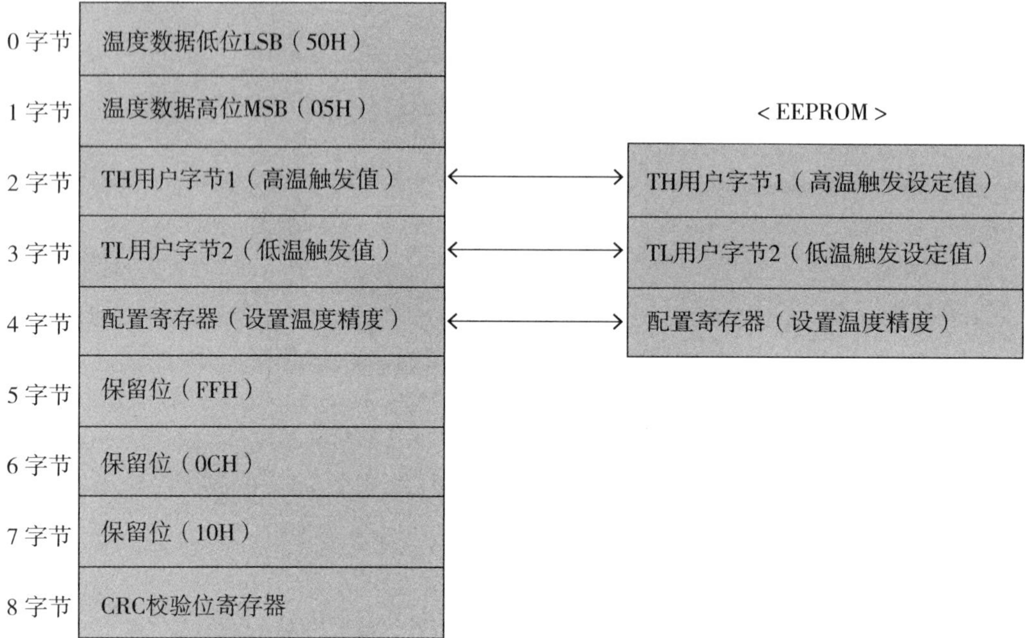

图 6.3　DS18B20 内部寄存器结构

寄存器		7bit	6bit	5bit	4bit	3bit	2bit	1bit	0bit	<备注>
温度寄存器	低位	2^3	2^2	2^1	2^0	2^{-1}	2^{-2}	2^{-3}	2^{-4}	
		15bit	14bit	13bit	12bit	11bit	10bit	9bit	8bit	
	高位	S	S	S	S	S	2^6	2^5	2^4	*S标识位表示测得温度值的正负，芯片上电后，默认温度值为+85℃
TH和TL寄存器		7bit	6bit	5bit	4bit	3bit	2bit	1bit	0bit	
		S	2^6	2^5	2^4	2^3	2^2	2^{-1}	2^0	*S标识位表示设定告警温度值的正负
配置寄存器		7bit	6bit	5bit	4bit	3bit	2bit	1bit	0bit	
		0	R1	R0	1	1	1	1	1	*R1和R0标识位用来设置温度检测的精确度

图 6.4　DS18B20 主要寄存器数据格式

3）DS18B20 温度传感器的工作过程

DS18B20 温度传感器一般充当从机的角色，主机一般是单片机。单片机通过一根总线访问 DS18B20。DS18B20 温度传感器的工作过程一般遵循以下协议：初始化→ROM 操作指令→存储器操作指令→处理数据。

（1）初始化。单总线上的所有处理均从初始化序列开始。初始化序列包括总线主机发出一复位脉冲，接着由从属器件送出存在脉冲。存在脉冲让总线控制器知道 DS1820 在总线上且已准备好操作。

（2）ROM操作指令。一旦总线主机检测到从属器件的存在，它便可以发出器件ROM操作命令之一，所有ROM操作命令均为8位长。DS18B20通信指令如表6－2所示，这些命令具有以下功能。

Read ROM(读取ROM指令)[33H]。此指令允许总线主机读DS18B20的8位产品系列编码、唯一的48位序列号，以及8位的CRC。此指令只能在总线上仅有一个DS18B20的情况下使用。如果总线上存在多于一个的从属器件，那么当所有从片企图同时发送时将发生数据冲突的现象。

Match ROM(匹配ROM指令)[55H]。此指令后继以64位的ROM数据序列，允许总线主机对多点总线上特定的DS18B20寻址。只有与64位ROM序列严格相符的DS18B20才能对后继的存储器操作命令作出响应。所有与64位ROM序列不符的从片将等待复位脉冲。此指令在总线上有单个或多个器件的情况下均可使用。

Skip ROM(忽略ROM指令)[CCH]。在单点总线系统中，此指令通过允许总线主机不提供64位ROM编码而访问存储器操作来节省时间。如果在总线上存在多于一个的从属器件而且在Skip ROM命令之后发出读指令，那么由于多个从片同时发送数据，会在总线上发生数据冲突。

Search ROM(搜索ROM指令)[FOH]。当系统开始工作时，总线主机可能不知道单线总线上的器件个数或者不知道其64位ROM编码。搜索ROM指令允许总线控制器用排除法识别总线上所有从机的64位编码。

Alarm Search(报警搜索指令)[ECH]。此指令的流程与搜索ROM指令相同。但是，仅在最近一次温度测量出现报警的情况下，DS18B20才对此指令作出响应。报警的条件定义为温度高于TH或低于TL。只要DS18B20一上电，报警条件就保持在设置状态，直到另一次温度测量显示出非报警值或者改变TH或TL的设置，使得测量值再一次位于允许的范围之内。

表6－2　DS18B20通信指令

指令	指令	功能	详细描述
ROM指令	[FOH]	搜索ROM指令	当系统初始化时，总线控制器通过此指令多次循环搜索ROM编码，以确认所有从机器件
	[33H]	读取ROM指令	当总线上只有一个DS18B20时才会使用此指令，允许总线控制器直接读取从机的序列码
	[55H]	匹配ROM指令	匹配ROM指令，使总线控制器在多点总线上定位一个特定的DS18B20
	[CCH]	忽略ROM指令	忽略ROM指令，此指令允许总线控制器不必提供64位ROM编码就使用功能指令
	[ECH]	报警搜索指令	当总线上存在满足报警条件的从机时，该从机将发出相应指令

续表

指令	指令	功能	详细描述
功能指令	[44H]	温度转换指令	此条指令用来控制 DS18B20 启动一次温度转换，生成的温度数据以 2 字节的形式存储在高速暂存器中
	[4EH]	写暂存器指令	此条指令向 DS18B20 的暂存器写入数据，开始位置在暂存器第 2 字节(TH 寄存器)，以最低有效位开始传送
	[BEH]	读暂存器指令	此指令用来读取 DS18B20 暂存器数据，读取将从 0 字节开始，直到第 9 字节(CRC 校验位)读完
	[48H]	拷贝暂存器指令	此指令将 TH、TL 和寄存器的数据复制到 EEPROM 中得以保存
	[B8H]	召回 EEPROM 指令	将 TH、TL 以及寄存器中的数据从 EEPROM 复制到暂存器
	[B4H]	读电源模式指令	总线控制器在发出此指令后启动读时隙，若为寄生电源模式，DS18B20 拉低总线；若为外部电源模式，则将总线拉高，用以判断 DS18B20 的电源模式

(3) 存储器操作指令，DS18B20 存储器操作指令如表 6－2 所示。

Write Scratchpad(写暂存器指令)[4EH]。这个指令向 DS18B20 的暂存器中写入数据，开始位置在地址 2。接下来写入的 2B 将被存到暂存器中的地址位置 2 和 3。可以在任何时刻发出复位指令来中止写入。

Read Scratchpad(读暂存器指令)[BEH]。这个指令读取暂存器的内容。读取将从 0 字节开始，一直进行下去，直到第 9(字节 8，CRC)字节读完。如果不想读完所有字节，控制器可以在任何时间发出复位指令来中止读取。

Copy Scratchpad(拷贝暂存器指令)[48H]。这条指令把暂存器的内容复制到 DS18B20 的 E2 存储器中，即把温度报警触发字节存入非易失性存储器中。如果总线控制器在这条指令之后跟着发出读时间隙，而 DS18B20 又正在忙于把暂存器复制到 E2 存储器，DS18B20 就会输出“0”，如果复制结束，DS18B20 则输出“1”。如果使用寄生电源，总线控制器必须在这条指令发出后立即启动强上拉并最少保持 10ms。

Convert T(温度转换指令)[44H]。这条指令启动一次温度转换而无须其他数据。温度转换指令被执行，而后 DS18B20 保持等待状态。如果总线控制器在这条指令之后跟着发出读时间隙，而 DS18B20 又忙于做时间转换的话，DS18B20 将在总线上输出“0”，若温度转换完成，则输出“1”。如果使用寄生电源，总线控制器必须在发出这条指令后立即启动强上拉，并保持 500ms。

Recall E2(召回 EEPROM 指令)[B8H]。这条指令把储存在 E2 中温度触发器的值重新调至暂存存储器。这种重新调出的操作在对 DS18B20 上电时也自动发生，因此只要器件一上电，暂存存储器内就有了有效的数据。在这条指令发出之后，对于所发出的第一个读数据时间片，器件会输出温度转换忙的标识：“0”＝忙，“1”＝准备就绪。

Read Power Supply(读电源模式指令)[B4H]。在此指令发送至DS18B20之后，器件会给出其电源方式的信号："0" =寄生电源供电，"1" =外部电源供电。

(4) 处理数据。DS18B20的高速暂存存储器由9字节组成。当温度转换命令发布后，经转换所得的温度值以二字节补码形式存放在高速暂存存储器的第0字节和第1字节。单片机可通过单线接口读到该数据，读取时低位在前，高位在后。

4) DS18B20温度传感器的工作时序和程序控制

(1) 初始化时序。DS18B20的所有通信都是以由复位脉冲组成的初始化序列开始的。该初始化序列由主机发出，后跟由DS18B20发出的存在脉冲(Presence Pulse)。DS18B20初始化时序图如图6.5所示。

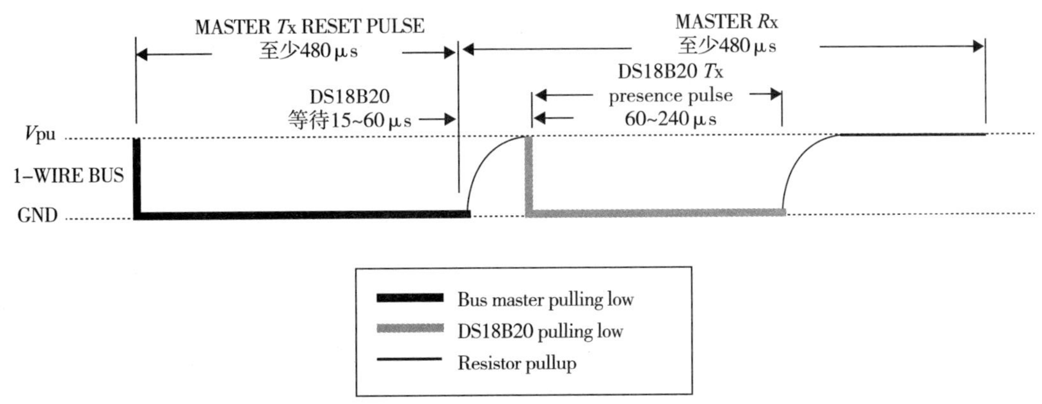

图6.5　DS18B20初始化时序图

DS18B20发出存在脉冲，以通知主机它在总线上并且准备好操作。在初始化时序中，总线上的主机通过拉低单总线至少480μs来发送复位脉冲。然后总线主机释放总线并进入接收模式。总线释放后，4.7kΩ的上拉电阻把单总线上的电平拉回高电平。当DS18B20检测到上升沿后等待15~60μs，然后以拉低总线60~240μs的方式发出存在脉冲。

如上所述，主机将总线拉低最短480μs，之后释放总线。由4.7kΩ上拉电阻将总线恢复到高电平。DS18B20检测到上升沿后等待15~60μs，发出存在脉冲：拉低总线60~240μs。至此，初始化和存在时序完毕。

初始化程序如下。

```
    /*延时函数:(由于DS18B20延时均以15μs为单位,故编写了延时单位为15μs的延时函数,注意:
    以下延时函数晶振为12MHz)*/
    /*
        ******************************************
函数:Delayxus_DS18B20
功能:DS18B20延时函数
参数:t为定时时间长度
返回:无
说明:延时公式:15n+15(近似),晶振12MHz
        ******************************************
```

```
    */
    void Delayxus_DS18B20(unsigned int t)
    {
        for(t;t>0;t--)
        {
            _nop_();_nop_();_nop_();_nop_();
        }
        _nop_();_nop_();
    }
  /*
    *******************************************
函数:RST_DS18B20
功能:复位 DS18B20,读取存在脉冲并返回
参数:无
返回:1:复位成功;0:复位失败
说明:拉低总线至少 480μs;可用于检测 DS18B20 工作是否正常
    *******************************************
    */
    bit RST_DS18B20()
    {
        bit ret="1";
        DQ=0;                      /*拉低总线*/
        Delayxus_DS18B20(32);      /*为保险起见,延时 495μs */
        DQ=1;                      /*释放总线,DS18B20 检测到上升沿后会发送存在脉冲*/
        Delayxus_DS18B20(4);       /*需要等待 15~60μs,这里延时 75μs 后可以保证接收
                                   到的是存在脉冲 */
        ret=DQ;
        Delayxus_DS18B20(14);      /*延时 495μs,让 DS18B20 释放总线,避免影响到下一步
                                   的操作 */
     DQ=1;                         /*释放总线 */
        return(~ret);
    }
```

（2）写时序。主机在写时隙向 DS18B20 写入数据，在读时隙从 DS18B20 读取数据。在单总线上每个时隙只传送一位数据。

有两种写时隙：写“0”时间隙和写“1”时间隙。总线主机使用写“1”时间隙向 DS18B20 写入逻辑 1，使用写“0”时间隙向 DS18B20 写入逻辑 0。DS18B20 的写时序图如图 6.6 所示。

为了产生写 1 时隙，在拉低总线后主机必须在 15μs 内释放总线。在总线被释放后，由于 4.7kΩ 上拉电阻将总线恢复为高电平。为了产生写 0 时隙，在拉低总线后主机必须继续拉低总线以满足时隙持续时间的要求(至少 60μs)。在主机产生写时隙后，DS18B20 会在其后的 15~60μs 的一个时间窗口内采样单总线。在采样的时间窗口内，如果总线为高电平，主机会向 DS18B20 写入 1；如果总线为低电平，主机会向 DS18B20 写入 0。

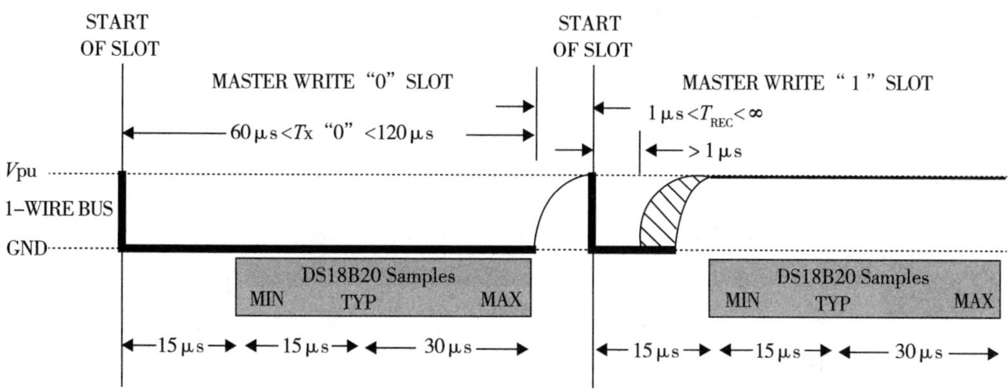

图 6.6 DS18B20 的写时序图

如上所述，所有的写时隙必须至少有 60μs 的持续时间。相邻两个写时隙必须有最少 1μs 的恢复时间。所有的写时隙(写 0 和写 1)都由拉低总线产生。

DS18B120 的写程序如下。

```
    /*
    *******************************************
函数:WR_Bit
功能:向 DS18B20 写一位数据
参数:i 为待写的位
返回:无
说明:总线从高拉到低产生写时序
    *******************************************
    */
    void WR_Bit(bit i)
    {
        DQ = 0;                     //产生写时序
        _nop_();
        _nop_();                    //总线拉低持续时间要大于 1 μs
        DQ = I;                     //写数据,0 和 1 均可
        Delayxus_DS18B20(3);        //延时 60 μs,等待 DS18B20 采样读取
        DQ = 1;                     //释放总线
    }
    /*
  /*
    *******************************************
函数:WR_Byte
功能:DS18B20 写字节函数,先写最低位
参数:dat 为待写的字节数据
返回:无
说明:无
    *******************************************
    */
```

```
void WR_Byte(unsigned char dat)
{
        unsigned char i = "0";
        while(i + + <8)
        {
                WR_Bit(dat&0x01);    //从最低位写起
                dat > > =1;          //注意不要写成 dat > >1
        }
}
```

（3）读时序。DS18B20 只有在主机发出读时隙后才会向主机发送数据。因此，在发出读暂存器指令[BEH]或读电源模式指令[B4H]后，主机必须立即产生读时隙以便 DS18B20 提供所需数据。另外，主机可在发出温度转换指令 T[44H]或召回 EEPROM 指令 E2[B8H]后产生读时隙，以便了解操作的状态。

所有的读时隙必须至少有 60μs 的持续时间。相邻两个读时隙必须有最少 1μs 的恢复时间。所有的读时隙都由拉低总线，持续至少 1μs 后再释放总线(由于上拉电阻的作用，总线恢复为高电平)产生。在主机产生读时隙后，DS18B20 开始发送 0 或 1 到总线上。DS18B20 以使总线保持高电平的方式表示发送 1，以拉低总线的方式表示发送 0。当发送 0 的时候，DS18B20 在读时隙的末期将会释放总线，总线将会被上拉电阻拉回高电平(也是总线空闲的状态)。DS18B20 输出的数据在下降沿(下降沿产生读时隙)产生 15μs 后有效。因此，主机释放总线和采样总线等动作要在 15μs 内完成。DS18B20 的读时序图如图 6.7 所示。

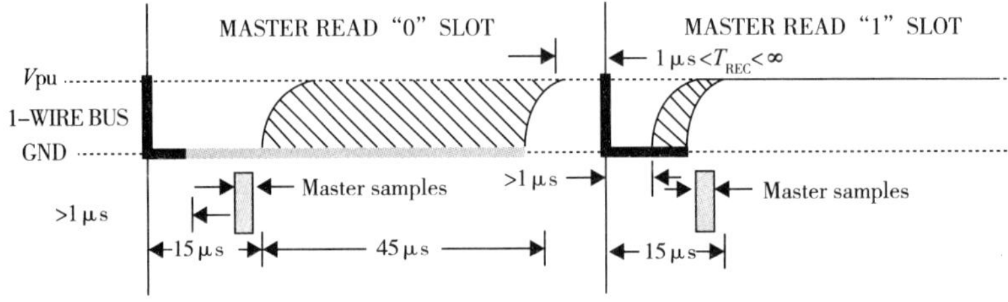

DETAILED MASTER READ 1 TIMING Figure 15

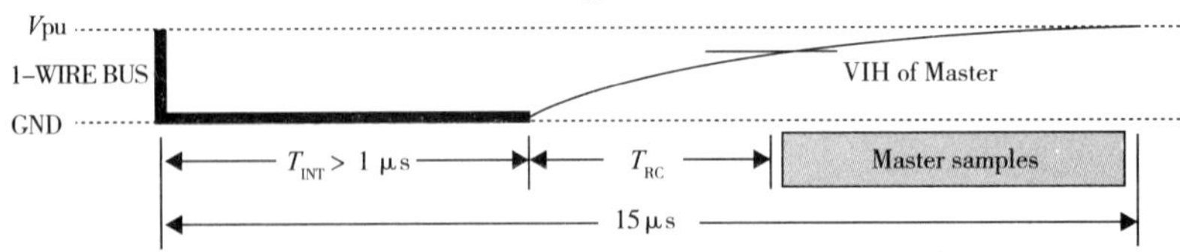

RECOMMENDED MASTER READ 1 TIMING Figure 16

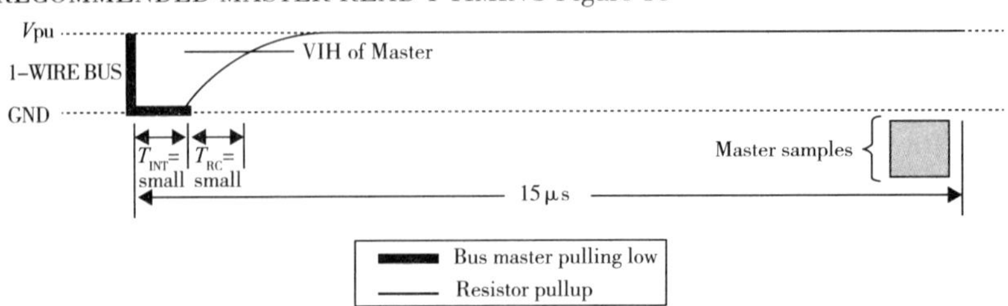

图 6.7　DS18B20 的读时序图

DS18B20 的读程序如下。

```
/*****************************************
函数:Read_Bit
功能:向 DS18B20 读一位数据
参数:无
返回:bit i
说明:总线从高拉到低,持续至 1μs 以上,再释放总线为高电平空闲状态产生读时序
*****************************************/
unsigned char Read_Bit()
{
     unsigned char ret;
     DQ = 0;                    //拉低总线
     _nop_();_nop_();
     DQ = 1;                    //释放总线
     _nop_();_nop_();
     _nop_();_nop_();
     ret = DQ;                  //读时隙产生 7μs 后读取总线数据。 把总线的读取动作放
                                  在 15μs 时间限制的后面是为了保证数据读取的有效性
     Delayxus_DS18B20(3);//延时 60μs,满足读时隙的时间长度要求
DQ = 1;                         //释放总线
     return ret;                //返回读取到的数据
}

/*****************************************
函数:Read_Byte
功能:DS18B20 读一字节函数,先读最低位
参数:无
返回:读取的一字节数据
说明:无
*****************************************
*/
unsigned char Read_Byte()
{
     unsigned char I;
     unsigned char dat = "0";
  for(i = 0;i < 8;i + +)
     {
     dat > > = 1;               //先读最低位
     if(Read_Bit())
          dat | = 0x80;
     }
     return(dat);
}
/*
*****************************************
```

```
函数:Start_DS18B20
功能:启动温度转换
参数:无
返回:无
说明:复位后写 44H 命令
    ******************************************
    */
    void Start_DS18B20()
    {
        DQ=1;
        RST_DS18B20();
        WR_Byte(0xcc);                      // skip
        WR_Byte(0x44);                      //启动温度转换
    }

    /*
    ******************************************
函数:Read_Tem
功能:读取温度
参数:无
返回:int 型温度数据,高 8 位为高 8 位温度数据,低 8 位为低 8 位温度数据
说明:复位后写 BE 命令
    ******************************************
    */
    int Read_Tem()
    {
        int tem="0";
        RST_DS18B20();
        WR_Byte(0xcc);                      // skip
        WR_Byte(0xbe);                      //发出读取命令
        tem=Read_Byte();                    //读出温度低 8 位
        tem|=(((int)Read_Byte())<<8);       //读出温度高 8 位
        return tem;
  }
```

2. DS18B20 温度传感器产品的特点

（1）只要求一个端口即可实现通信。

（2）在 DS18B20 中的每个器件上都有独一无二的序列号。

（3）实际应用中不需要外部任何元器件即可实现测温。

（4）测量温度范围为 -55℃到 +125℃。

（5）数字温度计的分辨率可以在 9 ~ 12 位范围内选择。

（6）内部有温度上限报警设置和温度下限报警设置。

3. DS18B20 电路连接方式

图 6.8 和图 6.9 所示分别为外部供电模式下单个和多个 DS18B20 测温系统的典型电路连接图。

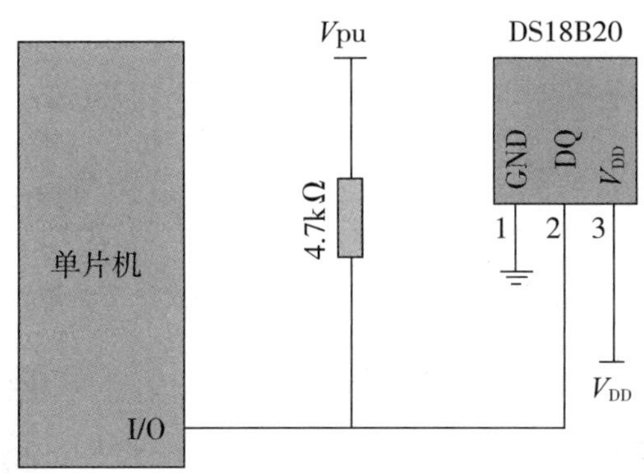

图 6.8　外部供电模式下单个 DS18B20 芯片的连接图

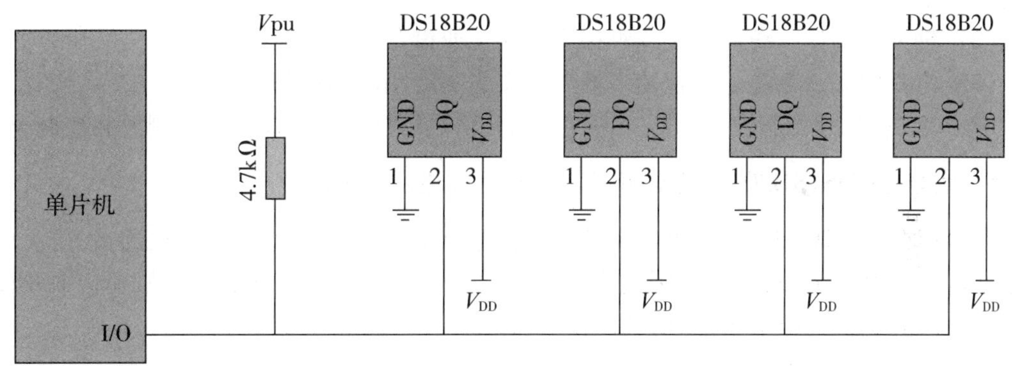

图 6.9　外部供电模式下多个 DS18B20 芯片的连接图

DS18B20 芯片通过 DALLAS 公司的单总线协议依靠一个单线端口通信，当全部器件经由一个三态端口或者漏极开路端口与总线连接时，控制线需要连接一个弱上拉电阻。在多个 DS18B20 连接时，每个 DS18B20 都拥有一个全球唯一的 64 位序列号，在这个总线系统中，微处理器依靠每个器件独有的 64 位片序列号辨认总线上的器件和记录总线上的器件地址，从而允许多个 DS18B20 同时连接在一条单线总线上。因此，可以很轻松地利用一个微处理器去控制很多分布在不同区域的 DS18B20，这一特性在环境控制、探测建筑物、仪器等温度以及过程监测和控制等方面有普遍的应用。

对于 DS18B20 的电路连接，除了上面所说的传统的外部电源供电时的电路连接图，DS18B20 也可以工作在“寄生电源模式”，图 6.10 所示为 DS18B20 工作在“寄生电源模式”下的电路连接图。这样就可以使 DS18B20 工作在“寄生电源模式”下，不用额外的电源就可以实时采集到位于多个地点的温度信息。

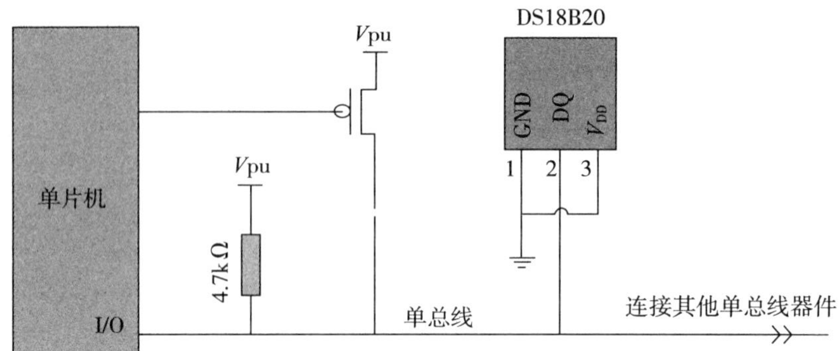

图 6.10　DS18B20 工作在“寄生电源模式”下的电路连接图

4. DS18B20 温度传感器的应用范围

【拓展文本】

DS18B20 温度传感器主要应用在以下领域。

（1）冷冻库、粮仓、储罐、电信机房、电力机房、电缆线槽等的测温和控制。

（2）轴瓦、缸体、纺机、空调等狭小空间工业设备的测温和控制。

（3）汽车空调、冰箱、冷柜及中低温干燥箱等的测温和控制。

（4）供热/制冷管道热量计量、中央空调分户热能计量和工业领域的测温和控制。

5. 实验箱 DS18B20 温度传感器与单片机连接电路

实验箱 DS18B20 温度传感器与单片机连接电路如图 6.11 所示。单片机通过 P1.4 引脚与温度传感器 DS18B20 的 DQ 引脚进行通信。图中 CN1 的 1、2、3 位置分别对应 DS18B20 温度传感器的 V_{DD}、DQ 和 GND 引脚。

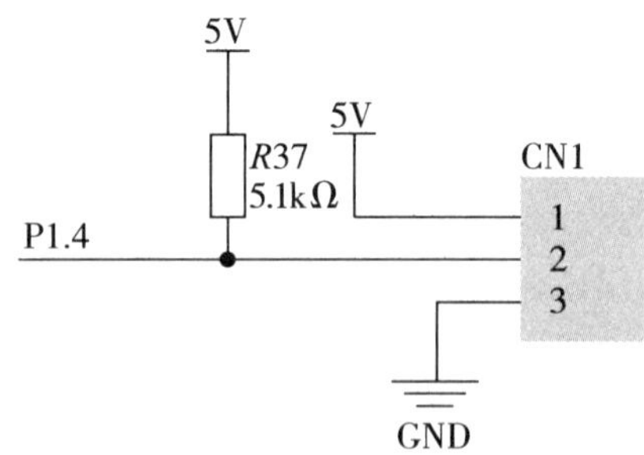

图 6.11　实验箱 DS18B20 电路连接图

6. 温度采集模块系统构成

DS18B20 温度采集模块系统构成如图 6.12 所示。处理器将采集的温度数据发送给安卓开发板，安卓开发板控制液晶屏进行温度数据显示。

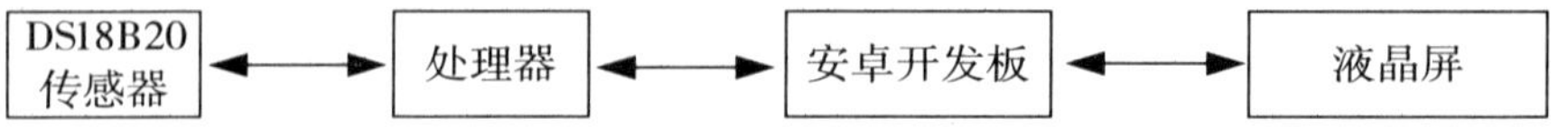

图 6.12　DS18B20 温度采集模块系统构成

【实验步骤】

(1) 把 DS18B20 传感器连接实验箱的 DS18B20 传感器接口，打开系统电源，下载 DS18B20 模块程序到温湿度传感器控制板。

(2) 如图 6. 13 所示，首先单击“嵌入式实验”图标，然后在打开的“嵌入式”界面中单击“温度采集控制实验”图标，如图 6. 14 所示。

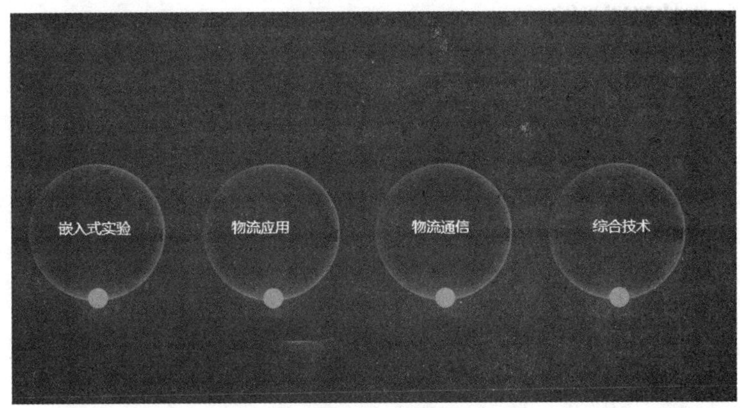

图 6. 13　选择“嵌入式实验”

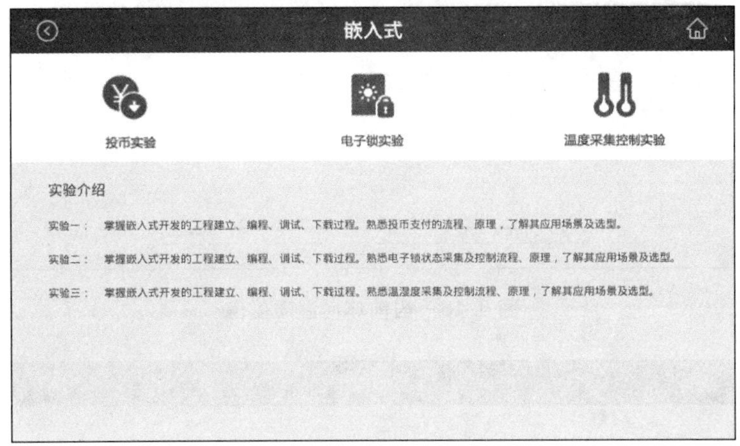

图 6. 14　选择“温度采集控制实验”

(3) 在打开的“温湿度实验”界面中单击“温湿度采集实验”图标下的“进入”按钮，如图 6. 15 所示，进入温湿度采集实验。观察当前环境温湿度值，如图 6. 16 所示。

(4) 给 DS18B20 温度传感器加热(如手握方式)，观察温度检测的波形变化，如图 6. 17所示。

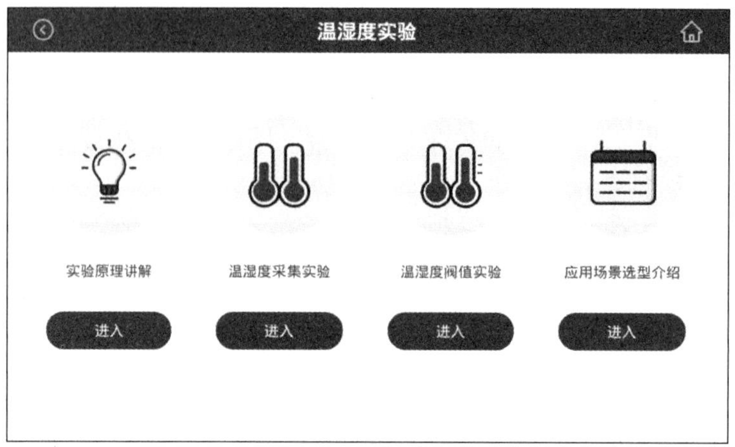

图 6.15　选择“温湿度采集实验”

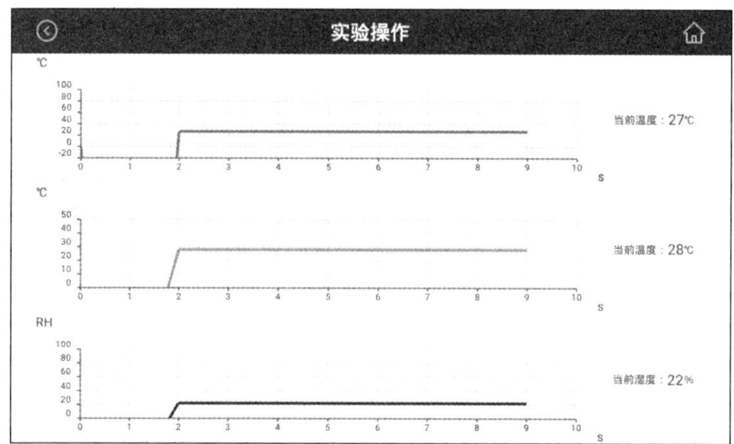

图 6.16　当前环境温湿度值

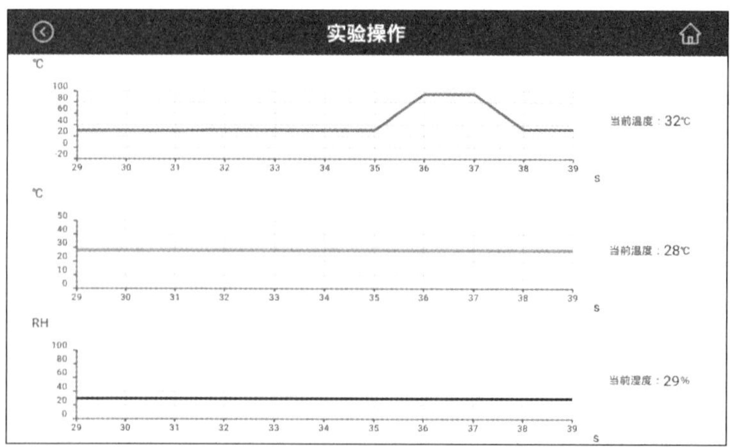

图 6.17　温度变化波形显示图

6.2 DHT22传感器温湿度检测原理

【实验目的】

(1) 了解温湿度采集模块的工作原理。

(2) 掌握温湿度采集模块的单片机程序编写方法。

【实验内容】

(1) 编写温湿度采集模块程序。

(2) 观察上位机温湿度数据。

【实验仪器】

(1) 带有 Keil 编程环境的 PC。

(2) 单片机下载线。

(3) 物流信息技术综合实验平台。

【实验原理】

1. DHT22 温湿度传感器概述

DHT22 温湿度传感器是一款含有已校准数字信号输出的温湿度复合传感器，采用专用的数字模块采集技术和温湿度传感技术，确保产品具有极高的可靠性与卓越的长期稳定性。传感器包括一个电容式感湿元件和一个 NTC 测温元件[①]，并与一个高性能 8 位单片机相连接。每个 DHT22 传感器都在极为精确的湿度校验室中进行校准。校准系数以程序的形式储存在 OTP 内存中，传感器内部在检测信号的处理过程中要调用这些校准系数。

另外，DHT22 温湿度传感器具有以下特点：单线制串行接口，使系统集成变得简易快捷；超小的体积、极低的功耗，信号传输距离可达 20m 以上，使其成为各类应用甚至苛刻应用场合温湿度检测的最佳选择；产品为 4 针单排引脚封装，连接方便，特殊封装形式可根据用户需求而提供。DHT22 温湿度传感器因具有品质卓越、超快响应、抗干扰能力强、性价比高等优点，现已被广泛应用于农业、仓储和环境监测等多个领域。DHT22 温湿度传感器的实物图如图 6.18 所示。

2. DHT22 温湿度传感器封装

常见 DHT22 温湿度传感器的外形尺寸如图 6.19 所示。

---

① NTC 温度传感器是一种热敏电阻探头，其原理为：电阻值随着温度上升而迅速下降。

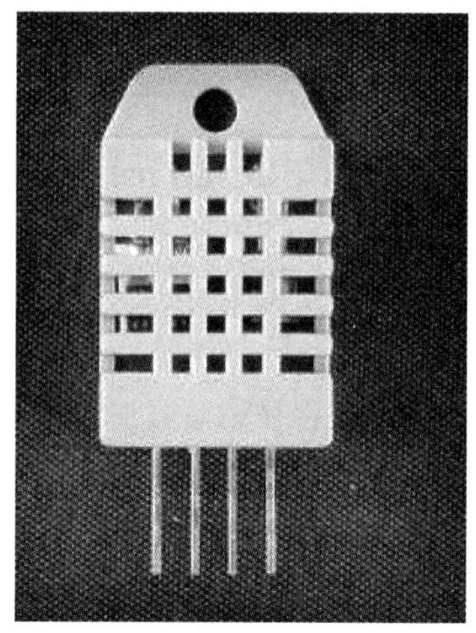

图 6.18 DHT22 温湿度传感器的实物图

【拓展文本】

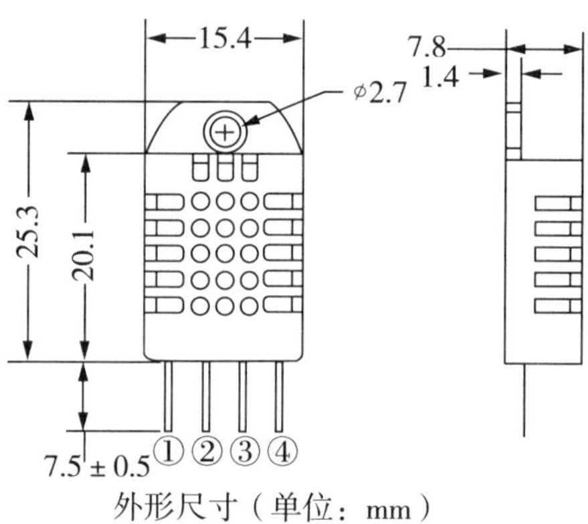

图 6.19 DHT22 温湿度传感器外形尺寸（单位：mm）

3. DHT22 温湿度传感器引脚说明

图 6.18 所示为 DHT22 温湿度传感器的实物图，DHT22 温湿度传感器有 V_{CC}、DATA、NC 和 GND 4 个引脚，各引脚具体说明如表 6－3 所示。

表 6－3 温湿度传感器各引脚说明

引脚号	引脚名称	类型	引脚说明
1	V_{CC}	电源	正电源输入，3～5.5V DC
2	DATA	输出	单总线，数据输入/输出引脚
3	NC	空	空脚，扩展未用
4	GND	地	电源地

（1）电源引脚 V_{CC}。DHT22 的供电电压为 3.3～5.5V。传感器上电后，要等待 1s 以越过不稳定状态，在此期间无须发送任何指令。电源引脚（V_{DD}，GND）之间可增加一个

100nF 的电容，用以去耦滤波。DHT22 温湿度传感器的电气特性如表 6－4 所示。

表 6－4　DHT22 温湿度传感器的电气特性

参数	条件	最小值	最大值	单位
供电	DC	3.3	6	V
供电电流	测量	1	1.5	mA
	待机	40	50	μA

（2）数据接口 DATA。DHT22 温湿度传感器的信号传输距离可达 20m 以上，建议在连接线长度短于 20m 时在信号线上外加 5kΩ 上拉电阻，大于 20m 时根据实际情况使用合适的上拉电阻。

DATA 接口是串行接口①，DATA 用于微处理器与 DHT22 之间的通信和同步，采用单总线数据格式，一次通信时间为 5ms 左右，当前数据传输为 40bit，高位先出。

数据格式：

40bit 数据＝16bit 湿度数据＋16bit 温度数据＋8bit 校验和

例如，接收 40bit 数据如下：

0000 0010 1000 1100 0000 0001 0101 1111 1110 1110
湿度数据　　温度数据　　校验和

即(湿度高 8 位＋湿度低 8 位＋温度高 8 位＋温度低 8 位)的末 8 位＝校验和。

例如，00000010 ＋ 10001100 ＋ 00000001 ＋ 0101 1111 ＝ 11101110。此例中，湿度＝65.2%RH，温度＝35.1℃。

当温度低于 0℃时温度数据的最高位置 1。例如，－10.1℃表示为 1000000001100101。

4. DHT22 温湿度传感器温湿度检测时序说明

用户主机(MCU)发送一次开始信号后，DHT22 从低功耗模式转换到高速模式，等待主机开始信号结束后，DHT22 发送响应信号，送出 40bit 的数据，并触发一次信号采集，如图 6.20 所示(注：主机从 DHT22 读取的温湿度数据总是前一次的测量值，如两次测量间隔时间很长，请连续读两次以获得实时的温湿度值)。

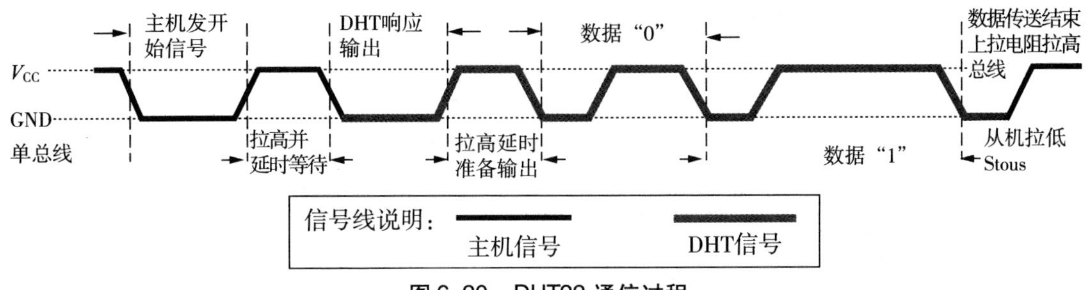

图 6.20　DHT22 通信过程

① 串行接口(Serial Interface)是指数据一位一位地顺序传送，其特点是通信线路简单，只要一对传输线就可以实现双向通信(可以直接利用电话线作为传输线)，从而大大降低了成本，特别适用于远距离通信，但传送速度较慢。

空闲时总线为高电平，通信开始时主机(MCU)拉低总线 500μs 后释放总线，延时 20～40μs 后主机开始检测从机(DHT22)的响应信号。从机的响应信号是一个 80us 左右的低电平，随后从机再拉高总线 80μs 左右代表即将进入数据传送。总线空闲状态 DHT22 通信图如图 6.21 所示。

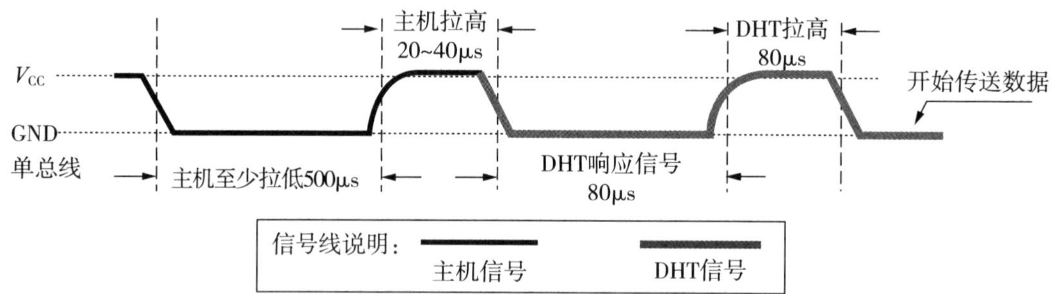

图 6.21 总线空闲状态 DHT22 通信图

高电平后就是数据位，1bit 数据由一个低电平和一个高电平组成。低电平就是一个 50μs 左右的低电平，它代表数据位的起始，其后高电平的长度决定数据位所代表的数值，较长的高电平代表 1，较短的高电平代表 0，共 40bit 数据，当最后一位数据传送完毕后，从机将再次拉低总线 50μs 左右，随后释放总线，由上拉电阻拉高。

数字 1 信号表示方法如图 6.22 所示。

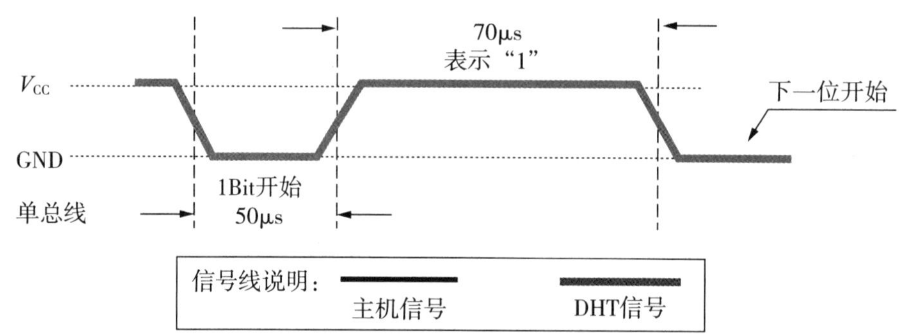

图 6.22 数字 1 信号表示方法

数字 0 信号表示方法如图 6.23 所示。

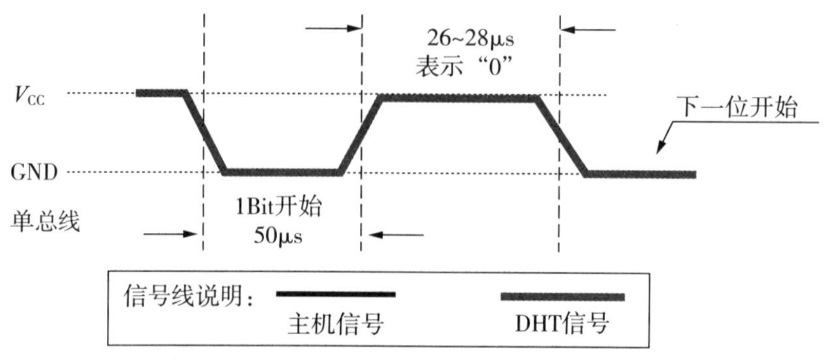

图 6.23 数字 0 信号表示方法

5. DHT22 温湿度传感器性能说明

DHT22 温湿度传感器的性能说明如表 6－5 所示。

表 6－5　DHT22 温湿度传感器的性能说明

参数	条件	最小值	常规值	最大值	单位
湿度					
分辨率			0.1		%RH
			16		Bit
重复性			±0.3		%RH
精度	25℃		±2		%RH
	－20—80℃			±2	%RH
互换性	可完全互换				
采样周期			2		S
相应时间	0.231（25℃，1m/s 空气）		<5		S
迟滞			< ±0.3		%RH
长期稳定性	典型值		< ±0.5		%RH/yr
温度					
分辨率			0.1		℃
			16		Bit
重复性			±0.2		℃
精度				< ±0.5	℃
量程范围		－40		80	℃
响应时间	0.231	6		20	S

6. DHT22 温湿度传感器与单片机模块连接电路

本实验温湿度传感器与单片机模块连接电路如图 6.24 所示。单片机通过 P1.3 引脚与温湿度传感器 DATA 引脚相连接，采用单总线的方式进行数据之间的交换。

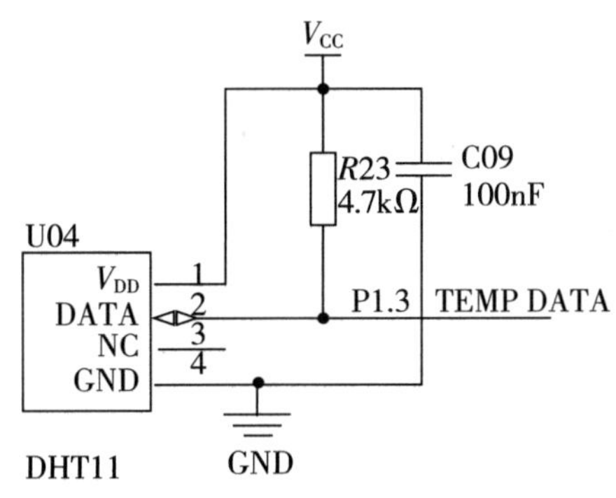

图 6.24　温湿度传感器与单片机模块连接电路

7. DHT22 温湿度数据读取程序流程图

DHT22 温湿度数据读取流程图如图 6.25 所示。

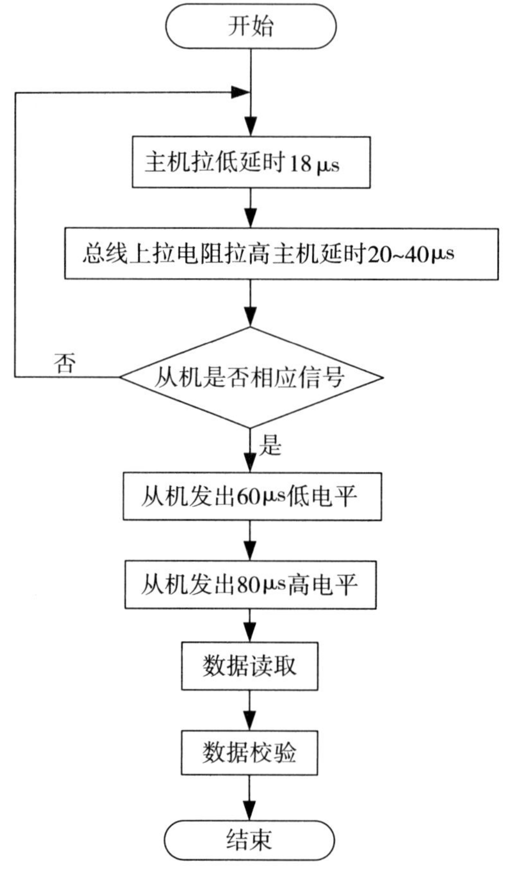

图 6.25　DHT22 温湿度数据读取流程图

【实验步骤】

(1) 打开 Keil 编程环境，建立温湿度模块实验程序工程。

(2) 编写实验程序，实验程序代码参考步骤(3)。

(3) 实验代码如下。

```
/*
 * Copyright(C)ZhongKeFuChuang,Inc. All Rights Reserved.
 *
 * www.jinlinbao.com at 2015-09-12.
 * version 1.0
 */
/*
 * If in the KEIL development environment,please select the Intel 80/87C52 chip
model
```

```
* to compile this project. Using the internal oscillator, the frequency of
11.0592M
*/
#include "conf.h"
#include "intrins.h"           //_pop 使用 intrins.h_
#include "ringbuf.h"           //使用 FIFO_DataIn();
#include "communication.h"
//memeset
#include "string.h"
#include "uart1_scan.h"
#include "uart3_rs485.h"
#include <stdio.h>
#include <string.h>

u8 BOARD_MODE =0;
sbit P22 =P2^2;
sbit P21 =P2^1;
sbit P20 =P2^0;
sbit P30 =P3^0;
sbit P31 =P3^1;

extern void dht22_collection(void);
extern void ds18b20_collection(void);
extern void fan_init(void);
extern void init_all(void);
extern void Timer0Init(void);

void Delay100ms(void)          //@11.0592MHz
{
  unsigned char i,j,k;

  _nop_();
  _nop_();
  i =5;
  j =52;
  k =195;
  do
  {
      do
      {
          while(--k);
      } while(--j);
  } while(--i);
}

void start_flag(void)
```

```
{
  u8 i;
  for(i=0;i<50;i++)
  {
      P30 = ~P30;
      Delay100ms();
      WDT_CONTR|=0x10;
  }
  P30=1;
}

void reset_log(void)
{
  u8 msgbuf[30]={0};
  sprintf(msgbuf,"RESET ID:% d",(int)BOARD_MODE);
  COMM_callback(strlen(msgbuf),msgbuf);
}
void extend_board_init(void)
{
  u8 temp2,temp1,temp0;
  temp2=P22;
  temp1=P21;
  temp0=P20;
  BOARD_MODE=(temp2<<2)|(temp1<<1)|temp0;
}

void main(void)
{
  extend_board_init();
  while(BOARD_DEF!=BOARD_MODE)
  {
      P31 = ~P31;
      Delay100ms();
  }
start_flag();
  fan_init();
  if(BOARD_MODE!=2)
  uart1_debug_init();
  init_all();
  Timer0Init();
  uart3_rs485_init();
  IE2 |=0x08;                     //使能串口3中断
  EA=1;
  reset_log();
  memset(Buf,0,NMAX);
```

```
    log_printf("start 51 PLG\r\n");
    WDT_CONTR = 0x04;          //看门狗定时器溢出时间计算公式:(12 * 32768 * PS) / FOSC(秒)
                               //设置看门狗定时器分频数为 32,溢出时间如下:
                               //11.0592M :1.14s
      WDT_CONTR |= 0x20;       //启动看门狗
    while(1)
    {
        TSK_COMM();
        /* 温湿度 */
        dht22_collection();
        ds18b20_collection();
        WDT_CONTR |= 0x10;
    }
}
```

（4）将实验箱温湿度传感器51单片机模块与PC通过专用下载线连接。

（5）打开实验箱电源，进行代码下载验证[完整工程代码参考步骤(3)提供的代码]。

6.3　温湿度采集和阈值控制实验实训

【实验目的】

（1）理解温湿度阈值调整的意义。

（2）了解温湿度控制系统的搭建方式。

【实验内容】

（1）进行温湿度数据监测。

（2）通过上位机改写温湿度阈值控制风扇转动。

（3）观察温湿度数值输出波形。

【实验仪器】

（1）带有Keil编程环境的PC。

（2）单片机下载线。

（3）物流信息技术综合实验平台。

【实验原理】

1. 温湿度检测在机房监控系统中的应用案例

温湿度检测不仅应用于产品生产仓储、物品管理和仓库存储等环节，在医疗、工业控制和监控系统中也大量应用，现就其在机房监控系统中的应用举例说明。

随着计算机技术的不断发展和计算机系统的广泛应用，机房环境必须满足计算机设备对温湿度等的技术要求。机房的温度和湿度是计算机设备正常运行的必要条件，必须在机房的合理位置安装温湿度传感器，以实现对温度、湿度进行 24 小时实时监测。

在系统化的温湿度监控环境下，机房各个重要部位装设温湿度检测模块，记载温湿度曲线供管理人员查询，一旦发现温湿度越限立刻采用多种方式报警，提示管理人员及时调整空调作业设置值或调整机房内的设备散布状况。这样能及时防备不必要的损失，能够保留无法篡改的原始记录作为依据。机房监控系统如图 6.26 所示。

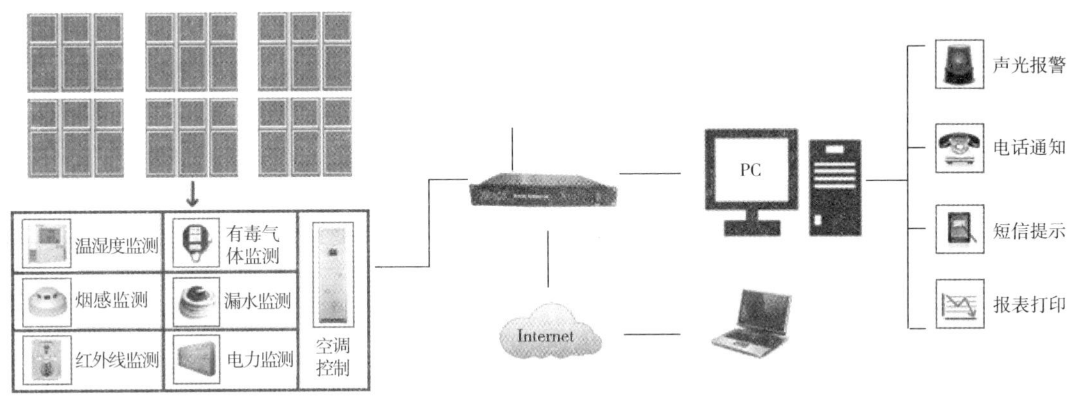

图 6.26　机房监控系统

常见机房监控系统具有以下特点与优势。

机房温湿度监控设备可自动报警，当被测量值超过上限报警值时机房温湿度监控设备会自动报警。

机房温湿度监控系统可以设定 3 种报警模式，在监测到机房的温度或者湿度超标时，计算机会显示报警位置、报警数值，加装相应的设备后可实现声光报警，提醒有关人员引起注意。

计算机可以记录、查询、打印每一台温湿度变送器的监控数据，打印方式可选报表打印或曲线打印，以便工程技术人员对监测的数据进行分析和研究，适用于物流仓库、医药库房、档案室、生产车间、计算机房等场所。

机房温湿度监控设备可以实时显示监控点温湿度测量值，同时可将信息传达给机房管理人员等。

2. 温湿度采集模块系统构成

温湿度采集模块系统构成如图 6.27 所示。处理器采集温湿度数据，然后发送给安卓开发板，安卓开发板将温湿度数据在液晶屏上进行显示。在温湿度阈值小于或等于温湿度实际值时，处理器控制风扇转动。在温湿度阈值大于温湿度实际值时，处理器控制风扇停止转动。

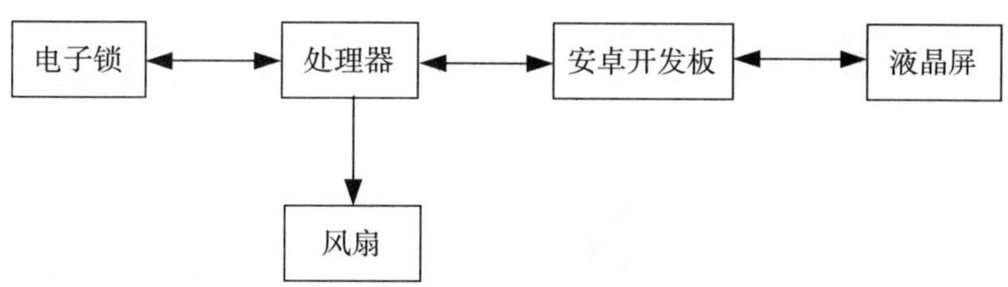

图6.27 温湿度采集模块系统构成

【实验步骤】

（1）打开系统电源，下载温湿度采集模块程序。

（2）如图6.28所示，首先单击“嵌入式实验”图标。然后在打开的“嵌入式”界面中单击“温度采集控制实验”图标，如图6.29所示。

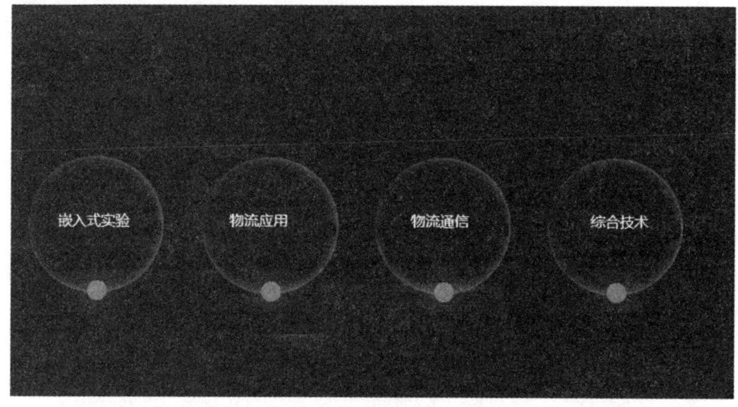

图6.28 选择“嵌入式实验”

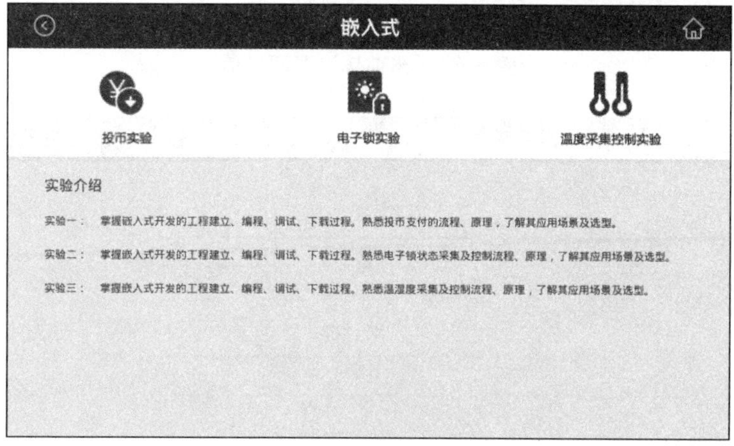

图6.29 选择“温度采集控制实验”

（3）在打开的“温湿度实验”界面中单击“温湿度采集实验”图标下的“进入”按钮，如图6.30所示，进入温湿度采集实验。观察当前环境温湿度值，如图6.31所示。给DHT22温湿度传感器增加湿度(如用嘴吹气)，观察湿度检测的波形变化，如图6.32所示。

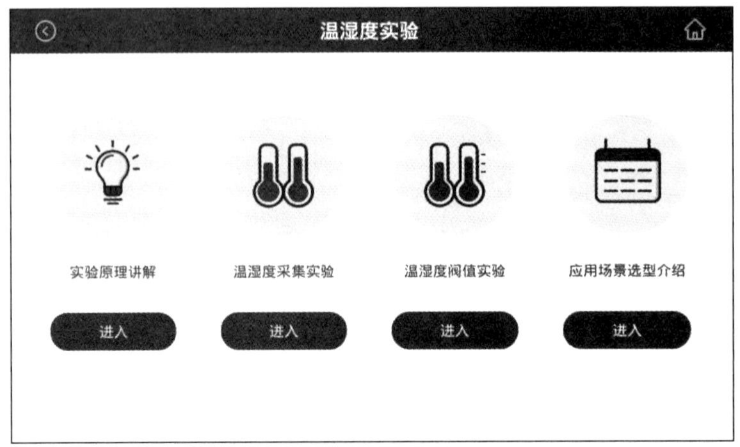

图 6.30　选择“温湿度采集实验”

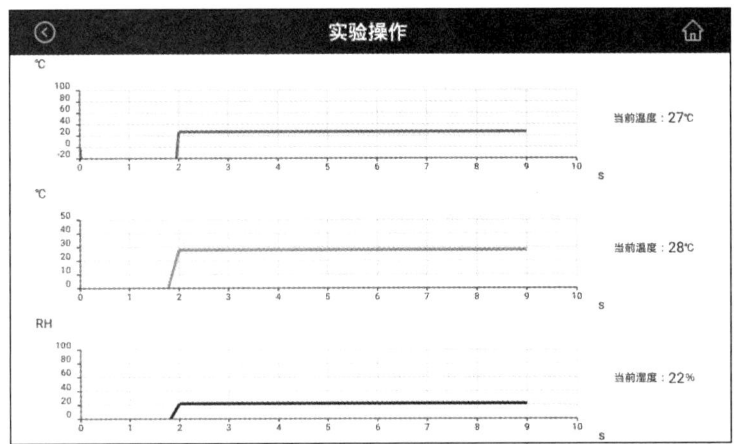

图 6.31　当前环境温湿度值

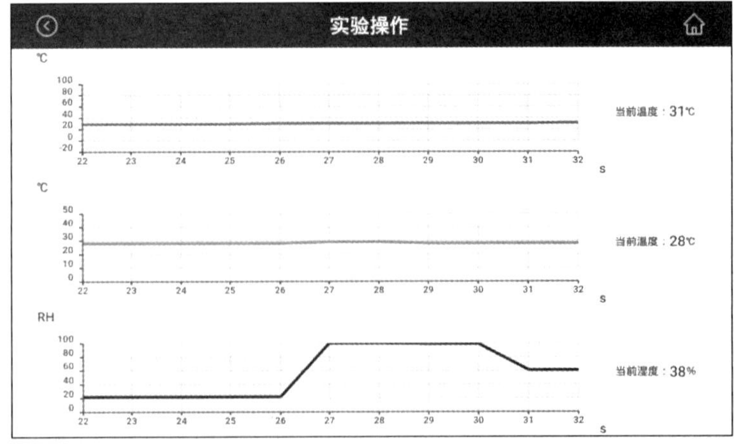

图 6.32　湿度变化波形显示图

（4）单击“实验操作”界面左上角的“返回”按钮，返回“温湿度实验”界面，如图6.33所示。单击“温湿度阈值实验”图标下的“进入”按钮，进入温湿度阈值控制实验，如图6.34所示。输入温度和湿度阈值后，单击“开始”按钮，若输入温度值小于当前温度或输入湿度值小于当前湿度，则风扇旋转，如图6.35所示。

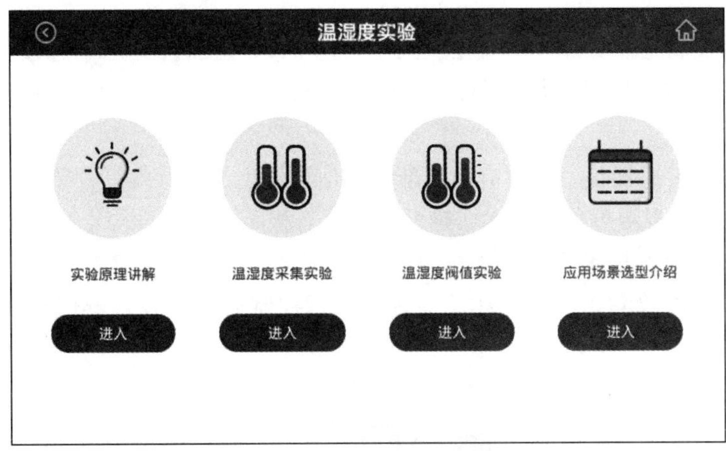

图6.33　选择“温湿度阈值实验”

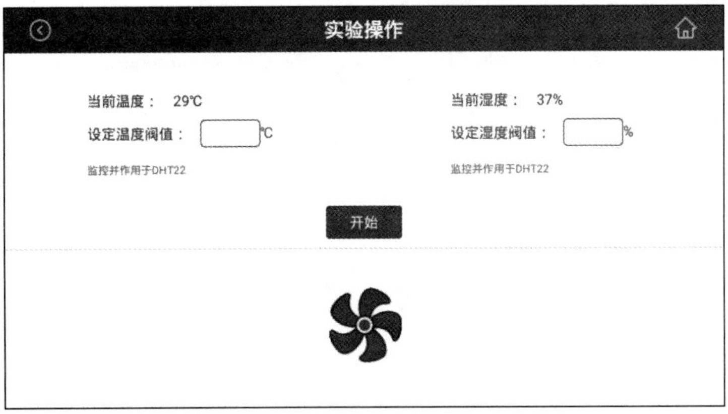

图6.34　进入温湿度阈值实验

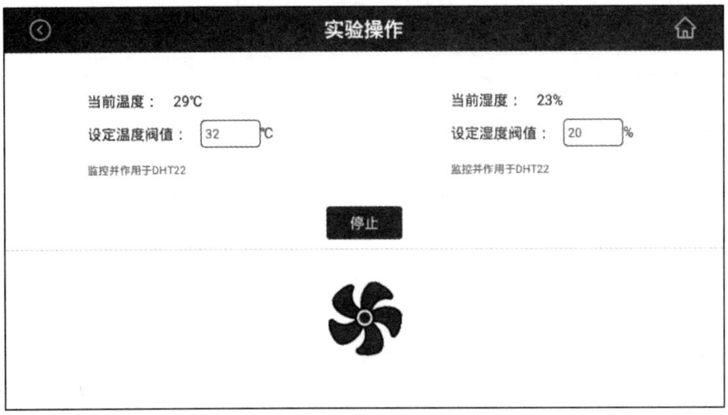

图6.35　输入温湿度阈值

本章小结

DS18B20温度传感器是DALLAS公司生产的1-Wire型器件，即单总线器件。DS18B20温度传感器是一种数字型温度传感器，具有体积小、硬件开销低、抗干扰能力强、精度高的特点。

DHT22温湿度传感器是一款含有已校准数字信号输出的温湿度复合传感器，采用专用的数字模块采集技术和温湿度传感技术，确保产品具有极高的可靠性与卓越的长期稳定性。

本章通过物流信息技术实验箱进行温度检测和温湿度检测实验实训，使学生掌握温度检测传感器和温湿度检测传感器的相关原理、编程控制方法以及温湿度检测系统的硬件搭建方式。

关键术语

温度传感器(Temperature Sensor)

单总线(1-Wire)

传感器(Transducer/Sensor)

寄生电源(The Parasitic Power)

时隙(Time Slot)

校准系数(Calibration)

校验位(Checkdigit)

习　题

一、填空题

1. DS18B20温度传感器是DALLAS公司生产的1-Wire型器件，即________。

2. DS18B20芯片的常见封装为________封装。另外，DS18B20传感器还有SO(DS18B20Z)和μSOP(DS18B20U)形式的封装。

3. DS18B20温度传感器一般充当从机的角色，主机一般是________。通过一根总线访问DS18B20。DS18B20温度传感器的工作过程一般遵循以下协议：________。

4. DS18B20工作在________模式下，可实现在无外部电源情况下，采集位于多个地点的温度信息。

5. DHT22温湿度传感器是一款含有已校准________输出的温湿度复合传感器。

6. DHT22的供电电压为________。

二、思考题

1. 简述DS18B20温度传感器的工作过程。

2. 尝试进行DS18B20温度传感器与单片机连接电路的设计。

3. 试简述DS18B20温度传感器与DHT22温湿度传感器的优、缺点。

4. 试阐述温湿度采集实验系统的搭建方式。

提高篇

第7章 条码模块实验

【学习目标】

（1）掌握一维条码与二维条码的编码及应用。

（2）了解指纹识别技术应用并掌握指纹识别系统搭建方式。

（3）掌握 RFID 技术的应用方法及编码方式。

（4）掌握 GSM/WiFi/蓝牙技术的原理及应用。

【学习重点】

条码与 RFID 技术的应用。

【学习难点】

GSM/WiFi/蓝牙技术的原理及应用。

7.1 一维条码生成软件的安装和使用

【实验目的】

（1）掌握条码打印软件的安装方法。

（2）掌握条码打印软件的简单使用方法。

（3）了解条码打印机相关知识。

【实验内容】

（1）进行条码打印软件的安装和使用。

（2）进行条码打印操作。

【实验仪器】

（1）环境为 Windows 系统的计算机。

（2）普通 A4 纸打印机。

【实验原理】

1. 一维条码设计软件——BYLabel

BYLabel 是新北洋公司开发的一款条码标签打印系统，可以实现文字、条码、图像和图形等标签的设计及打印功能，可使用菜单选项和工具栏方便地进行标签设计。BYLabel 标签打印系统可进行多种数据库的连接，只要是系统支持的数据库形式，BYLabel 都能支持并进行有效操作。BYLabel 对于多文档连接数据库进行了方便操作的处理，即不同的文档可以对应统一数据库操作，但是一个数据库只能连接一个文档。

2. 一维条码打印机

条码打印机是一种专用的打印机。条码打印机和普通打印机的最大区别就是，条码打印机的打印是以热为基础，以碳带为打印介质(或直接使用热敏纸)完成打印，这种打印方式具有在无人看管的情况下实现连续高速打印的优点。它所打印的内容一般为企业的品牌标识、序列号标识、包装标识、条码标识、信封标签、服装吊牌等。

条码打印机一般分为热感式条码机(Thermal Printer)和热转式条码机(Thermal Transfer Printer)，其差别如下。

热感式条码机的原理是将印字头加热，再运用热度与停留时间来促使感应纸显示出不同深浅的颜色。其优点是条码品质佳、价格较低廉，且一般热感式条码机的体积可以制造得很小，不过其缺点是因为必须采用感光纸，感光纸不耐光线照射，易造成纸上条形码褪色，影响辨识率。

热转式条码机的列印原理，是将碳粉带加热后转印至纸上，故像激光打印机般可采用普通纸，条码也较不容易因为光线照射而褪色，列印的品质比热感式条码机更好，不过价格较高，且体积较大。

3. 条码打印机耗材

1）条码碳带

条码碳带是一种在聚酯薄膜的一面涂上油墨，另一面涂上防止打印头磨损润滑剂的新型条码打印耗材。它主要采用热转印技术配套于条码打印机使用，通过条码打印机打印头的热量和压力作用使碳带将相应的文字和条码信息转移到标签上。条码碳带已被广泛应用于包装、物流、制造、商业、服装、票据和图书等各个领域。

碳带组成部分包括轴芯、原带、前引带、后引带。

（1）轴芯：常见的轴芯有纸质和塑料两种，主要要求是不能变形和在打印时不能滑动。

（2）原带：一般由5层组成，即顶涂层、油墨层、内涂层、带基和背涂层。

内涂层：主要用来使打印的表面平滑，并保持油墨从带基释放的一致性。

油墨层：是最主要的，用来打印并决定碳带的使用特性，如抗化学腐蚀和防摩擦等。

带基：是其他各层的载体，并决定热传导的性能。

背涂层：简单地说，是涂在碳带背面的一层特殊涂层，它的作用主要是减少打印头磨损；减少静电产生和加强热传导。

顶涂层：主要用来提高油墨在标签上的附着力，增强环境的抵抗力。

（3）前引带：一般是透明或其他颜色，有以下几种功能。

产品标识：可以印上产品名称、公司名称和商标等，用于市场推广和推销。

保护作用：用来保护碳带。

易于使用：便于将条码碳带安装到打印机上

（4）后引带：一般起到警示作用，让打印机感应到碳带结束。打印机的不同决定了不同的后引带，主要有3种：①透明式后引带，用于透射式传感器，允许光透过表示碳带用完；②镀铝（银色）后引带，主要针对反射型传感器，反射光表示碳带结束；③机械式传感后引带，打印机感应张力的变化表示碳带用完。

国内的碳带生产厂家众多，全面满足各条码打印用户的需求。碳带的一些技术参数如下。

（1）适用场合：普通标签，发货、仓库和收货标签，外壳和包装标签，发货及地址标签，零售业的标签和吊牌，服装标签，电子标签。

（2）适用介质：涂层纸标签和吊牌（热转印纸、普通铜版纸）。

（3）存放：为了保证最好的性能，碳带对使用环境、运输环境和存放环境有一定要求。

使用环境：−5～+35℃，45%～85%的相对湿度。

运输环境：−5～+45℃，20%～85%的相对湿度，时间不多于一个月。

存放环境：−5～+40℃，20%～85%的条件下存放，不能多于一年。

注意：将碳带直接暴露在阳光和潮湿的环境下将对碳带产生损坏。

（4）规格：基本宽度（mm）为30、40、50、60、70、80、90、110。

(5) 基本长度(m)：100、300。

(6) 碳带卷向分为外碳、内碳；碳带轴心分为1英寸(1英寸=2.54cm)、1/2英寸。

2) 条码标签

条码标签，顾名思义就是打印或印刷了条码的标签。大多数的应用情况是要求每个条码的号码都是唯一的。考虑成本和方便性等因素，通常利用条码打印机打印条码标签。铜版纸标签是条码打印机的常用材质，其厚度一般在80g左右，广泛应用于超市、库存管理、服装吊牌、工业生产流水线等铜版纸标签用量较大的地方。

条码标签的分类如下。

(1) 亚光书写纸、胶版纸标签：多用途标签纸，用于信息标签、条码打印标签，特别适合高速激光打印，也适用于喷墨打印。

(2) 铜版纸不干胶标签：多色彩产品标签的通用标签纸，适用于药品、食品、食用油、酒、饮料、电器、文化用品的信息标签。

(3) 镜面铜版纸不干胶标签：高级多色彩产品标签用的高光泽度标签纸，适用于药品、食用油、食品、饮料、酒、文化用品、电器的信息标签。

(4) 铝箔纸不干胶标签：多色彩产品标签的通用标签纸，适用于药品、食品、文化用品的高档信息标签。

(5) 激光膜不干胶标签：多色彩产品标签的通用标签纸，适用于文化用品、装饰品的高档信息标签。

(6) 易碎纸不干胶标签：用于电器、移动电话、药品、食品等防伪封签，剥离不干胶封签后，标签纸马上破碎不可再利用。

(7) 热敏纸不干胶标签：适用于价格标记和其他零售用途等信息标签。

(8) 热转移纸不干胶标签：适用于微波炉、磅秤机、电脑印表机打印标签。

(9) 可移除胶不干胶标签：面材有铜版纸、镜面铜版纸、PE(聚乙烯)、PP(聚丙烯)、PET(聚丙烯)等材料，特别适合于餐具用品、家用电器、水果等信息标签。剥离不干胶标签后产品不留痕迹。

(10) 可水洗胶不干胶标签：面材有PE(聚乙烯)、PP(聚丙烯)、PET(聚丙烯)、铜版纸、镜面铜版纸等材料，特别适合于啤酒标签、餐具用品、水果等信息标签。经水洗涤后产品不留不干胶痕迹。

(11) 耐高温标签：耐高温标签材料以聚酰亚胺薄膜为基材，涂以进口耐高温有机硅压敏胶而成。胶带具有极好的耐高温性、电绝缘性、抗化学性，且无毒、无异味、对人体及环境无害。

(12) PET：是聚酯薄膜的英文缩写，它是一种高分子材料。PET具有较好的硬脆性，其颜色常见的有亚银、亚白、亮白等几种。按厚度分有25番(1番=1μm)、50番、75番等规格，这与厂家的实际要求有关。由于PET优良的介质性能，具有良好的防污、防刮、耐高温等性能，它被广泛应用于多种特殊场合，如手机电池、计算机显示器、空调压缩机等。另外，PET纸具有较好的天然可降解性，已日益引起生产厂家的重视。

(13) PVC：是乙烯基的英文缩写，它也是一种高分子材料，常见的颜色有亚白、珍珠白。PVC 与 PET 性能接近，它和 PET 相比具备良好的柔韧性，手感绵软，常被应用于珠宝、首饰、钟表、电子业、金属业等一些高档场合。但是 PVC 的降解性较差，对环境保护有负面的影响，国外一些发达国家已开始着手研制这方面的替代产品。

（14）PE 合成纸：又称聚烯烃合成纸，是以聚丙烯、聚乙烯树脂为主要原料，添加碳酸钙等多种辅助剂经压延成型的产品，是用途非常广泛、适应国际印刷包装环保型趋势发展的新型环保产品。该产品质感极佳，印制产品高雅亮丽、外形挺括，具有优良的书写性、印刷性、强韧性及防水、耐久、撕不破等特性，是一种高档次的印刷、包装的环保用材。PE 合成纸广泛应用于电脑喷绘底纸、服饰手提袋、吊牌、工业原料包装、邮政袋、花卉礼品包装、名片、离型纸、不干胶标签、防伪包装、地图、海报、广告用材、挂历、书刊、丝网印刷用材、灯箱广告、模内标签、贴合用材、IC 卡片、鼠标垫、扇子等。

（15）PP 合成纸：主成分为聚丙烯塑胶，合成纸因是由高分子合成材料制造的纸张，具有热增塑性。PP 合成纸不会像天然纸张那样发生掉毛现象，不生灰尘；可重复再生使用，而且可完全燃烧，不会影响焚化炉的使用寿命。合成纸除了具有普通纸的特点外，还具备塑料的优点，如白度、光泽度、耐光性、尺寸稳定性都比较好，强度大，耐潮湿、耐腐蚀、耐虫蛀，尺寸稳定，耐折叠等，因此它比普通纸张具有更广泛的用途。

【实验步骤】

（1）安装条码打印机（若无专用条码打印机，也可用普通打印机进行条码打印，本实验选用的是普通打印机）。

（2）安装打印机驱动，启动打印机电源。

（3）安装标签软件 BYLabel（安装包见本书提供的安装文件）。

（4）打开 BYlabel 软件，界面如图 7.1 所示。

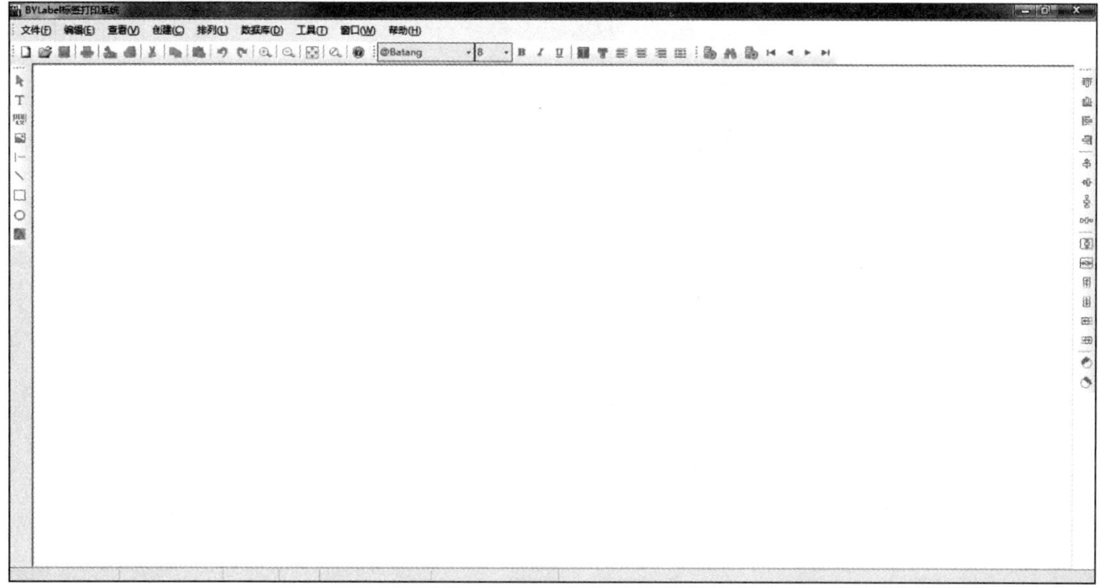

图 7.1　BYlabel 使用步骤（一）

(5) 选择“文件” | “新建”命令，弹出“新建标签”对话框，在这里可以设置标签的参数。选择默认方式，如图 7.2 所示，单击“确定”按钮。

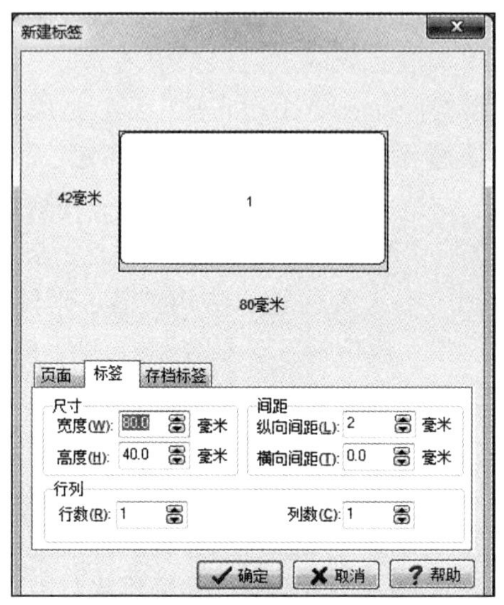

图 7.2　BYlabel 使用步骤(二)

(6) 如图 7.3 所示，单击界面左侧“一维条码生成”图标。在弹出的“条码设置”对话框中输入数字，如图 7.4 所示。单击“确定”按钮，生成一维条码，如图 7.5 所示。

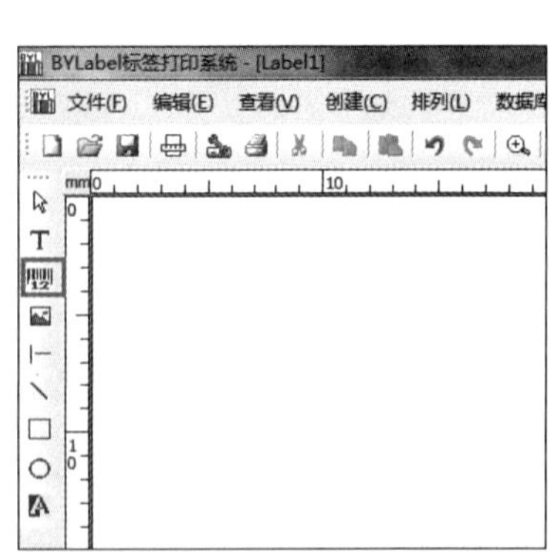

图 7.3　BYlabel 使用步骤(三)

图 7.4　BYlabel 使用步骤(四)

(7) 单击界面左侧“字符插入”图标，选择格式中段落，在数据源中输入文字，完成后单击“确定”按钮。效果如图 7.6 所示。

(8) 选择“文件” | “打印”命令，进行条码打印。

图 7.5 BYlabel 使用步骤(五)

图 7.6 BYlabel 使用步骤(六)

7.2 一维条码编码与协议分析实验

【实验目的】

(1) 掌握特定一维条码的生成方式。

(2) 掌握一维条码的编码方式。

【实验内容】

(1) 生成特定条码，本实验选用 EAN-13。

(2) 制作 3 张条码。

【实验仪器】

环境为 Windows 系统，并安装 BYLabel 条码打印软件的计算机。

【实验原理】

1. 一维条码概述

条码起源于 20 世纪 40 年代，应用于 70 年代，普及于 80 年代。条码技术在计算机应用和实践中产生并发展，广泛应用于商业、邮政、图书管理、仓储、工业生产过程控制、交通等领域，条码具有输入速度快、准确度高、成本低、可靠性强等优点，在当今的自动识别技术中占有重要的地位。

常用的一维条码的码制包括 EAN 码、39 码、交叉 25 码、UPC 码、128 码、93 码，ISBN① 及 Codabar(库德巴码)等。

---

① 国际标准书号(International Standard Book Number)，简称 ISBN，是专门为识别图书等文献而设计的国际编号。

不同的码制有其各自的应用领域。

（1）EAN 码：国际通用的符号体系，是一种长度固定、无含义的条码，所表达的信息全部为数字，主要应用于商品标识。EAN 码符号有标准版(EAN-13)和缩短版(EAN-8)两种。

（2）39 码和 128 码：目前国内企业内部自定义的码制，可以根据需要确定条码的长度和信息。其编码的信息可以是数字，也可以包含字母，主要应用于工业生产线领域、图书管理等。

（3）Code 39 码：目前用途广泛的一种条形码，可表示数字、英文字母以及“-”“.”“/”“+”“%”“$”“ ”(空格)和“*”共 44 个符号，其中“*”仅作为起始符和终止符。Code 39 码既能用数字，也能用字母及有关符号表示信息。

（4）93 码：一种类似于 39 码的条码，它的密度较高，能够替代 39 码。

（5）25 码：主要应用于包装、运输以及国际航空系统的机票顺序编号等。

（6）Codabar 码：应用于血库、图书馆、包裹等的跟踪管理。

在这里重点讲解 EAN-13 码。

2. 一维条码符号的编码方式

1）模块组合法

模块组合法是指条码符号中，条与空由标准宽度的模块组合而成。一个标准宽度的条表示二进制的“1”，而一个标准宽度的空模块表示二进制的“0”。EAN 条码、UPC 条码和 93 码均属于模块组合型条码。模块组合法条码字符的构成如图 7.7 所示。

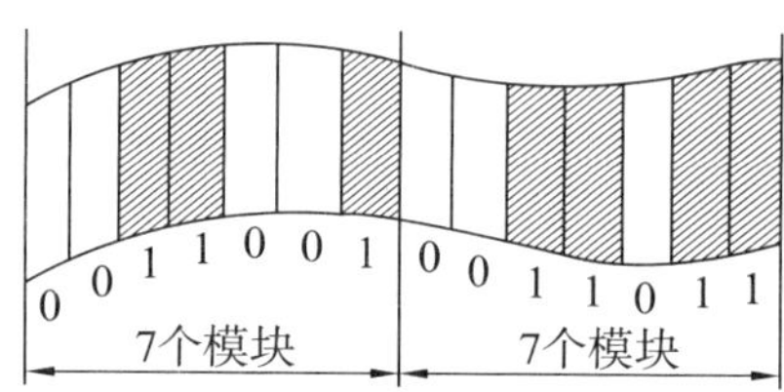

图 7.7 模块组合法条码字符的构成

2）宽度调节法

宽度调节法是指条码中，条与空的宽窄设置不同，以窄单元(条或空)表示逻辑值“0”，宽单元(条或空)表示逻辑值“1”。宽单元通常是窄单元的 2 ~ 3 倍。39 码、COdaban 码及交叉 25 码均属于宽度调节型条码，如图 7.8 所示。

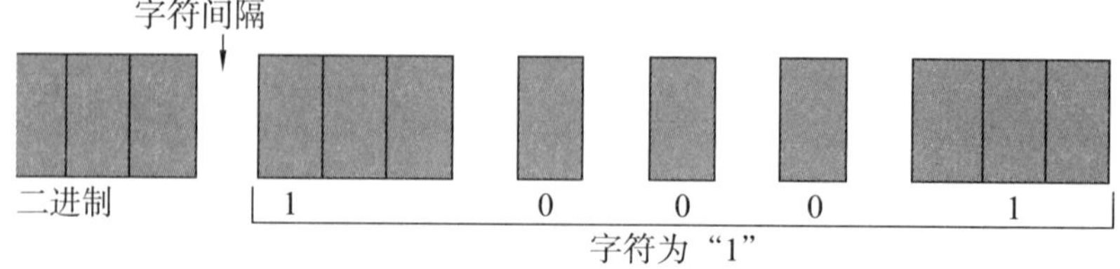

图 7.8 宽度调节法条码字符的构成

3. EAN-13 条码

EAN-13 条码采用模块组合法编码方式，由左侧空白区、起始符、左侧数据符、中间分隔符、右侧数据符、校验符、终止符、右侧空白区及供人识别字符组成，如图 7.9 所示。

113模块

95模块

左侧空白区	起始符	左侧数据符(表示6位数字)	中间分隔符	右侧数据符(表示5位数字)	校验符(表示1位数字)	终止符	右侧空白区

图 7.9　EAN-13 条码符号结构

EAN/UPC 条码字符集包括 A 子集、B 子集和 C 子集。每个条码字符由 2 个“条”和 2 个“空”构成。每个“条”或“空”由 1～4 个模块组成，每个条码字符的总模块数为 7。

EAN/UPC 条码字符集的二进制表示如表 7－1 所示。

表 7－1　EAN/UPC 条码字符集

数字字符	A 子集	B 子集	C 子集
0	0001101	0100111	1110010
1	0011001	0110011	1100110
2	0010011	0011011	1101100
3	0111101	0100001	1000010
4	0100011	0011101	1011100
5	0110001	0111001	1001110
6	0101111	0000101	1010000
7	0111011	0010001	1000100
8	0110111	0001001	1001000
9	0001011	0010111	1110100

（1）A 子集中条码字符所包含的条的模块的个数为奇数，称为奇排列。

（2）B 子集和 C 子集中条码字符所包含的条的模块的个数为偶数，称为偶排列。

EAN-13 商品条码起始符、终止符的二进制表示都为“101”，中间分隔符的二进制表示为“01010”。

EAN-13 商品条码中的前置码不用条码字符表示，不包括在左侧数据符内。右侧数据符及校验符均用字符集中的 C 子集表示。选用 A 子集或 B 子集表示左侧数据符取决于前置码的数值。表 7－2 中列出了左侧数据符的字符集选择规则。

表 7－2　EAN/UPC 条码字符集

前置码	左 1	左 2	左 3	左 4	左 5	左 6
0	A	A	A	A	A	A
1	A	A	B	A	B	B
2	A	A	B	B	A	B
3	A	A	B	B	B	A
4	A	B	A	A	B	B
5	A	B	B	A	A	B
6	A	B	B	B	A	A
7	A	B	A	B	A	B
8	A	B	A	B	B	A
9	A	B	B	A	B	A

中华人民共和国可用的国家代码有 690～99，其中 696～99 尚未使用。生活中最常见的国家代码为 690～693，其中以 690、691 开头时，厂商识别码为 4 位，商品项目代码为 5 位；以 692、693 开头时，厂商识别码为 5 位，商品项目代码为 4 位。

例如，690123456789

（1）690 表示国家代码：中华人民共和国。

（2）1234 表示生产商代码。

（3）56789 表示产品代码。

（4）计算其校验符的过程为

奇数位和：6＋0＋2＋4＋6＋8＝26。

偶数位和：9＋1＋3＋5＋7＋9＝34。

将奇数位和与偶数位和的 3 倍相加：26＋34×3＝26＋102＝128。

取结果的个位数：128 的个位数为 8。

用 10 减去这个个位数：10－8＝2，所以校验码为 2（注：如果取结果的个位数为 0，那么校验码不是 10（10－0＝10），而是 0）。

（5）前置码：6。

（6）左侧数据符：901234，按 ABBBAA 子集方式绘制条码。

（7） 右侧数据符：567892，按 CCCCCC 子集方式绘制条码。

（8） 左侧空白区(11 个模块)。

（9） 起始符(3 个模块)：101。

（10） 左侧数据符(42 个模块)：

0001011(9)0100111(0)0110011(1)0011011(2)0111101(3)0100011(4)

（11） 中间分隔符(5 个模块)：01010。

（12） 右侧数据符(42 个模块)：

1001110(5)1010000(6)1000100(7)1001000(8)1110100(9)1101100(2)

（13） 结束符(3 个模块)：101。

（14） 右侧空白区(7 个模块)：0000000。

图 7.10 所示即为该条码的设计图。

图 7.10　EAN-13 条码

【实验步骤】

（1） 使用 EAN-13 条码码制制作 3 张包含姓名、学号和专业信息的条码。现设物流工程专业代码为 01231，信息工程专业代码为 01232，计算机技术专业代码为 01233。设 0001 为张三学号后 4 位，0002 为李四学号后 4 位，0003 为王二学号后 4 位(提示：教学中可根据统一标准指定以班级和学号为背景的统一代码，然后将条码数字分配给学生，进行条码设计实验)。

（2） 用 BYLabel 软件生成以上 3 张条码，并附上个人信息说明，如图 7.11 所示。

6 900123 100011

姓名：张三

学号：00000001

专业：物流工程

6 900123 200025

姓名：李四

学号：00000002

专业：信息工程

姓名：王二

学号：00000003

专业：计算机技术

图 7.11　EAN-13 条码

（3） 在 BYLabel 软件中使用打印功能打印步骤(2)中的 3 张条码。

7.3 一维条码扫描识别实验

【实验目的】

（1）了解条码扫描识别模块的工作原理。

（2）掌握基本条码的信息分析方法。

【实验内容】

（1）进行条码扫描。

（2）分析条码信息。

【实验仪器】

环境为 Windows 系统，并安装 BYLabel 条码打印软件的计算机。

【实验原理】

1. 一维条码识别系统

条码是由宽度不同、反射率不同的条和空，按照一定的编码规则(码制)编制而成，用以表达一组数字或字母符号信息的图形标识符，即条码是一组粗细不同，按照一定的规则安排间距的平行线条图形。常见的条码由反射率相差很大的黑条(简称条)和白条(简称空)组成。为了阅读条码所代表的信息，需要一套条码识别系统，它由条码扫描器、放大整形电路、译码接口电路和计算机系统等部分组成，如图 7.12 所示。

【拓展视频】

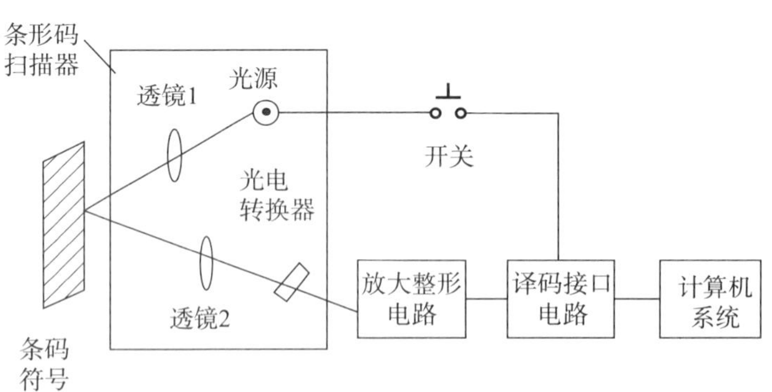

图 7.12　条码识别系统

由于不同颜色的物体，其反射的可见光的波长不同，白色物体能反射各种波长的可见光，黑色物体则吸收各种波长的可见光，所以当条码扫描器光源发出的光经光阑及透镜 1 后，照射到黑白相间的条码上时，反射光经透镜 2 聚焦后，照射到光电转换器上，于是光电转换器接收到与白条和黑条相应的强弱不同的反射光信号，并将其转换成相应的电信号输出到放大整形电路，放大整形电路把模拟信号转化成数字电信号，再经译码接口电路译成数字字符信息。

白条、黑条的宽度不同，相应的电信号持续时间长短也不同。但是，由光电转换器输出的与条码的条和空相应的电信号一般仅10mV左右，不能直接使用，因而先要将光电转换器输出的电信号送放大器放大。放大后的电信号仍然是一个模拟电信号，为了避免由条码中的疵点和污点导致错误信号，在放大电路后需加一整形电路，把模拟信号转换成数字信号，以便计算机系统能准确判读。

整形电路的脉冲数字信号经译码器译成数字、字符信息。它通过识别起始、终止字符来判别条码符号的码制及扫描方向；通过测量脉冲数字电信号0、1的数目来判别条和空的数目；通过测量0、1信号持续的时间来判别条和空的宽度。这样便得到了被辨读的条码符号的条和空的数目及相应的宽度和所用码制，根据码制所对应的编码规则，便可将条码符号换成相应的数字、字符信息，通过接口电路送给计算机系统进行数据处理与管理，便完成了条码辨读的全过程。

2. 一维条码在企业仓库管理系统中的应用

【拓展文本】

一维条码技术在物流运输、产品加工、仓储管理等领域得到了广泛的应用，现就其在企业仓库管理系统中的应用举例说明。

生产的工业化速度加快，生产的产品数量猛增，给传统的仓库管理手工作业方式带来了很大的负担和压力。仓库作业和库存控制作业已十分多样化、复杂化，靠人工和简单的计算机去记忆和处理数据已十分困难，且出现错误的可能性很大。

如果不能保证正确地进货、验收及发货，就会导致浪费时间、产生库存、延迟交货、增加成本，以致失去为客户服务的机会。采用条码技术，并与信息处理技术结合，可确保库存量的准确性，保证必要的库存水平及仓库中物料的移动与进货协调一致，保证产品的最优流入、保存和流出仓库。

条码技术在企业仓库管理系统中的应用，使得企业仓库管理更加标准化、智能化。企业仓库管理系统是一种以过程为导向的仓库管理方式，仓库中每件商品都具有唯一的条码标识，能够准确、高效地管理跟踪客户订单、采购订单及仓库的综合管理，使传统的仓库管理模式发生了彻底的转变。从传统的“结果导向”转变成“过程导向”；从“数据录入”转变成“数据采集”，同时兼容原有的“数据录入”方式；从“人工找货”转变成“导向定位取货”；同时引入监控平台，让管理更加高效、快捷。条码技术在企业仓库管理系统中的应用方案如图7.13所示。

条码技术在企业仓库管理系统中的应用给企业带来了巨大的效益，主要表现在以下几个方面。

数据采集及时、过程精准管理，提高了工作效率。

库位精确定位管理、状态全面监控，使得有限仓库空间得到充分利用。

货品上架和下架全智能，按先进先出自动分配上下架库位，避免了人为错误。

实时掌控库存情况，合理地保持和控制了企业库存。

通过对批次信息的自动采集，实现了对产品生产或销售过程的可追溯性。

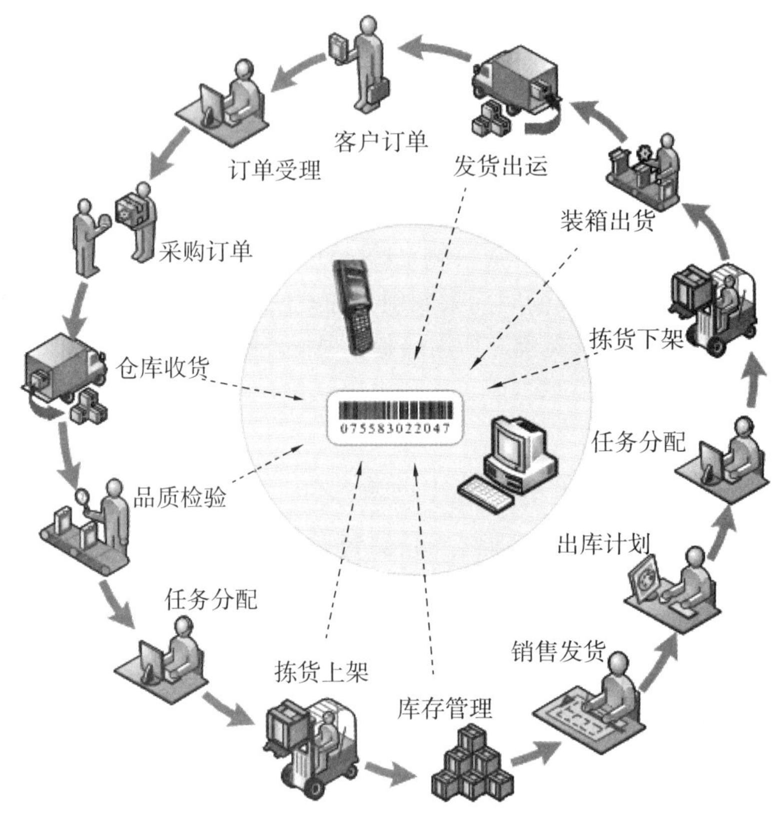

图 7.13　条码技术在企业仓库管理系统中的应用方案

更为重要的是，条码管理促进公司管理模式的转变，从传统的依靠经验管理转变为依靠精确的数字分析管理，从事后管理转变为事中管理、实时管理，加速了资金周转，提升了供应链的响应速度，增强了企业的整体竞争能力。

【实验步骤】

(1) 教师根据上节所介绍的内容统一编制专业、学号的一维条码，并将条码打印(打印出的条码上不附加个人信息说明，条码不显示注释文字)，然后分配给学生，如图 7.14 所示。

图 7.14　条码

(2) 学生打开实验箱电源，如图 7.15 所示，单击“物流应用”图标。然后在打开的“物流应用”界面中单击“条码实验”图标，如图 7.16 所示。

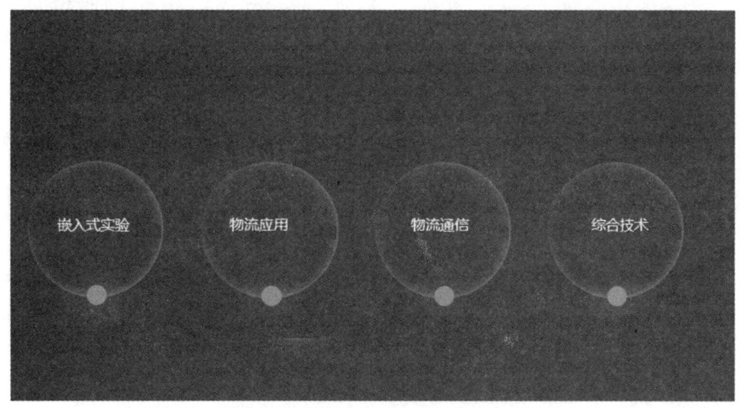

图7.15　选择“物流应用”

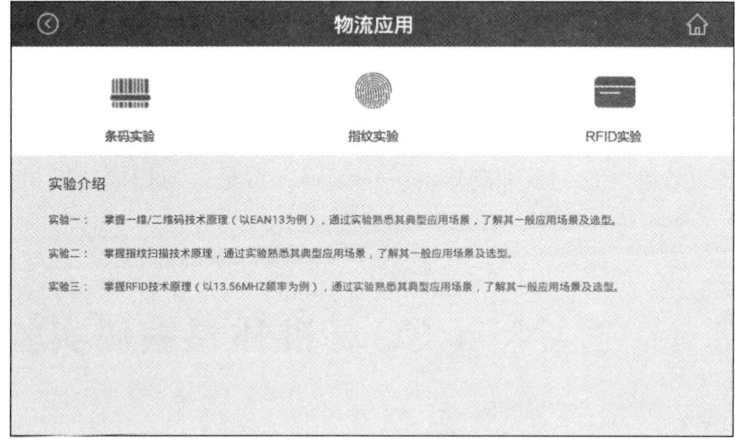

图7.16　选择“条码实验”

（3）在打开的“条码实验”界面中单击“实验操作”图标下的“进入”按钮，进入条码实验，如图7.17所示。

图7.17　选择“实验操作”

（4）学生尝试分析出条码信息，然后将教师分配的条码放在扫描器上进行扫描，观察扫描结果，如图 7.18 所示(注：条码扫描前需要先打开条码扫描模块开关，开关位于条码扫描模块右下侧)。

图 7.18　一维条码扫描结果

（5）观察扫描结果，查询教师制作的统一编码，看是否与扫描结果相符合。

7.4　EAN · UCC 标准体系编码实验

【实验目的】

（1）体会 EAN · UCC 标准体系结构。

（2）掌握条码的编码及制作方法。

（3）学会使用条码识读设备扫描条码。

【实验内容】

（1）制作 3 张商品条码、1 张托盘条码、1 张周转箱条码。

（2）识别条码。

【实验仪器】

（1）条码识别模块。

（2）PC 机(串口功能正常)。

（3）软件环境为 Windows XP 或更高的计算机。

（4）标准 9 芯串口线。

（5）条码打印机。

【实验原理】

EAN International 是一个国际性的、非官方的非营利性组织，其宗旨是“开发和直接协调全球性的物品标识系统，促进国际贸易的发展”；目的是建立一套国际通行的全球跨行业的产品、运输单元、资产、位置和服务的标识标准体系和通信标准体系。EAN·UCC系统应用领域如图7.19所示。

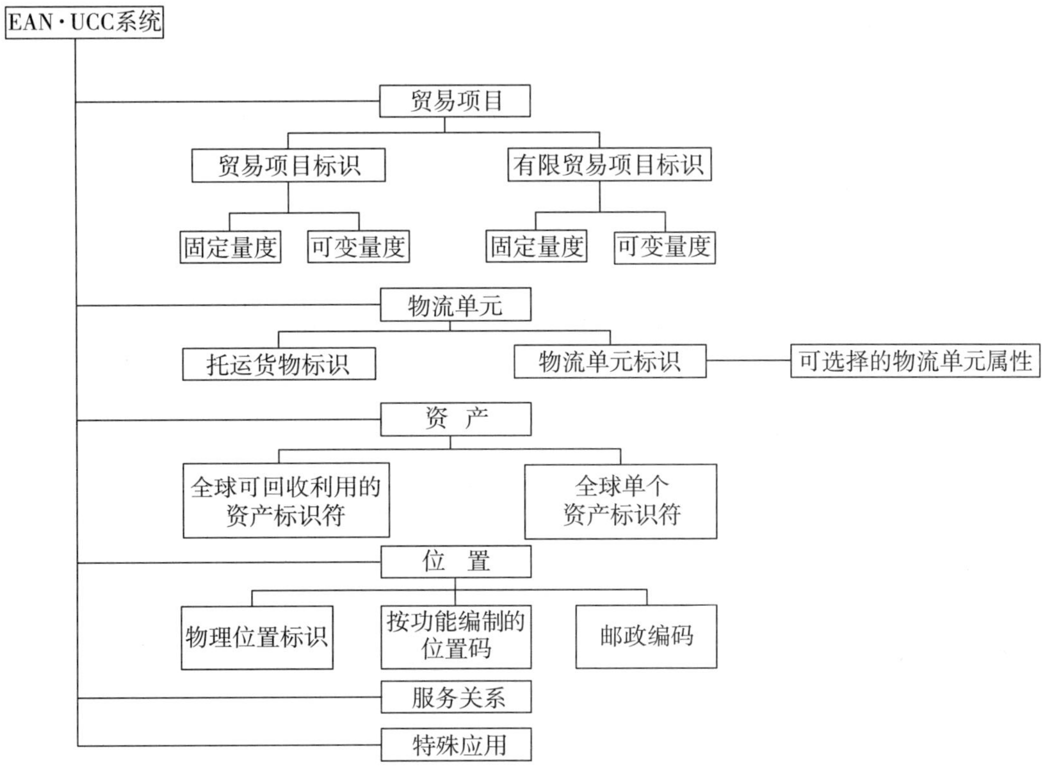

图7.19 EAN·UCC系统应用领域

目前EAN·UCC系统的物品编码体系主要包括6个部分：全球贸易项目代码(GTIN)、系列货运包装箱代码(SSCC)、全球可回收资产标识符(GRAI)、全球单个资产标识符(GIAI)、参与方位置码(GLN)、全球服务关系代码(GSRN)，如图7.20所示。

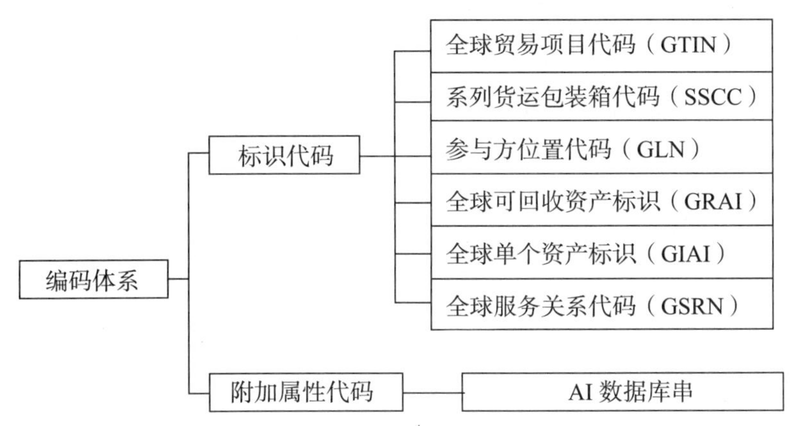

图7.20 EAN·UCC系统的物品编码体系

其中，贸易项目的编码结构较为复杂，总共有 4 种编码结构的标准，分别是 EAN/UCC-13、EAN/UCC-8、UCC-12 以及 EAN/UCC-14，选择何种编码结构取决于贸易项目的特征和用户的应用范围，如表 7－3 所示。

表 7－3　贸易编码使用范围

<table>
<tr><th></th><th colspan="2">贸易类型</th><th>可选编码结构</th></tr>
<tr><td rowspan="3">GTIN</td><td rowspan="2">零售贸易项目</td><td>零售定量贸易项目</td><td>EAN/UCC-13
UCC-12
EAN/UCC-8</td></tr>
<tr><td>零售变量贸易项目</td><td></td></tr>
<tr><td colspan="2">非零售贸易项目</td><td>EAN/UCC-13
UCC-12
EAN/UCC-14</td></tr>
</table>

而各种编码结构与条码码制的对应关系如表 7－4 所示。

表 7－4　EAN · UCC 系统编码结构与条码制的对应关系

编码结构	条码码制
EAN/UCC-8	EAN-8
UCC-12	UPC-A、UPC-E、ITF-14、EAN-128
EAN/UCC-13	UPA-A\ UPC-E、EAN-13、ITF-14、EAN-128
EAN/UCC-14	UPC-A、UPC-E、ITF-14、EAN-128

其他的应用领域如物流单元和资产等都采用 EAN · UCC 系统 128 码，即 UCC/EAN-128 条码表示。如果需要表示贸易项目的附加信息，则应选择 UCC/EAN-128。应用标识符是标识编码应用含义与格式的字符，其作用是指明跟随其后的数字所表示的含义。常用应用领域标识符如表 7－5 所示。

表 7－5　常用应用领域标识符

应用标识符	含义	格式
00	系列货运包装箱代码 SSCC-18	N_2+N_{20}
01	货运包装箱代码 SCC-14GTIN	N_2+N_{18}
10	批号或组号	$N_2+N_1\cdots N_{20}$
11	生产日期(年、月、日)	N_6+N_2
12	应付款日期(年、月、日)	N_6+N_2
13	包装日期(年、月、日)	N_6+N_2
15	保质期(年、月、日)	N_6+N_2
21	系列号	$N_2+N_1\cdots N_{20}$

【实验步骤】

（1）制作3张商品条码、1张托盘条码、1张周转箱条码。主要参数如表7－6和表7－7所示。

表7－6 实验参数表(一)

颜色	数量	长/cm	宽/cm	高/cm	质量/kg
红	150	22	16	22	3
黄	150	22	16	22	3
灰	150	22	16	22	3

表7－7 实验参数表(二)

参数	数量	长/cm	宽/cm	高/cm	质量/kg
托盘	200	120	80	16	100
周转箱	180	40	30	28	20

根据EAN·UCC标准的有关规定，分别为货物、托盘、周转箱和各种应用确定编码方案。编码中应当注意以下问题。

① 区分贸易项目与储运单元，两者采用的是完全不同的编码标准。

② 对于贸易项目，需要考虑零售贸易项目或者非零售贸易项目的问题。

③ 零售贸易项目，需要进一步确定是定量贸易项目还是变量贸易项目。

④ 如果是非零售中的定量贸易项目，还要区分单个包装或多个包装等级。

⑤ 对于储运单元，则需要考虑标签是否需要附加信息，如何选择附加信息的应用表示符(AI)。

（2）编码过程如下。

① 确定是贸易项目单元或储运单元或其他。

② 考虑贸易项目是属于零售还是非零售，变量还是定量、包装等级，储运单元是否需要附加信息，选择附加信息标识符。

③ 选择编码结构。

④ 按编码结构进行编码。

（3）条码制作规范。

商品条码

属于零售定量贸易项目，选择全球贸易项目代码(GTIN)的EAN/UCC-13代码表示，如表7－8所示。它由13位数字组成，包括厂商识别代码(前缀码＋厂商代码)、商品项目代码、校验码4部分。

① 前缀码由2～3位数字组成，是EAN分配给国家(或地区)编码组织的代码。

② 厂商识别代码由7～9位数字组成，由物品编码中心负责分配和管理。

③ 商品项目代码由3～5位数字组成，由厂商负责编制，一般为流水号形式。

④ 校验码为1位数字，由一定的数学计算方法计算得到，厂商对商品项目编码时不必

计算校验码的值，而由制作条码的原版胶片或打印条码符号的设备自动生成。

表 7－8　EAN/UCC-13 编码结构

厂商识别代码		商品项目代码	校验码
N_1，N_2，…，N_7		N_8，N_9，…，N_{12}	N_{13}

托盘条码、周转箱条码属于储运单元，选用系列货运包装箱代码(SSCC)的 UCC/EAN-128 代码表示，如表 7－9 所示。它由 18 位数组成，包括：①AI，应用标识符；②扩展位，由厂商分配；③厂商识别代码，由物品编码中心分配；④系列代码，由厂商分配的一个系列号，一般为流水号；⑤校验码，由制作条码的原版胶片或者打印条码符号的设备自动生成。

表 7－9　UCC/EAN-128 编码结构

AI	扩展位	厂商识别代码	系列代码	校验码
00	N_1	N_2，N_3，…，N_6	N_9，N_{10}，…，N_{17}	N_{18}

（4）制作条码。

根据上述参数和编码实现过程得到以下结果。

EAN 分配给中国的前缀码为 690～695，现设厂商识别代码为 12345，商品有红、黄、灰 3 种，规格相同，设 0001 为红色，0002 为黄色，0003 为灰色。如图 7.21 所示，3 张商品条码分别为 690123450001X、690123450002X、690123450003X。X 为校验码：1(红色)、8(黄色)、5(灰色)。

图 7.21　3 张商品条码

系列货运包装箱代码应用表示符 AI 为“00”，设“0”为托盘条码扩展位，“1”为周转箱条码扩展位，厂商识别代码设为 1234567，系列代码为 000000001，如图 7.22 所示，托盘条码为(00)01234567000000001X，周转箱条码为(00)11234567000000001X。X 为检验码：5(托盘)、2(周转箱)。

001123456700000000012

图 7.22　托盘条码和周转箱条码

7.5 二维条码扫描识别实验

【实验目的】

（1）了解二维条码的特点和分类。

（2）了解二维条码的应用场景。

【实验内容】

（1）生成二维条码。

（2）扫描二维条码。

【实验仪器】

物流信息技术综合实验平台。

【实验原理】

1. 二维条码的特点和分类

一维条码只是在一个方向(一般是水平方向)表达信息，而在垂直方向不表达任何信息，二维条码则可在水平方向和垂直方向的二维空间中存储信息。

二维条码特点包括：①信息容量大，在一个二维条码中可以存储1 000字节以上，一个载体上可以有几个二维条码；②信息密度高，同样大小的二维条码是一维条码信息密度的100倍以上；③识别率极高，由于二维码有极强的错误修正技术，即便破损、沾污50%的面积也能正确读出全部信息；④编码范围广，可以将照片、指纹、掌纹、手写签名等凡是可以数字化的信息进行编码；⑤制作容易、使用成本低，可以打印在普通的纸张、PVC[①]或其他材料上，与一维条码的制造成本相当。

目前得到广泛应用的二维条码国际标准有QR码、PDF 417码、DM码和CM码。

（1）QR码是由日本Denso公司于1994年9月研制的一种矩阵二维条码符号，其全称为Quickly Response，意思是快速响应。它除具有一维条码及其他二维条码所具有的信息容量大、可靠性高、可表示汉字及图像多种文字信息、保密防伪性强等优点外，还可高效地表示汉字，相同内容，其尺寸小于相同密度的PDF 417条码。它是目前日本主流的手机二维条码技术标准，目前市场上的大部分条码打印机都支持QR码。

（2）PDF 417码是由美籍华人王寅敬发明的。PDF是取英文Portable Data File 3个单词首字母的缩写，意为“便携数据文件”。因为组成条码的每一符号字符都是由4个条和4个空构成，如果将组成条码的最窄条或空统称为一个模块，则上述的4个条

① 聚氯乙烯，英文简称PVC(Polyvinyl Chloride)，是氯乙烯单体(vinyl chloride monomer，VCM)在过氧化物、偶氮化合物等引发剂，或在光、热作用下按自由基聚合反应机理聚合而成的聚合物。

和 4 个空的总模块数一定为 17，所以称为 417 码或 PDF 417 码。

（3）DM 码，（Data Matrix），中文名称为数据矩阵。DM 采用了复杂的纠错码技术，使得该编码具有超强的抗污染能力。DM 码主要用于电子行业小零件的标识，如英特尔奔腾处理器的背面就印制了这种码，DM 码由于其优秀的纠错能力成为韩国手机二维条码的主流技术。

（4）MC（Maxicode）码（又称牛眼码），是一种中等容量、尺寸固定的矩阵式二维条码，它由紧密相连的六边形模组和位于符号中央位置的定位图形所组成。MC 码是特别为高速扫描而设计的，主要应用于包裹搜寻和追踪上。MC 码的基本特征是外形近乎正方形，由位于符号中央的同心圆（或称公牛眼）定位图形（Finder Pattern），以及其周围六边形蜂巢式结构的资料位元所组成，这种排列方式使得 MC 码可从任意方向快速扫描。

（5）在我国，《二维条码　网格矩阵码》（SJ/T 11349—2006）和《二维条码　紧密矩阵码》（SJ/T 11350—2006）是由原国家信息产业部于 2006 年 5 月 25 日颁布的两项国产行业推荐标准。这两项标准于 2006 年 5 月 30 日起实施。

GM 码的全称为网格码（Grid Matrix Code），是一种正方形的二维码码制，该码制的码图由正方形宏模块组成，每个宏模块由 6 ×6 个正方形单元模块组成。网格码可以编码存储一定量的数据，并提供 5 个用户可选的纠错等级。

（6）CM 码意为"紧密矩阵"，是英文 Compact Matrix 的缩写。该码制的码图采用齿孔定位技术和图像分段技术，通过分析齿孔定位信息和分段信息可快速完成二维条码图像的识别和处理。

几种常见的二维条码如图 7.23 所示。

图 7.23　几种常见的二维条码

2. 二维条码的应用

【拓展文本】

（1）物流应用：二维条码技术在物流领域主要应用于生产制造业、销售业、物流配送业、仓储、邮电等领域。物流管理是对物品在企业内部和外部两个环境中的管理和控制，不但可以有效避免人工输入可能出现的失误，提高入库、出库、制单、验货、盘点的效率，而且兼有配送识别、保修识别等功能，还可以在不便联机的情况下实现脱机管理。

（2）生产制造：二维条码在制造业中针对生产过程中的“物料”和“在制品”信息进行精确采集、整合、集成、分析和共享，为企业生产物资管理、工序管理和产品生命周期管理提供基础信息解决方案，是车间制造管理系统的核心内容。二维条码的应用和ERP等管理系统形成良好的互补，尤其是在解决ERP软件无法与车间现场制造相连的问题上，为ERP提供基础数据支持，是实现工厂或生产型企业整体信息化的有效方式。

（3）质量追溯：二维条码在客服追踪、维修记录追踪、危险物品追踪、后勤补给追踪、医疗体检追踪、农副产品质量追溯等应用上也已深受好评，利用二维条码进行跟踪，能够及时发现问题，保障产品质量。

（4）电子票务：目前最常见的电影票、汽车票、景区门票、演唱会门票等在很多城市都已经实现了二维条码电子票，从而减少了传统人工传递的费用，以及约定票毁约的风险。

（5）精准营销：二维条码普遍应用于优惠券、打折卡、会员卡、提货券等。这种应用方式不但可以节约促销成本，还可以进行数据分析，以便达到精准营销效果。

（6）拍码上网：图书、新闻、广告使用二维条码，用户只要用手机一拍即可快速实现上网或者拨打联系电话，打破了传统阅读的单一方式，实现了媒体和读者的互动。

（7）证照应用：用于护照、身份证、挂号证、驾照、借书证等资料的登记、自动输入、随时读取。

（8）表单传输：用于公文表单、商业表单、进出口报单、舱单等资料的传送交换，减少了人工重复输入表单资料，避免了人为错误，降低了人力成本。

（9）资料保密：用于商业情报、经济情报、政治情报、军事情报、私人情报等机密资料的加密及传递。

（10）备援存储：当含有内容较少的文件表单资料若不便以磁盘等设备储存时，可利用二维条码来储存备援，这种存储方式携带方便，保存时间长，可打印或备份。

3. 二维条码在电子会员卡中的应用举例

二维条码具有携带信息量大、数据保密和使用方便等优势，已被广泛应用于生产和生活中，现就其在电子会员卡中的应用举例说明。

电子会员卡，即手机会员卡，商家把用户的信息收集之后，加入会员系统当中，然后将生成的该用户会员卡相关信息的二维条码发送到用户的手机，用户消费时将该二维条码在扫描设备上扫描，验证通过后即可享受会员的相关服务，从而完成交易。二维条码电子会员卡系统如图7.24所示。

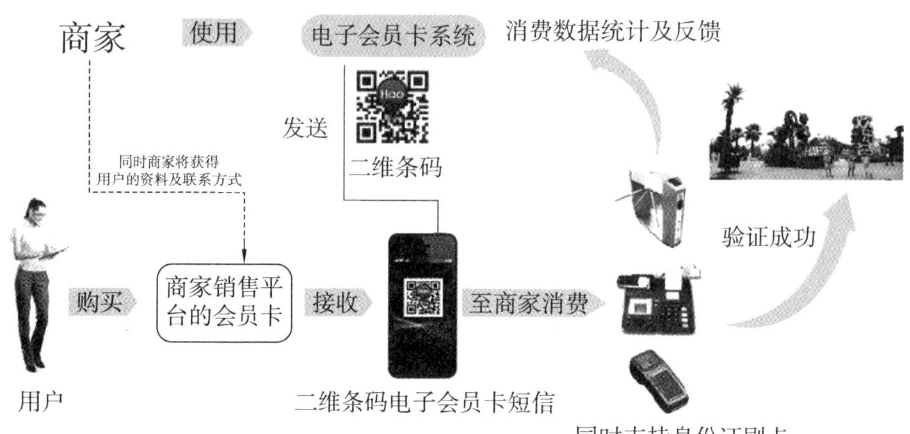

图 7.24　二维条码电子会员卡系统

与传统会员卡最大的区别在于，传统会员卡有实体的卡片，而电子会员卡则是以二维条码的形式存在于手机上，它们的优、缺点对比如下。

便携性：传统会员卡有卡片，而二维条码电子会员卡只需要携带手机。

制作成本：相比于传统会员卡，二维条码电子会员卡不会产生额外的生成成本。

申请会员：传统会员卡需要本人到门店去申请，电子会员卡则可以在网上提交申请，通过后即可收到电子会员卡，方便用户申请。

消费明细：传统会员卡需要到商家刷卡后才能查询到本卡的消费记录及相关数据，二维条码电子会员卡则可以通过商家网站或者发送短信来自助查询相关数据。

数据统计：电子会员系统对用户信息、消费记录等数据的收集更加完善。

二维条码电子会员卡系统常见功能如下。

只需要一个网上系统平台及扫描设备，即可完成跨门店、跨地域的多门店会员管理。

用户可以网上申请会员卡，这在很大程度上增加了商家的会员数量。

可方便地对会员等级进行分级管理，这个过程只需要系统修改会员的相关特权。

系统可以自动分析会员卡的使用、消费等相关数据，方便进一步的营销计划。

二维条码电子会员卡具有传统会员卡的消费、充值等功能。

【实验步骤】

(1) 打开实验箱电源，如图 7.25 所示，单击“物流应用”图标。然后在打开的“物流应用”界面中单击“条码实验”图标，如图 7.26 所示。

(2) 在打开的“条码实验”界面中单击“实验操作”图标下的“进入”按钮，如图 7.27 所示。

(3) 在“二维条码生成”文本框中输入个人信息，然后单击“生成二维码”按钮，生成个人二维条码信息，如图 7.28 所示。

(4) 用智能手机等进行二维条码扫描，观察扫描结果是否与步骤(3)中输入的信息相符，扫描结果如图 7.29 所示。

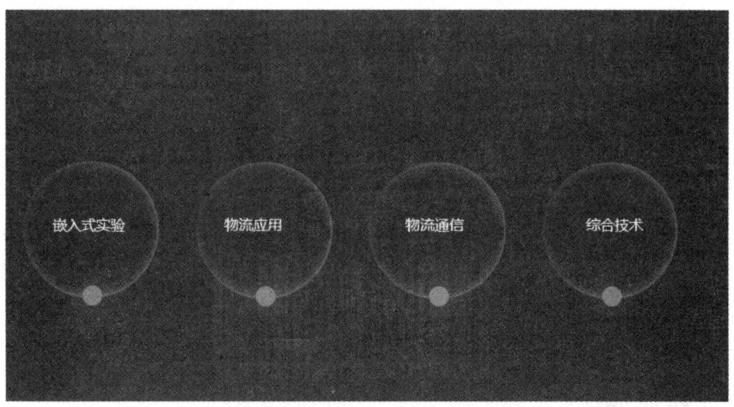

图7.25 选择“物流应用”

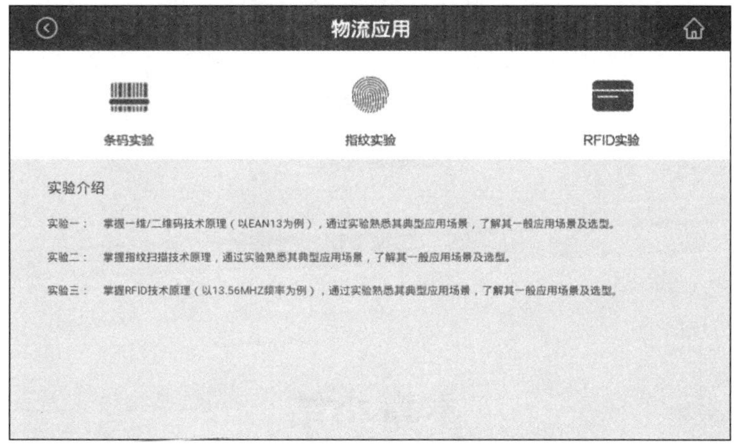

图7.26 选择“条码实验”

图7.27 选择“实验操作”

图 7.28　生成二维条码

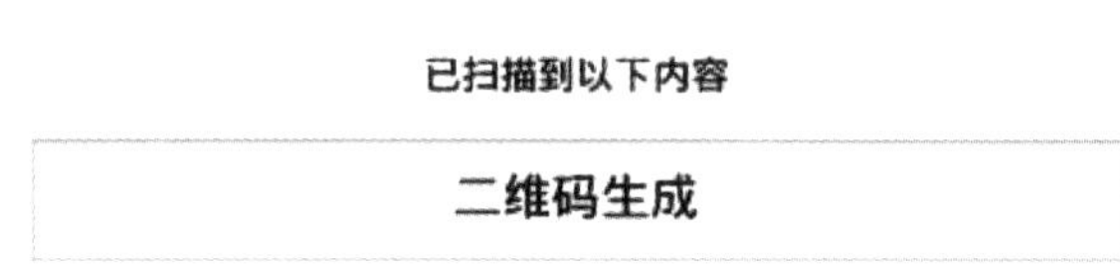

图 7.29　二维条码扫描结果

本章小结

一维条码是一种广泛应用于日常生活和物联网中的自动识别技术，是利用黑条和白条对光的反射率不同这一特性，按照一定的编码规则，排列成的一组宽度不同的平行线图案。一维条码中包含着一定的物品信息，通过扫描条码可以使计算机读出数据，使物品信息数字化，以便于管理，从而极大地减少人力消耗和因为人为失误造成的损失。

二维条码采用更高级的编码格式，相比一维条码，二维条码可以在两个方向上存储数据，利用点和空白的排列组合生成计算机可以识别的二进制内容。因为可以在两个方向上保存数据，所以二维条码能存储的数据量大大提升，也使得它可以应用在更多的场合。

通过本章的 5 个实验，读者可以了解到一维条码的生成、编码协议和读取、EAN・UCC 标准体系、二维条码的生成和识别的内容，从而可以对上述内容有直观的认识，并了解相关的原理和工作方式。

关键术语

一维条码(One-dimension Bar Code)
条码识别(Bar Code Identification)
条码打印机(Bar Code Printer)
电子会员卡(Electronic Membership Card)
条码碳带(Barcode Ribbon)
二维条码(Two-dimensional Bar Code)
字符集(Character Set)
仓库管理(Warehouse Management)

习　题

一、填空题

1. 条码打印机是一种专用的打印机。条形码打印机和普通打印机最大的区别是________。

2. 常用的一维码的码制包括________、________、________等。

3. 一维条码符号的编码方式有________和________。

4. EAN-13 条码采用________编码方式。

5. 一套条码识别系统由________、________、________、________和________、________等部分组成。

6. 目前得到广泛应用的二维码国际标准有________、________、________和________。

二、思考题

1. 试阐述条码的优点。

2. 试阐述一维条码相关的码制。

3. 试阐述 EAN-13 条码的相关原理。

4. 试阐述一维条码在企业仓库管理系统中应用的工作流程。

5. 试阐述一维条码和二维条码的主要区别。

第 8 章
指纹识别模块实验

【实验目的】

（1）了解指纹识别技术的应用。

（2）掌握指纹识别系统的搭建方式。

【实验内容】

（1）进行指纹信息注册。

（2）进行指纹验证登录。

（3）进行指纹信息擦除。

【实验仪器】

物流信息技术综合实验平台。

【实验原理】

1. 指纹识别技术概述

指纹，也叫掌印，即表皮上突起的纹线，由于人的指纹是遗传与环境共同作用的，其与人体健康也密切相关。每个人都有指纹，却各不相同，由于指纹重复率极小，大约150亿分之一，故称其为“人体身份证”。

1）指纹的特征与分类

指纹识别学是一门古老的学科，它是基于人体指纹特征的相对稳定与唯一这一统计学结果发展起来的。在实际应用中，根据需求的不同，可以将人体的指纹特征分为永久性特征、非永久性特征和生命特征。

永久性特征包括细节特征（中心点、三角点、端点、叉点、桥接点等）和辅助特征（纹型、纹密度、纹曲率等元素），在人的一生中永远不会改变，在手指前端的典型区域中最为明显，分布也最均匀。细节特征是实现指纹精确比对的基础，而纹形特征、纹理特征等则是指纹分类及检索的重要依据。人类指纹的纹形特征根据其形态的不同通常可以分为弓形、箕形、斗形三大类型，以及弧形、帐形、正箕形、反箕形、环形、螺形、囊形、双箕形和杂形9种形态。纹理特征则是由平均纹密度、纹密度分布、平均纹曲率、纹曲率分布等纹理参数构成的。纹理特征多用于计算机指纹识别算法的多维分类及检索。

非永久性特征是指由孤立点、短线、褶皱、疤痕以及由此造成的断点、叉点等元素构成的指纹特征，这类指纹有可能产生、愈合、发展甚至消失。

指纹的生命特征与被测对象的生命存在与否密切相关。但它与人体生命现象的关系和规律仍有待进一步认识。目前它已经成为现代民用指纹识别应用中越来越受关注的热点之一。

2）指纹识别的方法

指纹识别技术主要涉及4个功能：读取指纹图像、提取特征、保存数据和比对。通过指纹读取设备读取到人体指纹的图像，然后要对原始图像进行初步的处理，使之更清晰，再通过指纹辨识软件建立指纹的特征数据。软件从指纹上找到被称为节点(Minutiae)的数据点，即指纹纹路的分叉、终止或打圈处的坐标位置，这些点同时具有7种以上的唯一性特征。通常手指上平均具有70个节点，所以这种方法会产生大约490个数据。这些数据，通常称为模板。通过计算机模糊比较的方法，把两个指纹的模板进行比较，可以计算出它们的相似程度，最终得到两个指纹的匹配结果。采集设备(即取像设备)分成光学、半导体传感器和其他几类。

2. 指纹识别技术的主要指标和参数

1）指纹识别技术的算法精确度

指纹识别系统性能指标在很大程度上取决于所采用算法的性能。为了便于采用量化的方法表示其性能，引入了下列两个指标。

拒识率(False Rejection Rate，FRR)：将相同的指纹误认为是不同的，而加以拒绝的出错概率。FRR =(拒识的指纹数目/考察的指纹总数目)×100%。

误识率(False Accept Rate，FAR)：将不同的指纹误认为是相同，而加以接收的出错概率。FAR =(错判的指纹数目/考察的指纹总数目)×100%。

对于一个已有的系统而言，通过设定不同的系统阈值，就可以看出这两个指标是互为相关的，FRR与FAR成反比关系。“把关”越严，误识的可能性就越低，但是拒识的可能性就越高。

测试这两个指标，通常采用循环测试方法，即给定一组图像，然后依次两两组合，提交进行比对，统计总的提交比对的次数以及发生错误的次数，并计算出出错的比例，就是FRR和FAR。针对FAR =0.000 1%的指标，应采用不少于1 415幅不同的指纹图像进行循环测试，总测试次数为1 000 405次，如果测试中发生一次错误比对成功，则FAR =1/1 000 405；针对FRR =0.1%，应采用不少于46幅属于同一指纹的图像组合配对进行测试，则总提交测试的次数为1 035次数，如果发生一次错误拒绝，则FRR =1/1 035。测试所采用的样本数越多，结果越准确。作为测试样本的指纹图像应满足可登记的条件。

2）指纹识别技术的系统参数

登率(Errorr Egistration Rate，ERR)：指纹设备出现不能登录及处理指纹的概率，ERR过高将会严重影响设备的使用范围，通常要求小于1%。

登录时间：指纹设备登录一个指纹所需的时间，通常单次登录的时间要求不超过2s。

比对时间：指纹设备对两组指纹特征模板进行比对所耗费的时间，通常要求不超过1s。

工作温度：指纹设备正常工作时所允许的温度变化范围，一般是0～40℃。

工作湿度：指纹设备正常工作时所允许的相对湿度变化范围，一般是30%～95%。

3. 指纹识别的可靠性

指纹识别技术是成熟的生物识别技术。每个人包括指纹在内的皮肤纹路在图案、断点和交叉点上各不相同，是唯一的，并且终生不变。通过将他的指纹和预先保存的指纹进行比较，就可以验证他的真实身份。自动指纹识别是利用计算机来进行指纹识别的一种方法。它得益于现代电子集成制造技术和快速而可靠的算法理论研究。尽管指纹只是人体皮肤的一小部分，但用于识别的数据量相当大，对这些数据进行比对需要运用进行大量运算的模糊匹配算法。利用现代电子集成制造技术生产的小型指纹图像读取设备和速度更快的计算机，提供了在微机上进行指纹比对运算的可能。另外，匹配算法的可靠性也不断提高。因此，指纹识别技术已经非常简单实用。但由于计算机处理指纹时，只是涉及了一些有限的信息，而且比对算法并不是十分精确匹配，其结果也不能保证100%准确。

指纹识别系统特定应用的重要衡量标志是识别率，主要包括拒识率和误识率，两者成反比关系，可以根据不同的用途来调整这两个值。尽管指纹识别系统存在着可靠性问题，但其安全性也比相同可靠性级别的“用户 ID + 密码”方案的安全性要高得多。拒识率实际上也是系统易用性的重要指标。在应用系统的设计中，要权衡易用性和安全性。通常通过对比两个或更多指纹的方式来达到不损失易用性的同时，能极大地提高系统的安全性。

4. 指纹识别技术的应用

指纹识别技术已经成熟，其应用日益普遍，除了用于刑事侦查之外，在民用方面已非常广泛，如指纹门禁系统、指纹考勤系统、银行指纹储蓄系统、银行指纹保管箱、指纹医疗保险系统、计划生育指纹管理系统、幼儿接送指纹管理系统、指纹献血管理系统、证券交易指纹系统、指纹枪械管理系统、智能建筑指纹门禁管理系统、驾驶员指纹管理系统等。

【拓展文本】

指纹门禁系统和指纹考勤系统是开发和使用较早的一种出入管理系统，包括对讲指纹门禁、联机指纹门禁、脱机指纹门禁等。在入口将个人的手指按在指纹采集器上，系统将其与已登录在指纹库中的指纹(称为已经注册)进行对比，如果两者相符(即匹配)，则显示比对成功，门就自动打开。如不匹配，则显示“不成功”或“没有这个指纹”，门就不开。在指纹门禁系统中，可以是一对一比对(One to One Matching)，也可以是一对几个比对(One to Few Matching)。前者可以是一个公司、部门，后者可以是一个家庭的成员、银行的营业厅、金库、财务部门、仓库等机要场所。在这些应用中，指纹识别系统将取代或者补充许多大量使用照片和ID的系统。

把指纹识别技术与IC卡结合起来，是目前具有前景的应用之一。该技术把卡的主人的指纹(加密后)存储在IC卡上，并在IC卡的读卡机上加装指纹识别系统，当读卡机阅读卡上的信息时，一并读入持卡者的指纹，通过比对就可以确认持卡者是否是卡的真正主人，从而进行下一步的交易。指纹IC卡可取代银行的ATM卡、制造防伪证件等。ATM卡持卡人可不用密码，方便老人和孩子使用。

近年来，互联网带给人们方便与利益的同时，也存在着诸多安全问题。而指纹特征数据可以通过网络进行传输和验证，通过指纹识别技术，限定只有指定的人才能访问相关的信息，可以极大地提高网上信息的安全性。网上银行、网上贸易、电子商务等一系列网络商业行为就有了安全性保障。例如，指纹社会保险系统的应用为养老金的准确发放起了非常有效的作用，避免了他人用图章或身份证复印件代领的问题。

5. 指纹识别技术在考勤管理系统中的应用

指纹识别技术具有安全、便携和稳定的特点，已被广泛使用，现就其在考勤管理系统中的应用举例说明。

考勤管理系统是面向各类型公司、工厂、事业单位和政府机关等进行人事管理的一套高度智能化的人事考勤管理系统。考勤管理系统以考勤机和特定门禁为信息采集终端，通过指纹识别、刷卡、密码等方式自动记录员工的考勤时间和地点等人事信息，并通过管理软件自动生成清晰的人事报表，减少人事管理的工作量。门禁事件信息通过管理软件定义的考勤制度完成数据统计，并生成各类考勤报表。一般考勤管理系统包含智能管理软件、射频卡、考勤机或门禁控制设备，可实时统计也可脱机使用，能与停车场、门禁、通道等系统集成形成统一管理信息系统，充分满足企业、工厂、事业单位、医院等的人事考勤需要。考勤管理系统中的末端考勤机一般都包含指纹识别技术。考勤管理系统如图 8.1 所示。

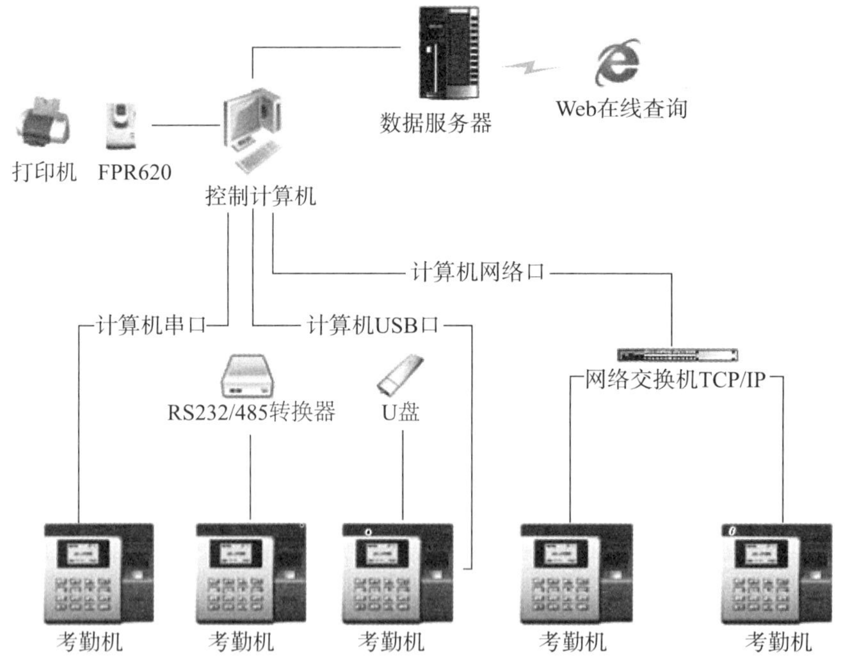

图 8.1　考勤管理系统

考勤管理系统具有以下优势。

（1）一体化管理。可与停车场、门禁、收费等其他系统实现一体化管理。

（2）灵活的考勤方式。系统支持指纹、密码、刷卡考勤，方便用户选择员工考勤记录方式。

（3）丰富的考勤制度。支持请假、出差、加班、旷工管理，支持迟到、早退管理，支持公休日、节假日加班管理，支持弹性上班管理，支持班次管理，满足多种考勤管理需要。

（4）人性化的数据管理。系统支持人事资料导入与导出，方便人事管理。可按不同条件查询员工刷卡记录、加班、排班以及考勤明细数据，并打印数据报表。可按时间段或月份汇总考勤数据，汇总并生成考勤报表等。

6. 指纹识别模块的系统搭建

在本实验中指纹识别模块的系统搭建如图 8.2 所示。指纹采集模块将指纹信息传给处理器，处理器将获得的指纹信息处理后发送给安卓开发板，进行指纹信息的校验、存储和显示等。

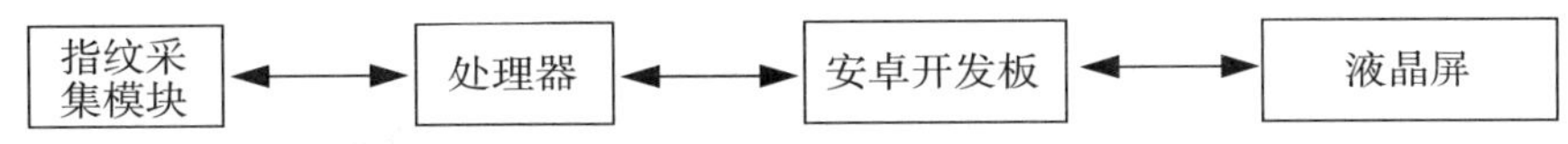

图 8.2　指纹识别模块系统

【实验步骤】

（1）打开实验箱电源，如图 8.3 所示，单击“物流应用”图标。然后在打开的“物流应用”界面中单击“指纹实验”图标，如图 8.4 所示。

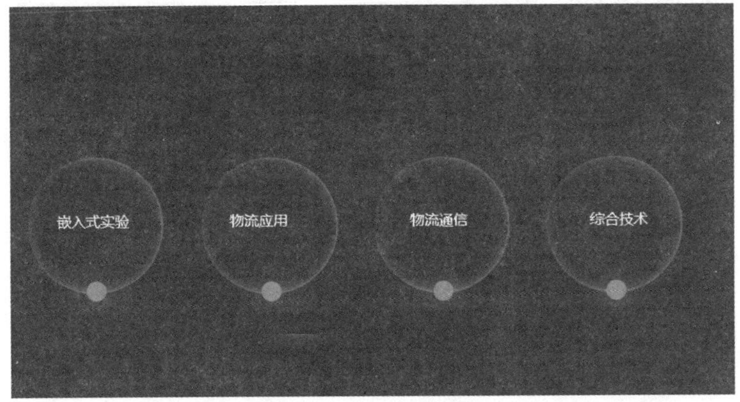

图 8.3　选择“物流应用”

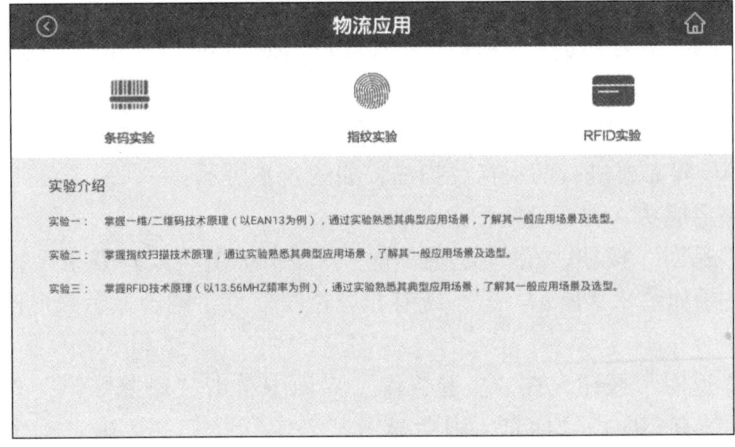

图 8.4　选择“指纹实验”

（2）在打开的“条码实验”界面中单击“实验操作”下的“进入”按钮，如图 8.5 所示。然后在打开的“实验操作”界面中单击“新建账户”按钮，如图 8.6 所示。

图 8.5　选择“实验操作”

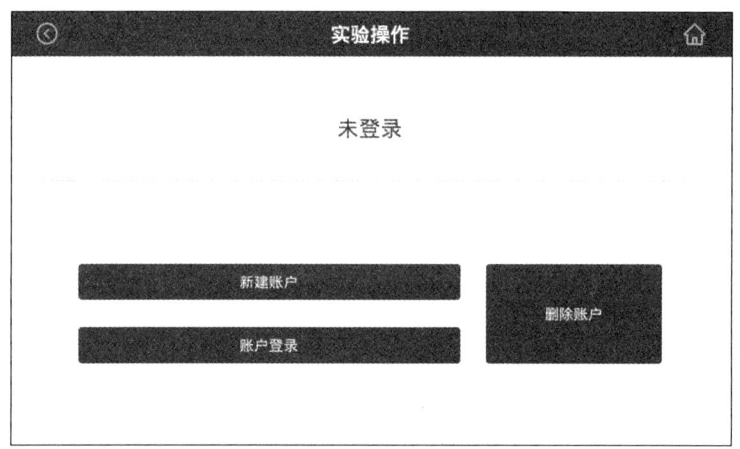

图 8.6　新建账户操作

（3）在打开的“新建账户”界面中录入信息，如图 8.7 所示，完成单击“下一步”按钮。

（4）在打开的“新建账户”界面中进行录入指纹信息，左边的进度条会显示指纹信息录入情况，本步骤需要进行两次指纹扫描，如图 8.8 所示。

（5）信息绑定成功，观察绑定信息。

（6）单击“返回”按钮，在“实验操作”界面中单击“账户登录”按钮，打开“登录”界面进行登录如图 8.9 所示。若系统有相应指纹信息，则会显示账户信息，如图 8.10 所示。

（7）单击“返回”按钮，在“实验操作”界面中单击“删除账户”按钮。首先进行指纹识别，若系统有相应指纹信息，则会显示“确定”按钮，单击“确定”按钮，则成功删除绑定账户。

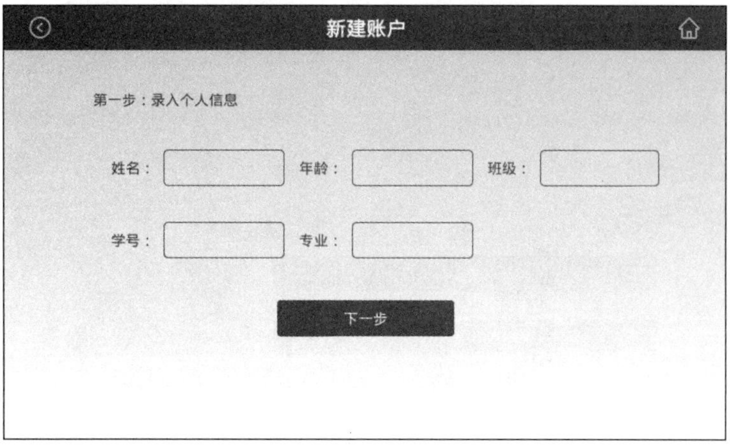

新建账户

第一步：录入个人信息

姓名：　年龄：　班级：

学号：　专业：

下一步

图8.7　录入新建账户信息

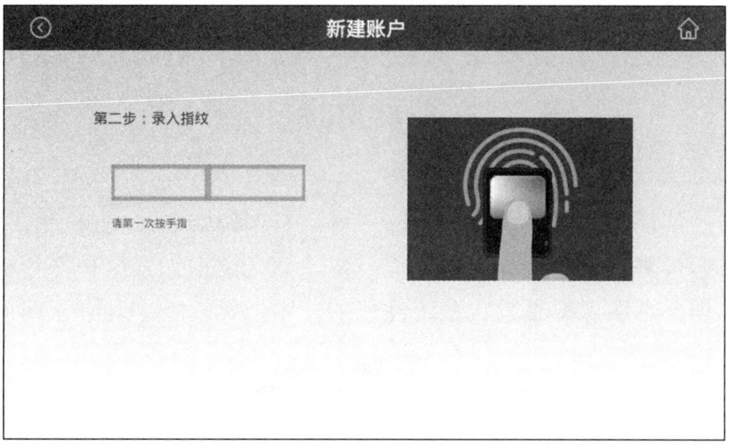

新建账户

第二步：录入指纹

请第一次按手指

图8.8　录入指纹信息

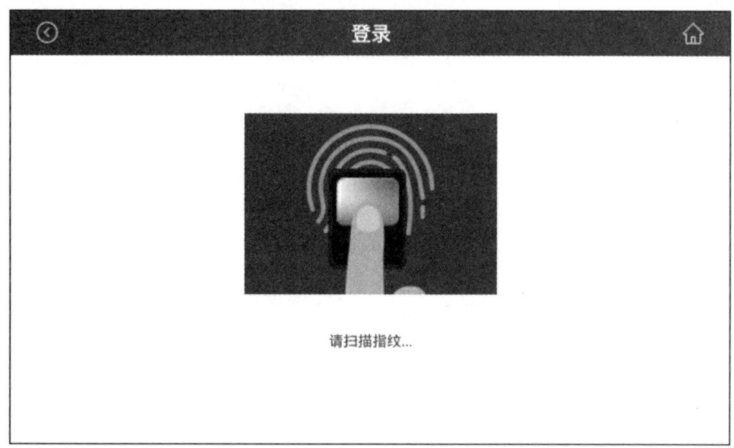

图8.9　账户登录

图 8.10　账户信息

本章小结

基于人体指纹特征的相对稳定与唯一性，可以对指纹特征进行分类，然后从人体指纹中提取数据，再通过辨识比对完成识别过程。要建立指纹识别系统，需要确定相应的技术指标和参数，拒识率和误识率是量化系统性能的技术指标，登率和登录时间是指纹识别系统的参数。

指纹识别具有更高的安全性和可靠性，现在指纹识别技术已广泛应用于各领域中，如指纹门禁系统、指纹考勤系统、银行指纹保管箱等，本章列举了指纹识别技术在考勤系统中的应用。

搭建指纹识别模块系统的主要步骤是将指纹信息传给处理器，处理器将获得的指纹信息处理后发送给安卓开发板，进行指纹信息的校验、存储和显示等。

关键术语

指纹识别(Fingerprinting)
身份证(Identity Card)
永久性特征(Permanent Character)
算法精确度(Accurate Algorithm)
考勤管理(Attendance Management)
智能管理(Intelligent Management)
考勤机(Attendance Machine)

习　题

一、填空题

1. 指纹识别学是基于人体指纹特征的________与唯一这一统计学结果发展起来的。

2. 实际应用中，根据需求的不同，可以将人体的指纹特征分为________、________和________。

3. 指纹识别技术主要涉及 4 个功能：________、________、________和________。

4. 指纹识别系统性能指标在很大程度上取决于所采用算法的性能。为了便于采用量化的方法表示其性能，常用________和________两个指标。

5. 指纹只是人体皮肤的一小部分，但用于识别的数据量相当大，对这些数据进行比对需要运用进行大量运算的________算法。

6. 登率指的是指纹设备出现不能登录及处理指纹的概率，过高将会严重影响设备的使用范围，通常要求概率为________。

二、思考题

1. 试阐述指纹识别的原理。

2. 试阐述指纹识别技术的应用领域。

3. 试阐述指纹识别技术在考勤管理系统中应用的工作流程。

4. 试阐述指纹识别模块实验系统的搭建方式。

第 9 章 RFID 识别模块实验

9.1 RFID 识别原理及实验实训

【实验目的】

(1) 理解 RFID 系统的搭建方式。

(2) 了解 RFID 系统的应用。

【实验内容】

(1) 进行 RFID 信息注册。

(2) 进行 RFID 验证登录。

(3) 进行 RFID 信息擦除。

【实验仪器】

物流信息技术综合实验平台。

【实验原理】

1. RFID 技术概述

RFID 技术是一项非接触式的自动识别技术，它利用射频信号通过空间耦合(交变磁场或电磁场)来实现无接触信息传递，具有非接触式、可靠性高、安全性能好、无须人工干预、可工作于任何恶劣环境等特点，广泛用于学校、公共交通、门禁、电子钱包、医疗等领域。它已经跟日常生活和工作有着密切的联系，给社会活动、生产活动、行为方式和思维观念带来了巨大的变革。对于一个 RFID 系统来说，它的频段概念是指读写器通过天线发送、接收并识读的标签信号的频率范围。从应用概念来说，射频标签的工作频率也就是射频识别系统的工作频率，直接决定系统应用的各方面特性。RFID 系统的工作如同收听调频广播的方式，射频标签和读写器也要调制到相同的频率才能工作。

射频标签的工作频率不仅决定着射频识别系统工作原理(电感耦合还是电磁耦合)、识别距离，还决定着射频标签及读写器实现的难易程度和设备成本。RFID 应用占据的频段或频点在国际上有公认的划分，即位于 ISM 波段。典型的工作频率有 125kHz、133kHz、13.56MHz、27.12MHz、433MHz、902 ~928MHz、2.45GHz、5.8GHz 等。

2. RFID 系统的工作原理

RFID 系统的基本模型如图 9.1 所示。

射频标签与阅读器之间通过耦合组件实现射频信号的空间(无接触)耦合，在耦合通道内，根据时序关系，实现能量的传递和资料的交换。

发生在阅读器和射频标签之间的射频信号的耦合类型有以下两种。

(1) 电感耦合。变压器模型，通过空间高频交变磁场实现耦合，依据的是电磁感应定律，如图 9.2 所示。

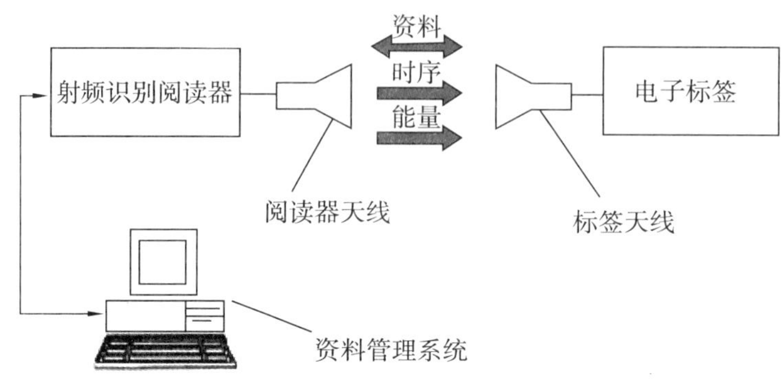

图 9.1　RFID 系统的基本模型

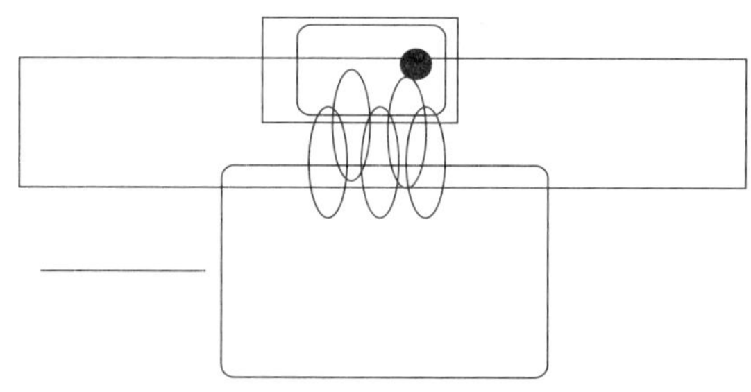

图 9.2　电感耦合

（2）电磁反向散射耦合。雷达原理模型，发射出去的电磁波碰到目标后反射，同时携带回目标信息，依据的是电磁波的空间传播规律。电磁反向散射耦合型的 RFID 读写器如图 9.3 所示。

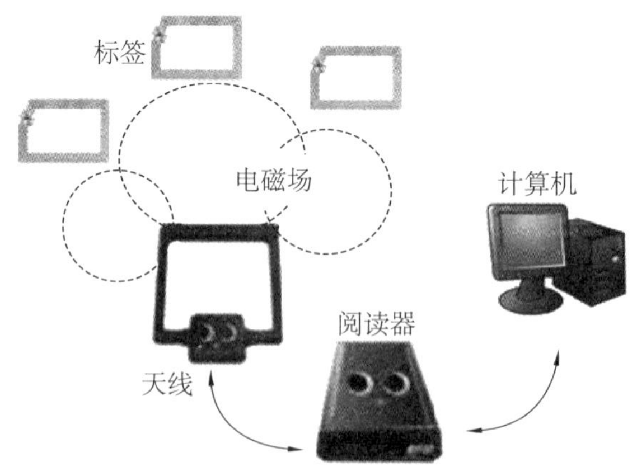

图 9.3　电磁反向散射耦合型的 RFID 读写器

电感耦合方式一般适合于中、低频工作的近距离射频识别系统。电磁反向散射耦合方式一般适合于高频、微波工作的远距离射频识别系统。

不同的国家所使用的 RFID 频率也不尽相同，欧洲的超高频是 868MHz，美国的则是 915MHz。各国政府通过调整阅读器的功率来限制它对其他设备的影响，但是有些组织，如全球商务促进委员会则鼓励政府取消限制，射频标签和阅读器生产厂商也积极开发能适用不同频率的系统以避免这些问题。

3. RFID 系统的工作方式

RFID 系统按基本工作方式分为全双工(Full Duplex)系统和半双工(Half Duplex)系统以及时序系统。全双工表示射频标签与读写器之间可在同一时刻互相传送信息。半双工表示射频标签与读写器之间可以双向传送信息，但在同一时刻只能向一个方向传送信息。

在全双工系统和半双工系统中，射频标签的响应是在读写器发出的电磁场或电磁波的情况下发送出去的。因为与阅读器本身的信号相比，射频标签的信号在接收天线上是很弱的，所以必须使用合适的传输方法，以便把射频标签的信号与阅读器的信号区别开来。在实践中，对于从射频标签到阅读器的数据传输，一般采用负载反射调制技术将射频标签数据加载到反射回波上(尤其是针对无源射频标签系统)。

时序系统则与之相反，阅读器辐射出的电磁场短时间周期性地断开。这些间隔被射频标签识别出来，并被用于从射频标签到阅读器的数据传输。这是一种典型的雷达工作方式。时序系统的缺点是在阅读器发送间歇时，射频标签的能量供应中断，必须通过装入足够大的辅助电容器或辅助电池进行补偿。

RFID 系统的一个重要的特征是射频标签的供电。无源的射频标签自己没有电源。因此，无源的射频标签工作用的所有能量必须从阅读器发出的电磁场中取得。与此相反，有源的射频标签包含一个电池，为微型芯片的工作提供全部或部分“辅助电池”能量。

4. RFID 射频标签的分类

按照工作频率的不同，RFID 射频标签可以分为低频(LF)、高频(HF)、超高频(UHF)和微波等不同种类。不同频段的 RFID 工作原理不同，LF 和 HF 频段的 RFID 射频标签一般采用电磁耦合原理，而 UHF 及微波频段的 RFID 一般采用电磁发射原理。目前国际上广泛采用的频率分布于 4 种波段，低频(125kHz)、高频(13.54MHz)、超高频(850～910MHz)和微波(2.45GHz)。每一种频率都有它的特点，被用在不同的领域，因此要正确使用就要先选择合适的频率。

低频段射频标签，简称为低频标签，其工作频率范围为 30～300kHz。典型工作频率有 125kHz 和 133kHz。低频标签一般为无源标签，其工作能量通过电感耦合方式从阅读器耦合线圈的辐射近场中获得。低频标签与阅读器之间传送数据时，低频标签需位于阅读器天线辐射的近场区内。低频标签的阅读距离一般情况下小于 1m。低频标签的典型应用有动物识别、容器识别、工具识别、电子闭锁防盗(带有内置应答器的汽车钥匙)等。

中高频段射频标签的工作频率一般为 3～30MHz。典型工作频率为 13.56MHz。该频段的射频标签，因其工作原理与低频标签完全相同，即采用电感耦合方式工作，所以宜将其归为低频标签类中。另外，根据无线电频率的一般划分，其工作频段又称为高频，所以也常将其称为高频标签。鉴于该频段的射频标签可能是实际应用中量最大的一种射频标签，因而只要将高、低理解成为一个相对的概念，即不会造成理解上的混乱。为了便于叙述，将其称为中频标签。中频标签一般也采用无源设计，其工作能量同低频标签一样，也是通过电感(磁)耦合方式从阅读器耦合线圈的辐射近场中获得的。标签与阅读器进行数据交换时，标签必须位于阅读器天线辐射的近场区内。中频标签的阅读距离一般情况下也小于1m。中频标签由于可方便地做成卡状，广泛应用于电子车票、电子身份证、电子闭锁防盗(电子门锁控制器)、小区物业管理、大厦门禁系统等。

5. RFID 系统的应用

【拓展文本】

20 世纪 90 年代射频识别使用在门禁系统中首先进入中国台湾市场，继而进入中国大陆市场，如今 RFID 技术已经被广泛应用于各个领域，从门禁管理、人员考勤、消费管理、车辆管理、巡更管理、生产管理、物流管理，二代身份证全面选用 13.56MHz 的射频 IC 卡更是对 RFID 技术的推进，银行卡也开始逐步使用射频卡来代替原来的磁条卡，目前 RFID 技术已经彻底融入生活的每一个角落。例如，将标签附着在一辆正在生产中的汽车上，厂方便可以追踪此车在生产线上的进度；医药公司采用 RFID 射频识别技术追踪药品在仓库的位置等；射频标签也可以附于牲畜与宠物上，方便对牲畜与宠物的积极识别(积极识别是指防止数只牲畜使用同一个身份)；射频识别的身份识别卡用以限制使员工进入限制工作区域；汽车上的射频应答器也可以用来征收收费路段与停车场的费用等。RFID 系统常见应用如下。

1）通道管理

通道管理包括人员和车辆或者物品，实际上就是对进出通道的人员或物品通过识别和确认，决定是否放行，并进行记录，同时对不允许进出的人员或物品进行报警，以实现更加严密的管理，常见的门禁、图书管理、射频卡超市防盗、不收费的停车场管理系统等都属于通道管理。

2）数据采集与身份确认系统

数据采集与身份确认系统是使用带有 RFID 阅读器的数据采集器采集射频卡上的数据，或对射频卡进行读写，实现数据采集和管理，如常用的身份证识别系统、消费管理系统、社保卡、银行卡、考勤系统等都属于数据的采集和管理。

3）定位系统

定位系统用于自动化管理中对车辆、人员、生产物品等进行定位。阅读器放置在指定空间、移动的车辆、轮船上或者自动化流水线中，射频卡放在移动的人员、物品、物料、半成品、成品上，阅读器一般通过无线的方式或者有线的方式连接到主信息管理系统，系统对读取射频卡的信息进行分析判断，确定人或物品的位置和其他信息，实现自动化管理，常见的应用如博物馆物品定位、监狱人员定位、矿井人员定位、生产线自动化管理、码头物品管理等。

RFID 射频标签可以附在衣物、个人财物上，甚至植入人体之内。但是，由于这项技术可能会在未经本人许可的情况下读取个人信息，因此，这项技术也会有侵犯个人隐私的忧患。

6. RFID 技术在 ETC 电子不停车收费管理系统中的应用

RFID 技术采用非接触的工作方式，具有稳定、快捷等特点，已被广泛使用，现就其在 ETC 电子不停车收费管理系统中的应用举例说明。

随着我国交通基础的不断改善，以高速公路为主骨架的覆盖全国范围的高等级公路网络正在逐步形成，高速公路为交通事业跨越式发展奠定了坚实的基础，在某种程度上缓解了交通在经济建设中的瓶颈制约作用。但是，随着经济的持续快速增长，路网通过能力日益满足不了交通量增长的需要，时常发生交通拥挤、阻塞现象，尤其以高速收费站这种现象更为突出。如何实现各类车辆的有效指挥、协调控制和管理，已经成为交通运输和安全管理部门面临的一个重要问题。

经过长期和广泛的研究，解决这一问题的方法已经从主要依靠修建更多的公路，扩大路网规模来解决不断增长的交通需求，转移到用高科技技术来改造现有公路运输系统及管理体系，以达到大幅度提高路网通行能力和服务质量的目的。目前，ETC 电子不停车收费系统得到普遍应用，是改善高速收费站车辆拥挤堵塞现象的有效方式，这种方式不仅改善了路上密集车辆所造成的环境污染，减少了车辆阻塞现象，也使得行车更加安全，大大提高了过路桥收费的通行效率。RFID 技术则是 ETC 电子不停车收费系统中的一项关键技术。ETC 电子不停车收费系统如图 9.4 所示。

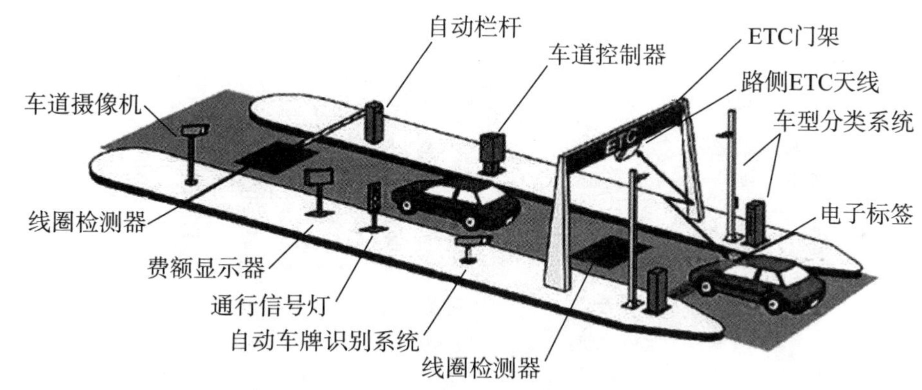

图 9.4　ETC 电子不停车收费系统

ETC 电子不停车收费系统具备以下常见功能。

（1）车辆检测功能。系统能够通过地感线圈检测到进入 ETC 车道的车辆，对经过车辆进行数量统计。

（2）自动收费处理功能。系统提供自动收费处理功能，在没有工作人员参与的情况下完成收费工作。当安装有电子标签的车辆经过 ETC 车道入口时，系统会记录入口信息。入口信息包括通过区域号、路段号、站点号、车道号、入口时间、入口状态标识、车型、车牌号码。当车辆经过 ETC 车道出口时，系统会根据入口信息查询系统中的费率表，计算出收费额度，完成自动收费。

（3）设备控制功能。系统能够根据对车辆的收费处理情况正确控制车道设备的动作，包括自动栏杆的升起下落、雨棚灯的切换、通行信号灯的切换、声光报警器的开启和关闭、费额显示器的显示等。

（4）图像抓拍识别功能。系统对经过 ETC 车道的当前车辆进行图像抓拍，并将该抓拍图像和处理信息关联后保存以供事后追查。系统对车辆抓拍图像具有车牌识别功能，可以将车牌识别结果与抓拍图像关联后保存，以供事后稽查。

（5）异常车辆处理功能。对于经过ETC车道的异常车辆(未成功进行入口信息写入或出口收费处理的车辆)，系统会使自动栏杆保持关闭状态以拦截车辆，同时进行声光报警，提醒工作人员进行处理。

7. RFID模块系统的搭建方式

本实验采用高频RFID，系统搭建如图9.5所示。RFID信息采集模块采集RFID卡信息发送给处理器，处理器将获得的RFID信息处理后发送给安卓开发板，进行RFID信息的存储、比对和显示等。

图9.5　高频RFID模块系统

【实验步骤】

（1）打开实验箱电源，如图9.6所示，单击“物流应用”图标。然后在打开的“物流应用”界面中单击“RFID实验”图标，如图9.7所示。

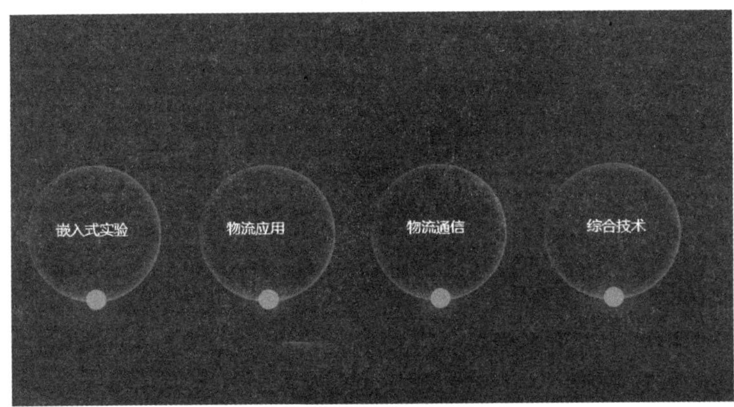

图9.6　选择“物流应用”

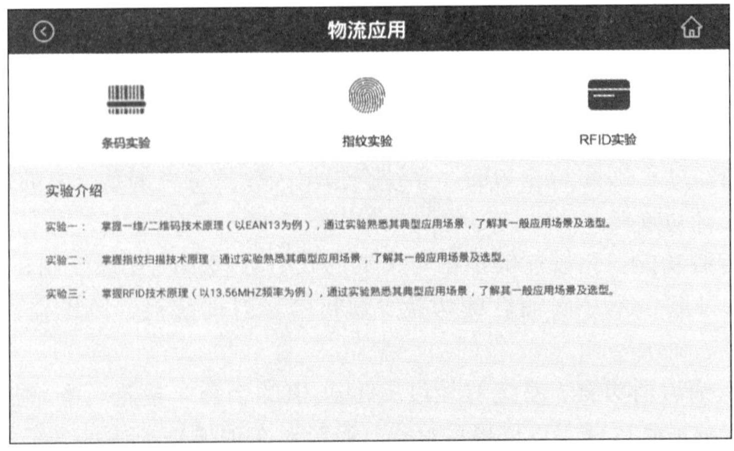

图9.7　选择“RFID实验”

(2) 在打开的“RFID 实验”界面中单击“实验操作”下的“进入”按钮，如图 9.8 所示。

图 9.8　选择“实验操作”

(3) 在打开的“实验操作”界面中单击“新建账户”按钮，如图 9.9 所示。然后在打开的“新建账户”界面中输入个人信息，如图 9.10 所示。完成后单击“下一步”按钮进行 RFID 账户信息绑定，可以使用普通 RFID 卡(如公交卡、校园一卡通等)进行账户信息绑定，如图 9.11 所示。

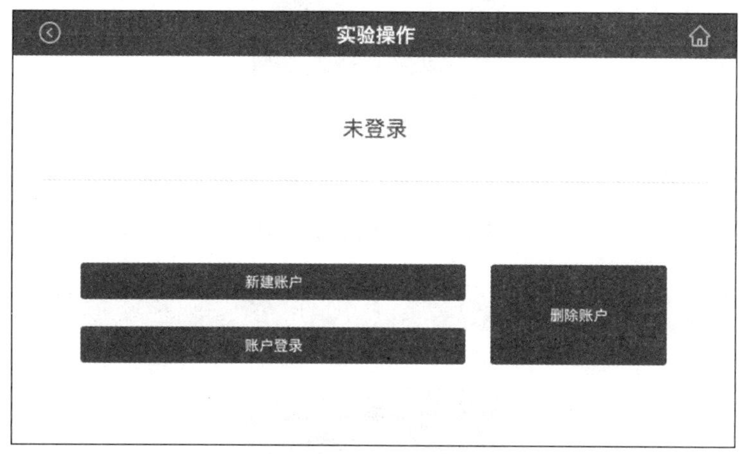

图 9.9　新建账户操作

(4) 单击“返回”按钮，在“实验操作”界面中单击“账户登录”按钮，打开“登录”界面，把步骤(3)绑定的 RFID 卡放在 RFID 扫描模块进行扫描，如图 9.12 所示。扫描登录成功后将显示步骤(3)输入的个人信息，如图 9.13 所示。

(5) 单击“返回”按钮，在“实验操作”界面中单击“删除账户”按钮，将步骤(3)绑定的 RFID 卡放在 RFID 扫描模块进行扫描，如图 9.14 所示，扫描成功后，即完成账户信息删除操作。

新建账户

第一步：录入个人信息

姓名： 张三 年龄： 20 班级： 14

学号： 1542556 专业： 电子商务

下一步

图 9. 10　录入新建账户信息

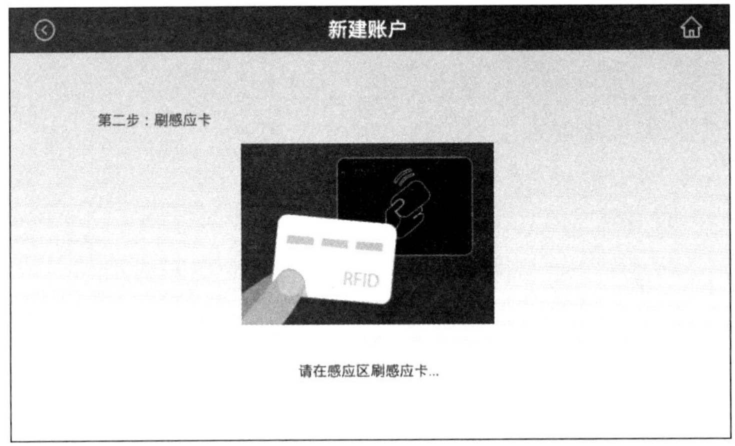

图 9. 11　绑定账户信息

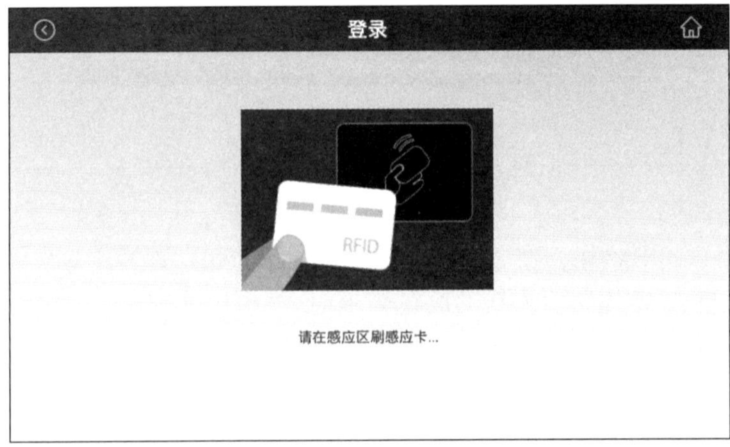

图 9. 12　账户登录

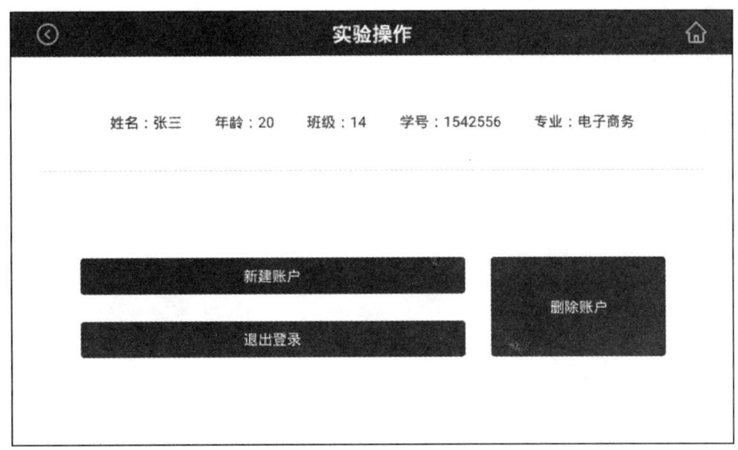

图9.13　账户信息

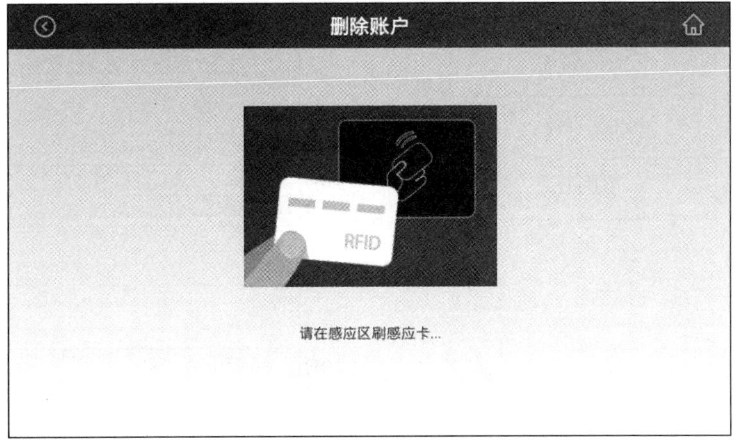

图9.14　删除账户

9.2　EPC编码实验

【实验目的】

(1) 理解EPC编码体系。

(2) 体会EPC编码体系相对传统EAN编码的优势。

【实验内容】

(1) 设计一个EPC编码。

(2) EPC编码体系中SGTIN-96码与EAN13码的相互转换。

(3) 运用编码软件实现EPC编码与EAN编码的相互转换。

【实验仪器】

（1） PC 机（串口功能正常）。

（2） 编码软件。

【实验原理】

1. ISO 18000－6C 协议分析

根据协议规定，从逻辑上将标签存储器分为4个存储体，每个存储体可以由一个或一个以上的存储器组成，如图9.15所示。

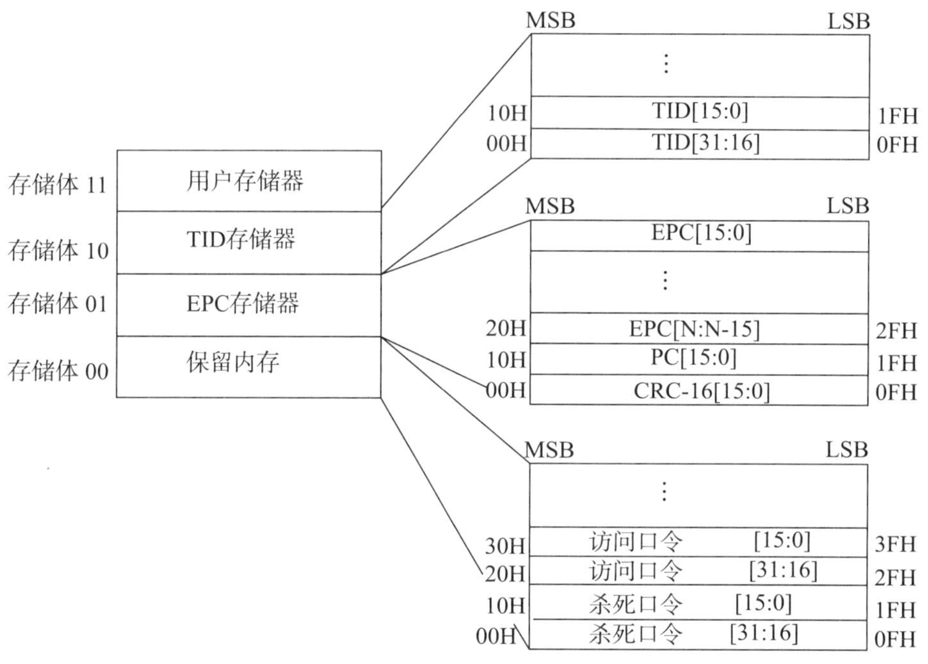

图9.15 逻辑空间分布图

1） 保留内存

（1） 杀死口令。保留内存的00H～1FH存储电子标签的杀死口令，杀死口令为1个汉字，即2字节。电子标签出厂时的默认杀死指令为0000H。用户可以对杀死指令进行修改和锁存，一经锁存后，用户必须提供正确的访问口令，才能对杀死口令进行读写。

（2） 访问口令。保留内存的20H～3FH存储电子标签的访问口令，访问口令为1 word，即2字节。电子标签出厂时的默认访问指令为0000H。用户可以对访问指令进行修改和锁存，一经锁存后，用户必须提供正确的访问口令，才能对访问口令进行读写。

2） EPC存储器

（1） CRC-16。循环冗余校验位，16bit，上电时，标签应通过PC前5位指定的（PC＋EPC）字数，而不是整个EPC存储器长度计算CRC-16。

（2）协议控制位（PC）。PC 位包含标签在盘存操作期间以其 EPC 反向散射的物理层信息。EPC 存储器 10H～1FN 存储地址存储有 16PC 位，PC 位值定义如下。

① 10H～14N 位：标签反向散射的（PC＋EPC）的长度，所有字为

000002：一个字（EPC 存储器 10H～1FN 存储地址）。

000012：两个字（EPC 存储器 10H～2FN 存储地址）。

000102：两个字（EPC 存储器 10H～3FN 存储地址）。

111112：32 个字（EPC 存储器 10H～1FFN 存储地址）。

② 15H～17H 位：RFU（第 1 类标签为 0002）。

③ 18H～1FH 位：默认值为 000000002，且可以包括如 ISO/IEC 15961 定义的 AFI 在内的计数系统识别（NSI）。NSI 的 MSB 存储在 18H 的存储位置。

默认（未编程）PC 值应为 0000H。

截断应答期间，标签用 PC 位代替 00002。

（3）EPC。EPC 为识别标签对象的电子产品码。EPC 存储在以 20H 存储地址开始的 EPC 存储器内，MSB 优先。询问机可以发出选择命令，包括全部或部分规范的 EPC。询问机可以发出 ACK 命令，使标签反向散射其 PC、EPC 和 CRC-16（在特定情况下该标签可以截断应答）。最后，询问机可以发出 Read 命令，读取整个或部分 EPC（PC＋EPC 也称为 UII）。

3）TID 存储器

TID 存储器应包含 00H～07N 存储位置的 8 位 ISO 15963 分配类识别（对于 EPCglobal 为 111000102）、08H～13N 存储位置的 12 位任务掩模设计识别（EPCglobal 成员免费）和 14H～1FN 存储位置的 12 位标签型号。标签可以在 1FH 以上的 TID 存储器中包含标签指定数据和提供商指定数据（如标签序号）。

4）用户存储器

用户存储器允许存储用户指定数据。

2. 数据锁存/解锁

1）概述

为了防止未授权的写入和杀死操作，ISO 18000－6C 标签提供锁存/解锁操作。用 32 位访问口令保护标签的锁存/解锁操作，而用 32 位杀死口令保护标签的杀死操作。用户可以在电子标签的保留内存设定杀死口令和访问口令。

2）数据操作的两个状态

当标签处于 OPEN 或 SECURED 状态时，可以对其进行数据操作（读、写、擦、锁存/解锁、杀死）。当标签的访问口令为全零，或用户正确输入访问口令时，标签处于 SECURED 状态。当标签的访问口令不为零，且用户没有输入访问口令或输入的访问口令不正确时，标签处于 OPEN 状态。对标签的锁存/解锁操作只能在 SECURED 状态下进行。

注意： 当用户进行锁存/解锁操作时需要满足下列两种条件之一。

（1）标签的访问口令为全零。

（2）提供正确的访问口令。

3）各个存储区的锁存/解锁操作

对保留内存(Reserved)区进行锁存后，用户不能对该存储区进行读写，这是为了防止未授权的用户读取标签的杀死口令和访问口令。而对其他3个存储区(EPC存储区、TID存储区和用户存储区)进行锁存后，用户不能对相应存储区进行写入，但可以进行读取操作。

标签支持以下3种锁定类型。

标签被锁定后只能在SECURED状态下进行写入(对保留内存时为读写)，而不能在OPEN状态下进行写入(对保留内存时为读写)。

标签在OPEN和SECURED状态下都可以进行写入(对保留内存时为读写)，且锁定状态永久不能被改写。

标签在任何状态下都不能进行写入(对保留内存时为读写)，且永久不能被解锁。

注意：此操作慎用，一旦永久锁存某个存储区，该存储区数据将不可再读写。

3. Lock指令

Lock命令包含如下定义的20位有效负载。

(1) 前10位有效负载位是掩模位。标签应对这些位值作如下解释：

掩膜=0：忽略相关的动作字段，并保持当前锁定设置。

掩膜=1：执行相关的动作字段，并重写当前锁定设置。

(2) 后10位有效负载位是动作位。标签应对这些位值作如下解释：

动作=0：取消确认相关存储位置的锁定。

动作=1：确认相关存储位置的锁定或永久锁定。

Lock指令的有效负载和掩模位描述如图9.16所示。各个动作字段的功能如表9-1所示。

0	1	2	3	4	5	6	7	8	9	10	11	12	13	14	15	16	17	18	19
杀死掩膜		访问掩膜		EPC掩膜		TID掩膜		用户掩膜		杀死动作		访问动作		EPC动作		TID动作		用户动作	

(a)Lock指令有效负载

	杀死口令		访问口令		EPC存储器		TID存储器		用户存储器	
	0	1	2	3	4	5	6	7	8	9
掩膜	跳过/写入	跳过/写入	跳过/写入	跳过/写入	跳过/写入	跳过/写入	跳过/写入	跳过/写入	跳过/写入	跳过/写入
	10	11	12	13	14	15	16	17	18	19
动作	读取/写入口令	永久锁定	读取/写入口令	永久锁定	写入口令	永久锁定	写入口令	永久锁定	写入口令	永久锁定

(b)掩膜和相关动作字段

图9.16 Lock指令的有效负载和掩膜位描述

表 9－1 Lock 指令各个动作字段的功能

写入口令	永久锁定	描述
0	0	在开放状态或保护状态下可以写入相关存储体
0	1	在开放状态或保护状态可以永久写入相关存储体，或者可以永远不锁定相关存储体
1	0	在保护状态下可以写入相关存储体，但在开放状态下不行
1	1	在任何状态下都不可以写入相关存储体
读取/写入口令	永久锁定	描述
0	0	在开放状态或保护状态下可以读取和写入相关口令位置
0	1	在开放状态或保护状态下可以永久读取和写入相关口令位置，并可以永远不锁定相关口令位置
1	0	在保护状态下可以读取和写入相关口令位置但在开放状态下不行
1	1	在任何状态下都不可以读取或写入相关口令位置

4. EPC 编码体系

产品电子代码(EPC)是一种标识方案，通过射频识别标签和其他方式普遍地识别物理对象。标准化 EPC 数据包括独特地标识个别对象的 EPC(或 EPC 识别符)以及为能有效地解读 EPC 标签认为有必要的可选过滤值。

EPC 编码的通用结构由一个分层次、可变长度的标头以及一系列数字字段组成，如图 9.17所示，代码的总长、结构和功能完全由标头的值决定。

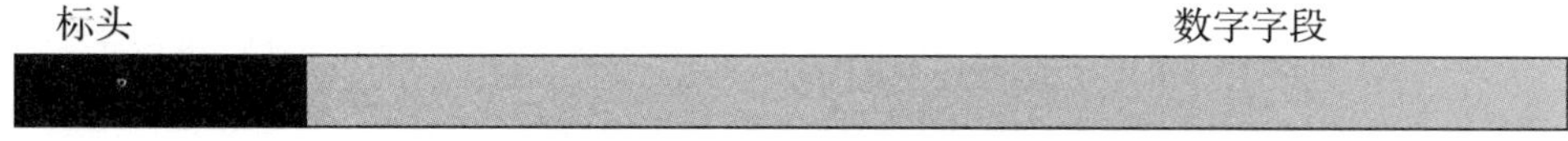

图 9.17 EPC 编码的通用结构

标头定义了总长、识别类型(功能)和 EPC 编码结构，包括它的滤值(如果有的话)。标头具有可变长度，使用分层的方法，其中每一层 0 值指示标头是从下一层抽出的。对于规范(V1.1)中制定的编码来说，标头是 2 位或者 8 位。假定 0 值保留来指示一个标头在下面较长层中，2 位的标头有 3 个可能的值(01、10 和 11，不是 00)，8 位标头可能有 63 个可能的值(标头前两位必须是 00，而 00000000 保留，以允许使用长度大于 8 位的标头)。标头值的分配规则已经出台，使标签长度可以通过检查标头的最左(或称为“序码”)几个比特很容易被识别出来。此外，设计目标在于对每一个标签长度尽可能有较少的序码，理想为 1 位，最好不要超过 2 位或者 3 位。后一目标提醒我们如果可能，避免采用那些容许非常少头字段值的序码。这个序码到标签长度的目的是让 RFID 识读器可以很容易地确定标签长度。

EPC 编码中厂商识别代码和剩下的位之间有清楚的划分，每一个单独编码成二进制的。因此，从一个传统的 EAN · UCC 系统代码的十进制表现形式进行转换并对 EPC 编码，需要了解厂商识别代码长度方面的知识。

EPC 编码不包括校验位。因此，从 EPC 编码到传统的十进制表示的代码的转换需要根据其他的位重新计算校验位。

下面以 EPC 编码中的序列化全球贸易标识代码（SGTIN）为例进行说明。

1）SGTIN

SGTIN 是一种基于《EAN·UCC 通用规范》中的 GTIN 的新的标识类型。一个单独的 GTIN 不符合 EPC 纯标识中的定义，因为它不能唯一标识一个具体的物理对象。GTIN 可以标识一个特定的对象类，如一特定产品类或库存量单位（SKU）。

为了给单个对象创建一个唯一的标志符，GTIN 增加了一个序列号，管理实体负责分配唯一的序列号给单个对象分类。GTIN 和唯一序列号的结合，称为一个序列化 GTIN（SGTIN）。

SGTIN 由以下信息元素组成。

厂商识别代码，由 EAN 或 UCC 分配给管理实体。厂商识别代码在一个 EAN·UCC GTIN 十进制编码内同厂商识别代码位相同。

项目代码，由管理实体分配给一个特定对象分类。EPC 编码中的项目代码是从 GTIN 中获得，通过连接 GTIN 的指示位和项目代码位，看作一个单一整数而得到的。

序列号，由管理实体分配给一个单个对象。序列号不是 GTIN 的一部分，但是正式成为 SGTIN 的组成部分，如图 9.18 所示。

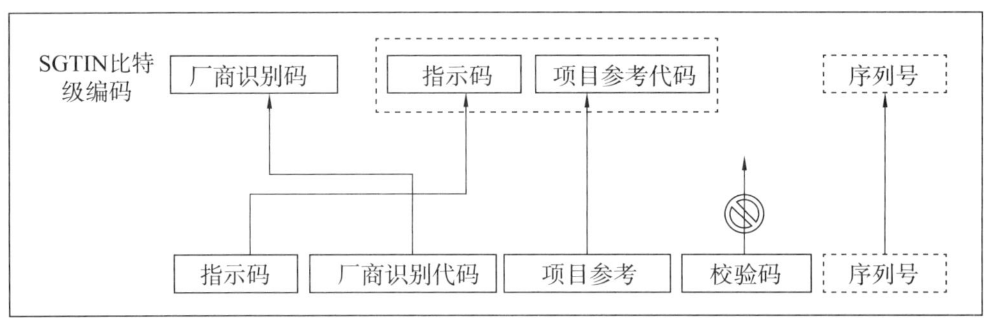

图 9.18　由十进制 SGTIN 部分抽取、重整、扩展字段进行编码

SGTIN 的 EPC 编码方案允许 EAN·UCC 系统标准 GTIN 和序列号直接嵌入 EPC 标签。在所有情况下，校验位均不进行编码。

2）SGTIN-96

除了标头之外，SGTIN-96 由 5 个字段组成，即滤值、分区、厂商识别代码、贸易项代码和序列号，如表 9－2 所示。

表 9－2　SGTIN-96 的结构、标头和最大十进制值

	标头	滤值	分区	厂商识别代码	贸易项代码	系列号
	8	3	3	20－40	24－4	38
SGTIN-96	0011 0000（二进制值）	（值参照表 9－3）		999 999 － 999 999 999 999（最大十进制范围）	9 999 999 －9（最大十进制范围）	274 877 906 943（最大十进制值）

表 9－3　SGTIN 滤值(非规范)

类型	二进制值
所有其他	000
零售消费者贸易项目	001
标准贸易项目组合	010
单一货运/消费者贸易项目	011
保留	100
保留	101
保留	110
保留	111

分区指示随后的厂商识别代码和贸易项代码的分开位置。这个结构与 EAN·UCC GTIN 中的结构相匹配，在 EAN·UCC GTIN 中，贸易项代码加上厂商识别代码(加唯一的指示位)共 13 位。厂商识别代码为 6～12 位，贸易项代码(包括单一指示位)为 7～1 位。分区的可用值以及厂商识别代码和贸易项代码字段的相关大小如表 9－4 所示。

厂商识别代码包含 EAN·UCC 厂商识别代码的一个逐位编码。

贸易项代码包含 GTIN 贸易项代码的一个逐位编码。指示位同贸易项代码字段以以下方式结合：贸易项代码中以零开头是非常重要的。把指示位放在域中最左位置。例如，00235 同 235 是不同的。如果指示位为 1，结合 00235，结果为 100235。结果组合看作一个整数，编码成二进制作为贸易项代码字段。

序列号包含一个连续的数字。这个连续的数字的容量小于 EAN·UCC 系统规范序列号的最大值，而且在这个连续的数字中只包含数字。

表 9－4　SGTIN-96 分区

分区值	厂商识别代码		项目参考代码和指示位数字	
	二进制	十进制	二进制	十进制
0	40	12	4	1
1	37	11	7	2
2	34	10	10	3
3	30	9	14	4
4	27	8	17	5
5	24	7	20	6
6	20	6	24	7

5. EAN·UCC 编码与 EPC 编码之间的转换

在基于条形码和 RFID 的拣选作业过程中，要完成条码到 EPC 码的转换及 EPC 码到条码的转换。由前面的分析可知，EAN 码主要由扩展位、国家代码、厂商代码、产品代码、校验位等几部分组成；而 EPC 码主要由标头、滤值、分区值、国家代码、厂商代码、产品代码及序列号等部分组成。各个代码之间只是组织形式不同，因此它们之间的相互转换就是将源码的各部分代码分离开，在按照目标码的规则变换、组合得到。

在此以全球贸易项目代码(GTIN)与系列化全球贸易标识代码(SGTIN，96 位长度)的转换为例进行说明。

1）GTIN 到 SGTIN 的转换

转换主要分为分类、分段转换、组合几个步骤。下面以 EAN-13 码“6901010101098”转换为 96 位 EPC 码为例说明。

(1) 分类。由于“6901010101098”是一个 EAN-13 码，因此其转换的 EPC 目标码为 SGTIN-96。同时可知，SGTIN 的标头为“00110000”。

(2) 分段转换。根据 EAN-13 码的编码规则，将扩展位、国家代码、厂商代码、产品代码、校验位等几部分分离。其中 EAN 码中的国家代码和厂商代码合起来就是 SGTIN-96 中的厂商识别码。而 SGTIN-96 中的序列号在 EAN 中没有体现，因此要根据拣选中心作业需要进行编码生成。以“6901010101098”为例可知，“690”为国家代码(中国)，厂商代码为“1010”，因此转换为对应的 SGTIN-96 的厂商识别码就是“6901010”。而 EPC 中选择厂商识别码为 24 位，因此分区值为 5，二进制为“101”，厂商识别码为“0110 1001 0100 1101 0001 0010”。而 SGTIN-96 中的滤值假定为“011”(包装箱)。而贸易项目代码由”6901010101098”中的“10109”，即 SGTIN 中的贸易项目代码二进制为“0000 0010 0111 0111 1101”(20 位)。最后给出 SGTIN 中的序列号“123456789”，转换为二进制为“00 0000 0000 0111 0101 1011 1100 1101 0001 0101”(38 位)。

(3) 组合。将经过转换的二进制进行组合就是 SGTIN 的 96 位编码了，因此“69010101098”加上序列号“123456789”转换为 SGTIN 的二进制编码为“0011 0000 0111 0101 1010 0101 0011 0100 0100 1000 0000 1001 1101 1111 0100 0000 0000 0111 0101 1011 1100 1101 0001 0101”(96 位)。转换为 16 进制数值为“3075A5344809DF40075BCD13”。

其他 EAN·UCC 编码与 EPC 编码的转换与此类似。

2）SGTIN 码到 GTIN 码的转换

SGTIN 码到 GTIN 码的转换为上述过程的逆过程，在此不再描述。但是 GTIN 码中的校验码需要通过计算得到，计算步骤如下。

(1) 包括校验码在内，由右至左编制代码位置序号(校验码的代码位置序号为 1)。

(2) 从代码位置序号 2 开始，对所有偶数位的数字代码求和。

(3) 将步骤(2)的和乘以 3。

(4) 从代码位置序号 3 开始，对所有奇数位的数字代码求和。

(5) 将步骤(3)与步骤(4)的结果相加。

(6) 用大于或等于步骤(5)所得结果且为 10 的最小整数倍的数减去步骤(5)所得结果，其差即为所求校验码。

【实验步骤】

（1）编码设计分类。6901010101098 转换为 EPC 码，是一个 EAN13 码，因此其转换的 EPC 目标码为 SGTIN-96。同时可以知道 SGTIN 的标头为“00110000”

（2）拆分。“690”为国家代码(中国)，厂商代码为“1010”，因此转换为对应的 SGTIN-96 的厂商识别码就是“6901010”。而 EPC 中选择厂商识别码为 24 位。因此分区值为 5，二进制为“101”而 SGTIN-96 中的滤值假定为“011”（包装箱）。而贸易项目代码由”6901010101098”中的“10109”，即 SGTIN 中的贸易项目代码二进制为“0000 0010011101111101”.(20 位)。最后给出 SGTIN 中的序列号“123456789”，转换为二进制为“00 0000 0000 0111010110111100110100010101”（38 位)。

（3）组合。经过转换的组合就是二进制的 SGTIN 码了。因此“6901010101098”加上序列号“123456789”转换为 SGTIN 的二进制编码为“0011 0000 0111 0101101001010011010001001000 0000 1001110111110100 0000 0000 0111010110111100110100010101”（96 位)。转换为 16 进制数值为“3075A5344809DF40075BCD13”。

本章小结

RFID 技术是一项非接触式的自动识别技术，它利用射频信号通过空间耦合(交变磁场或电磁场)来实现无接触信息传递，具有非接触式、可靠性高、安全性能好、无需人工干预、可工作于任何恶劣环境等特点，广泛地用于学校、公共交通、门禁、电子钱包、医疗等领域。

根据 ISO18000-6C 协议的规定，从逻辑上将标签存储器分为 4 个存储体，分别为保留内存、EPC 存储器、TID 存储器、用户存储器，每个存储体可以由一个或一个以上的存储器组成。

EPC 是一种标识方案，通过射频识别标签和其他方式普遍地识别物理对象。

通过在物流信息技术实验箱中进行 RFID 识别模块实验实训，读者可更好地掌握 RFID 技术的相关原理和使用方法。

关键术语

无线射频(Radio Frequency)
工作频率(Working Frequency)
射频标签(Radio Frequency Tag)
耦合(Coupling)
全双工(Full Duplex)
自动收费(Automatic Fare Collection)
交通(Traffic)

习　题

一、填空题

1. RFID 技术是________的自动识别技术，它利用射频信号通过________来实现无接触信息传递。

2. 对于一个 RFID 系统来说，它的频段概念是指________。

3. 电感耦合通过空间高频交变磁场实现耦合，依据的是________。

4. 电感耦合方式一般适合于________射频识别系统，电磁反向散射耦合方式一般适合于________射频识别系统。

5. RFID 系统按基本工作方式分为________和________及________。

6. 按照工作频率的不同，RFID 标签可以分为________、________、________和________等不同种类。

二、思考题

1. 试阐述 RFID 技术的工作原理。

2. 试阐述 RFID 无线射频的分类。

3. 试列举 RFID 技术的应用领域

4. 试阐述 RFID 识别模块实验系统的搭建方式。

第10章
GSM/WiFi/蓝牙信息技术实验

10.1 GSM技术短信实验

【实验目的】

(1) 了解GSM的发展。

(2) 了解GSM技术的应用。

(3) 掌握GSM模块系统的搭建方式。

【实验内容】

进行GSM短信发送实验。

【实验仪器】

物流信息技术综合实验平台。

【实验原理】

1. GSM系统历史背景

GSM[①] 是由欧洲主要电信运营商和制造厂家组成的标准化委员会设计的，它是在蜂窝系统的基础上发展而成的。

【拓展文本】

蜂窝系统的概念和理论20世纪60年代由美国贝尔实验室等单位提了出来，但其复杂的控制系统，尤其是实现移动台的控制直到70年代随着半导体技术的成熟、大规模集成电路器件和微处理器技术的发展以及表面贴装工艺的广泛应用，为蜂窝移动通信的实现提供了技术基础。直到1979年美国在芝加哥开通了第一个AMPS(先进的移动电话业务)模拟蜂窝系统，而北欧也于1981年9月在瑞典开通了NMT(北欧移动电话)系统，接着欧洲先后在英国和德国开通了TACS系统和C-450系统等，如表10－1所示。

表10－1　1991年欧洲主要蜂窝系统

国家	系统	频带/Hz	建立年份	用户数/千
英国	TACS	900	1985	1 200
瑞典、挪威 芬兰、丹麦	NMT	450 900	1981 1986	1 300
法国	Radiocom 2000 NMT	450，900 450	1985 1989	300 90

① 全球移动通信系统(Global System for Mobile Communication，GSM)是当前应用最为广泛的移动电话标准。

续表

国家	系统	频带/Hz	建立年份	用户数/千
意大利	RTMS TACS	450 900	1985 1990	60 560
德国	C-450	450	1985	600
瑞士	NMT	900	1987	180
荷兰	NMT	450 900	1985 1989	130
奥地利	NMT TACS	450 900	1984 1990	60 60
西班牙	NMT TACS	450 900	1982 1990	60 60

蜂窝移动通信的出现可以说是移动通信的一次革命。其频率复用大大提高了频率利用率并增大了系统容量，网络的智能化实现了越区转接和漫游功能，扩大了客户的服务范围，但上述模拟系统有四大缺点。

（1）各系统之间没有公共接口。

（2）很难开展资料承载业务。

（3）频谱利用率低，无法适应大容量的需求。

（4）安全保密性差，易被窃听，易做“假机”。

早期，欧洲各国系统间没有公共接口，相互之间不能漫游，给客户造成了很大的不便。

GSM 起源于欧洲。早在 1982 年，欧洲就有几大模拟蜂窝移动系统在运营，如北欧多国的 NMT，西欧各国也提供了移动业务。当时这些系统是国内系统，不可能在国外使用。为了方便全欧洲统一使用移动电话，需要一种公共的系统，1982 年北欧国家在欧洲邮政和远程通信会议(Conference of European Postal and Telecommunications，CEPT)上提交了一份建议书，要求制定 900MHz 频段的公共欧洲电信业务规范。在这次大会上成立了一个在欧洲电信标准学会(European Telecommunications Standards Institute，ETSI)技术委员会下的移动特别小组(Group Special Mobile，GSM)，来制定有关的标准和建议书。

1986 年在巴黎，该小组对欧洲各国及各公司经大量研究和实验后所提出的 8 个建议系统进行了现场实验。

1987 年 5 月 GSM 成员国就数字系统采用窄带时分多址 TDMA、规则脉冲激励线性预测 RPE-LTP 话音编码和高斯滤波最小移频键控 GMSK 调制方式达成一致意见。同年，欧洲 17 个国家的运营者和管理者签署了谅解备忘录(MoU)，相互达成履行规范的协议。与此同时还成立了 MoU 组织，致力于 GSM 标准的发展。

1990 年 MoU 组织完成了 GSM 900 的规范，共产生大约 130 项的全面建议书，不同建议书经分组而成为一套 12 系列的标准建议书。

1991 年 MoU 组织在欧洲开通了第一个系统，同时为该系统设计和注册了市场商标，将 GSM 更名为全球移动通信系统(Global System for Mobile Communications)。从此移动通信跨入了第二代数字移动通信系统。同年，移动特别小组还制定了 1 800MHz 频段的公共欧洲电信业务的规范，名为 DCSI800 系统。该系统与 GSM900 具有同样的基本功能特性，因而该规范只占 GSM 建议的很小一部分，仅将 GSM900 和 DCSI800 之间的差别加以描述，绝大部分二者是通用的，两个系统均可通称为 GSM 系统。

GSM 被看作是第二代(2G)移动电话系统，截至 2015 年 4 月，中国 2G 用户数量为 6. 49 亿。截至 2015 年 3 月，中国基站总数为 353. 9 万个，2G 基站有 126. 6 万个。

2. GSM 系统技术规范

GSM 系统技术规范中只对功能和接口制定了详细规范，未对硬件做出规定。这样做的目的是尽可能减少对设计者的限制，又使各运营者有可能购买不同厂家的设备。GSM 系统技术规范共分 12 章：概述、业务方面、网络方面、MS-BS 接口与协议、无线路径上的物理层、话音编码规范、MS 的终端适配器、BS-MSC 界面、网络互通、业务互通、设备和型号认可规范、操作和维护。

这些系列规范都是由 ETSI 组建的不同工作组和专家组编写而成的。1988 年春天完成第一阶段标准的第一个版本，以支撑当时的投标活动。后来修改过几次，1990 年以后除了传真方面的规范外，其他很少做改动，1992 年年底基本冻结。第二阶段标准到 1993 年年底也基本完成了主要部分，并于 1994 年年底冻结，为了提高系统的性能，从 1994 年 6 月又开始考虑第二阶段的有关标准的定义，后并入第二阶段标准，并宣布还会有第三阶段的标准。实际上由于第三代移动通信系统的提出，已中止第三阶段标准。

3. GSM 通信系统的组成

蜂窝移动通信系统主要由交换网络子系统(Network Switching Subsystem，NSS)、无线基站子系统(BaseStationSubsystem，BSS)和移动台(Moble Station，MS)三大部分组成，如图 10. 1 所示。其中 NSS 与 BSS 之间的接口为 A 接口，BSS 与 MS 之间的接口为 Um 接口。在模拟移动通信系统中，TACS 规范只对 Um 接口则进行了规定，而未对 A 接口做任何的限制。因此，各设备生产厂家对 A 接口都采用各自的接口协议，对 Um 接口则遵循 TACS 规范。也就是说，NSS 系统和 BSS 系统只能采用一个厂家的设备，而 MS 可用不同厂家的设备。

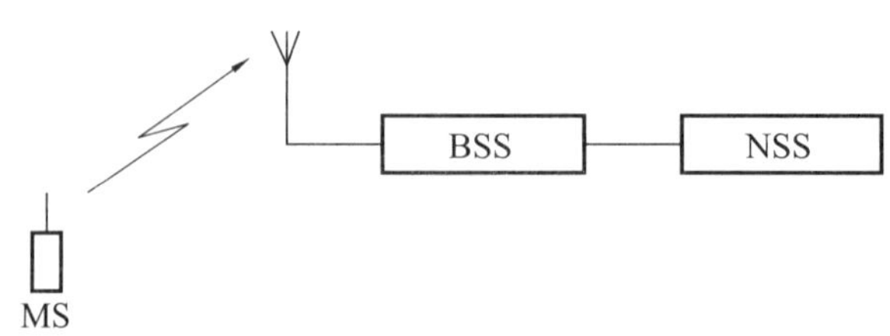

图 10. 1　蜂窝移动通信系统的组成

由于GSM规范是由北欧一些运营公司设计的，运营公司希望用最少的投资、最好的设备来建最优良的通信网，因此GSM规范对系统的各个接口都有明确的规定。也就是说，各接口都是开放式接口。

GSM包括移动业务交换中心(MSC)、拜访位置寄存器(VLR)、归属位置寄存器(HLR)、鉴权中心(AUC)、移动设备识别寄存器(EIR)、基站控制器(BSC)和基站收发信台(BTS)。移动台(MS)包括移动终端(MS)和客户识别卡(SIM)。

在GSM网上还配有短信息业务中心(SC)，即可开放点对点的短信息业务，类似数字寻呼业务，实现全国联网，又可开放广播式公共信息业务。另外，配有语音信箱，可开放语音留言业务，当移动被叫客户暂不能接通时，可接到语音信箱留言，提高网络接通率，给运营部门增加收入。

1）交换网络子系统(NSS)

交换网络子系统主要完成交换功能和客户数据与移动性管理、安全性管理所需的数据库功能。NSS由一系列功能实体所构成，各功能实体介绍如下。

MSC：是GSM系统的核心，是对位于它所覆盖区域中的移动台进行控制和完成话路交换的功能实体，也是移动通信系统与其他公用通信网之间的接口。它可完成网络接口、公共信道信令系统和计费等功能，还可完成BSS、MSC之间的切换和辅助性的无线资源管理、移动性管理等。另外，为了建立至移动台的呼叫路由，每个MS还应能完成入口MSC(GMSC)的功能，即查询位置信息的功能。

VLR：是一个数据库，存储了MSC为了处理所管辖区域中MS(统称拜访客户)的来话、去话呼叫所需检索的信息(如客户的号码)，所处位置区域的识别，向客户提供的服务等参数。

HLR：也是一个数据库，存储了管理部门用于移动客户管理的数据。每个移动客户都应在其归属位置寄存器(HLR)注册登记，它主要存储两类信息：一是有关客户的参数；二是有关客户目前所处位置的信息，以便建立至移动台的呼叫路由，如MSC、VLR地址等。

AUC：用于产生为确定移动客户的身份和对呼叫保密所需鉴权、加密的三参数(随机号码RAND、符合响应SRES、密钥Kc)的功能实体。

EIR：也是一个数据库，存储了有关移动台设备参数。它主要完成对移动设备的识别、监视、闭锁等功能，以防止非法移动台的使用。

2）无线基站子系统(BSS)

BSS系统是在一定的无线覆盖区中由MSC控制，与MS进行通信的系统设备，它主要负责完成无线发送接收和无线资源管理等功能。功能实体可分为基站控制器(BSC)和基站收发信台(BTS)。

BSC：具有对一个或多个BTS进行控制的功能，它主要负责无线网络资源的管理、小区配置数据管理、功率控制、定位和切换等，是个很强的业务控制点。

BTS：无线接口设备，它完全由BSC控制，主要负责无线传输，完成无线与有线的转换、无线分集、无线通道加密、跳频等功能。

3）移动台(MS)

MS 就是移动客户设备部分，它由两部分组成，移动终端(MS)和客户识别卡(SIM)。

移动终端就是“机”，它可完成话音编码、信道编码、信息加密、信息的调制和解调、信息发射和接收。

SIM 卡就是“身份卡”，它类似于现在所用的 IC 卡，因此也称作智慧卡，存有认证客户身份所需的所有信息，并能执行一些与安全保密有关的重要信息，以防止非法客户进入网络。SIM 卡还存储与网络和客户有关的管理数据，只有插入 SIM 后移动终端才能接入进网，但 SIM 卡本身不是代金卡。

4）操作维护子系统

GSM 还有操作维护子系统(OMC)，它主要是对整个 GSM 网络进行管理和监控。通过它实现对 GSM 网内各种部件功能的监视、状态报告、故障诊断等功能。OMC 与 MSC 之间的接口目前还未开放，因为国际电报电话咨询委员会(CCITT)对电信网络管理的 Q3 接口标准化工作尚未完成。

4. GSM 的编号方式与拨号方式

1）编号方式

GSM 网络是复杂的，它包括交换系统和基站系统。交换子系统包括 HLR、MSC、VLR、AUC 和 EIR，与基站系统，其他网络(如 PSTN、ISDN)，数据网，其他 PLMN 等间的接口。为了将一个呼叫接至某个移动客户，需要调用相应的实体。因此要正确寻址，编号方式就非常重要。下面就 GSM 的编号方式进行介绍。

(1) 移动台 ISDN 号码(MSISDN)。MSISDN 号码是指主叫客户为呼叫数字公用陆地蜂窝移动通信网中客户所需拨的号码。

MSISDN 号码的结构为

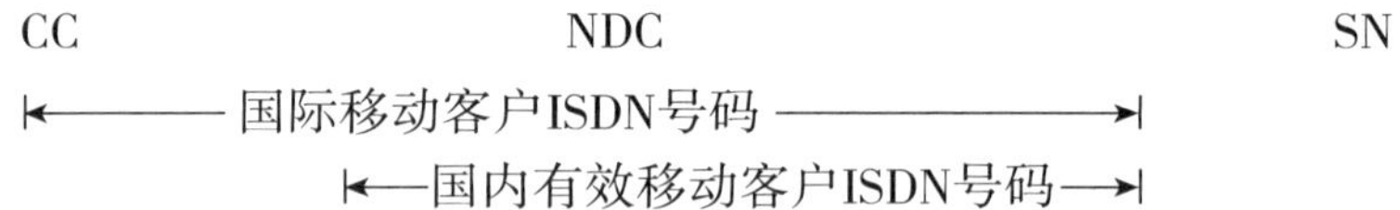

CC：国家码，我国为 86。

NDC：国内目的地码，即网络接入号，邮电部门 GSM 网为 139，中国联通公司 GSM 网为 130。

SN：客户号码，采用等长 7 位编号方式。

邮电部 SN 号码的结构为 H1H2H3ABCD，其中 HlH2H3 为每个移动业务本地网的 HLR 号码，ABCD 为移动客户码。中国联通公司 SN 号码的结构为 H1H2ABCDE，HlH2 为移动业务本地网的 HLR 号码，ABCDE 为移动客户码。

当客户号码容量受限时，可扩充国内目的地码。邮电部可启用 138、137 等，中国联通公司可启用 131，132 等。

(2) 国际移动客户识别码(IMSI)。为了在无线路径和整个 GSM 移动通信网上正确地识别某个移动客户，就必须给移动客户分配一个特定的识别码。这个识别码称为国际移动客户识别码(IMSI)，用于GSM移动通信网所有信令中，存储在客户识别模块(SIM)、HLR、VLR中。

IMSI的结构为

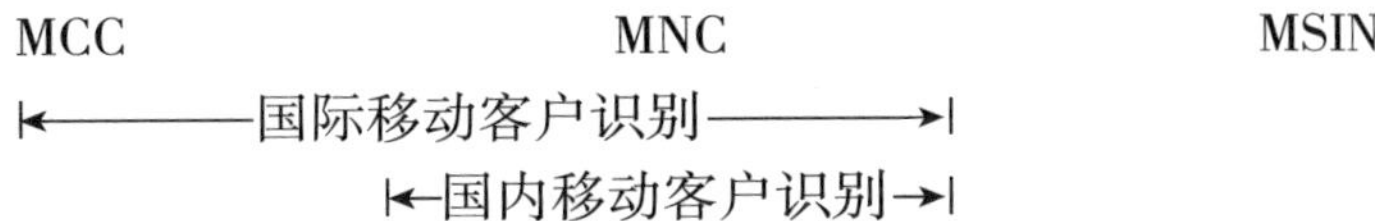

MCC：移动国家号码，由3位数字组成，唯一地识别移动客户所属的国家，我国为460。

MNC：移动网号，由2位数字组成，用于识别移动客户所归属的移动网。邮电部门GSM PLMN网为00，中国联通公司GSM PLMN网为01。

MSIN：移动客户识别码，采用等长11位数字构成，唯一地识别国内GSM移动通信网中的移动客户。

(3) 移动客户漫游号码(MSRN)。被叫客户所归属的HLR知道该客户目前处于哪一个MSC/VLR业务区，为了提供给入口MSC/VLR(GMSC)一个用于选路由的临时号码，HLR请求被叫所在业务区的MSC/VLR给该被叫客户分配一个移动客户漫游号码(MSRN)，并将此号码送至HLR，HLR收到后再发送给GMSC，GMSC根据此号码选路由，将呼叫接至被叫客户目前正在访问的MSC/VLR交换局。路由一旦建立，此号码就可立即释放。这种查询、呼叫选路由功能(即请求一个MSRN功能)是No.7信令中移动应用部分(MAP)的一个程序，在GMSC - HLR - MSC/VLR间的No.7信令网中进行传递。

MSRN的结构为

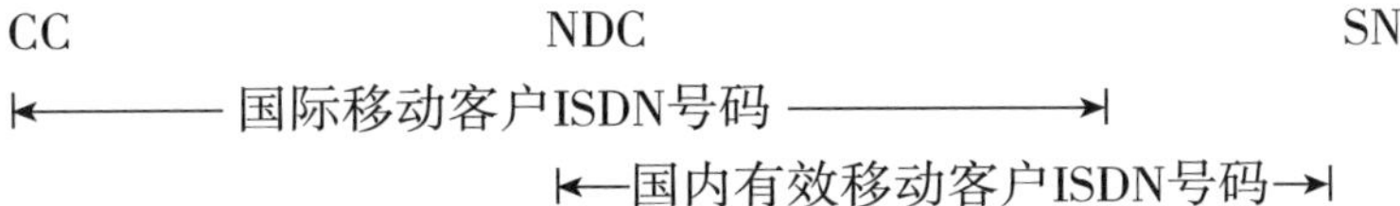

我国邮电部门GSM移动通信网技术体制规定139后第一位为零的MSISDN号码为移动客户漫游号码(MSRN)，即1390M1M2M3ABC。M1M2M3为MSC的号码。M1M2与MSISDN号码中的H1H2相同。

(4) 临时移动客户识别码(TMSI)。为了对IMSI保密，MSC/VLR可给来访移动客户分配一个唯一的TMSI号码，即为一个由MSC自行分配的4字节的BCD编码，仅限在本MSC业务区内使用。

(5) 位置区识别码(LAI)。位置区识别码用于移动客户的位置更新，其结构为

3位数字	2位数字	最大16bit
MCC	MNC	LAC

|←——LAI——→|

MCC：移动客户国家码，同IMSI中的前3位数字。

MNC：移动网号，同IMSI中的MNC。

LAC：位置区号码，为一个 2 字节 BCD 编码，表示为 X1X2X3X4。在一个 GSM PLMN 网中可定义 65 536 个不同的位置区。

（6）全球小区识别码（CGI）。CGI 用来识别一个位置区内的小区，它是在位置区识别码（LAI）后加上一个小区识别码（CI）构成的，其结构为

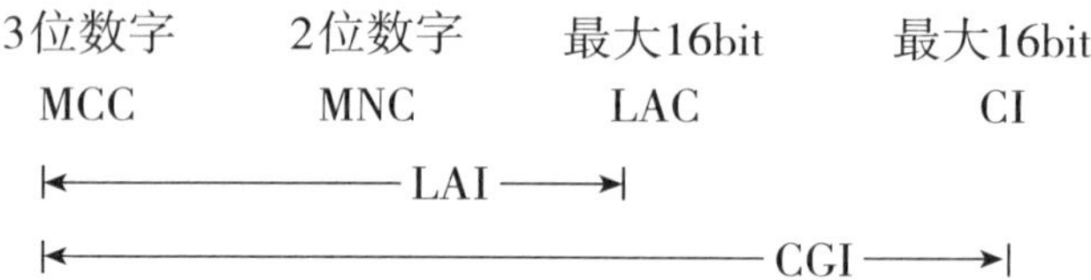

CI 是一个 2 字节 BCD 编码，由各 MSC 自定。

（7）基站识别码（BSIC）。BSIC 是用于识别相邻国家的相邻基站的，为 6bit 编码，其结构为

NCC：国家色码，主要用来区分国界各侧的运营者（国内区别不同的省），为 XY1Y2。其中，X 为运营者（邮电 X＝1，联通＝0）。Y1、Y2 的分配如表 10－2 所示。

表 10－2　Y1Y2 的分配

Y1 \ Y2	0	1
0	吉林、甘肃、西藏、广西、福建、湖北、北京、江苏	黑龙江、辽宁、宁夏、四川、海南、江西、天津、山西、山东
1	新疆、广东、河北、安徽、上海、贵州、陕西	内蒙古、青海、云南、河南、浙江、湖南

NCC：基站色码，用于识别基站，由运营设定。

（8）国际移动台设备识别码（IMEI）。唯一地识别一个移动台设备的编码，为一个 15 位的十进制数数字，其结构为：

6 位数字　2 位数字　6 位数字　1 位数字

TAC　FAC　SNR　SP

TAC：型号批准码，由欧洲型号认证中心分配。

FAC：工厂装配码，由厂家编码，表示生产厂家及其装配地。

SNR：序号码，由厂家分配，用于识别每个 TAC 和 FAC 中的某个设备的。SP：备用，备作将来使用。

（9）MSC/VLR 号码。MSC/VLR 号码在 No. 7 信令信息中使用，代表 MSC 的号码。我国邮电部门 GSM 移动通信网中的 MSC/VLR 号码结构为 1390MlM2M3，其中 MlM2 的分配同 HlH2 的分配。

（10）HLR 号码。切换 HLR 号码在 No.7 信令信息中使用，代表 HLR 的号码。邮电部门 GSM 移动通信网中的 HLR 号码结构是客户号码为全零的 MSISDN 号码，即 139HlH2H30000。

（11）切换号码(HON)。HON 是当进行移动交换局间越局切换时，为选择路由，由目标 MSC(即切换要转移到的 MSC)临时分配给移动客户的一个号码。此号码为 MSRN 号码的一部分。

2）拨号方式

拨号方式是使客户可以通过拨十进制数字实现本地呼叫、国内长途呼叫及国际长途呼叫的一种方式。我国邮电部移动通信网技术体制规定的 GSM 的拨号方式如下。

移动客户→固定客户(含模拟移动客户)：0XYZ PQR ABCD。

固定客户→本地移动客户：139HlH2H3ABCD。

固定客户→外地移动客户：0139HlH2H3ABCD。

移动客户→移动客户：139HlH2H3ABCD。

移动客户→待服业务：0XYZlXX，其中对火警只需拨 119，对匪警只需拨 110，对急救中心只需拨 120，对交警中心只需拨 122。

国际客户→移动客户：国际长途有权字冠 + 139HlH2H3ABCD。

移动客户(国际客户：00 + 国家代码 + 该国内有效电话号码。

其中，0：国内长途有权字冠；00：国际长途有权字冠；XYZ：长途区号，由 3 位或 2 位数字组成；PQR：局号；ABCD：客户号码，当长途区号为 2 位时，客户号可以由 4 位或 5 位号码组成；lXX：特种业务号码。

5. GSM 网支持的业务

1）电信业务

GSM 移动通信网能提供 6 类 10 种电信业务，其业务编号、名称、种类和实现阶段，如表 10－3 所示。

表 10－3　电信业务分类

分类号	电信业务类型	编号	电信业务名称
1	话音传输	11	电话
		12	紧急呼叫
2	短消息业务	21	点对点 MS 终止的短消息业务
		22	点对点 MS 起始的短消息业务
		23	小区广播短消息业务
3	MHS 接入	31	先进消息处理系统接入
4	可视图接入	41	可视图文接入子集 1
		42	可视图文接入子集 2
		43	可视图文接入子集 3

续表

分类号	电信业务类型	编号	电信业务名称
5	智能用户电报传递	51	智能用户电报
6	传真	61	交替的语音和三类传真
		62	自动三类传真

（1）电话业务。电话业务是GSM移动通信网提供的最重要业务。经过GSM网和PSTN网，能为数字移动客户之间、数字蜂窝移动电话网客户与模拟蜂窝移动电话网客户之间以及与固定网客户之间，提供实时双向通信，其中包括各种特服呼叫（电信特服号是一种通过增值电信服务为企业带来收益的号码）、各类查询业务和申告业务，以及提供人工、自动无线电寻呼业务。

（2）紧急呼叫业务。紧急呼叫业务来源于电话业务，它允许数字移动客户在紧急情况下，进行紧急呼叫操作，即拨119或110或120等时，依据客户所处基站位置，就近接入火警中心（119）、匪警中心（110）、急救中心（120）等。当客户按紧急呼叫键（SOS键）时，应向客户提示如何拨叫紧急中心。

紧急呼叫业务优先于其他业务，在移动台没有插入客户识别卡（SIM）或移动客户处于锁定状态时，也可按SOS键或拨112（欧洲统一使用的紧急呼叫服务中心号码，目前我国使用的移动台均符合欧洲标准），即可接通紧急呼叫服务中心（目前我国GSM移动通信网是用送辅导音方式，提示客户拨不同紧急呼叫服务中心号码呼叫不同紧急服务中心，因我国各紧急呼叫服务中心尚未联网）。

（3）短消息业务。短消息业务又可分为移动台起始和移动台终止的点对点的短消息业务和点对多点的小区广播短消息业务。移动台起始的短消息业务能使GSM客户发送短消息给其他GSM点对点客户；点对点移动台终止的短消息业务，则可使GSM客户接收由其他GSM客户发送的短消息。点对点的短消息业务是由短消息业务中心完成存储和前转功能的。短消息业务中心是在功能上与GSM网完全分离的实体，不仅可服务于GSM客户，也可服务于具备接收短消息业务功能的固定网客户，尤其是把短消息业务与话音信箱业务相结合，更能经济地、综合地发挥短消息业务的优势。点对点的信息发送或接收既可在MS处于呼叫状态（话音或数据）时进行，也可在空闲状态下进行。当其在控制通道内传送时，信息量限制为140个八位组（7bit编码，160个字符）。

点对多点的小区广播短消息业务，是指在GSM移动通信网某一特定区域内以有规则的间隔向移动台重复广播具有通用意义的短消息，如道路交通信息、天气预报等。移动台连续不断地监视广播消息，并在移动台上向客户显示广播短消息。此种短消息也是在控制信道上发送，移动台只有在空闲状态时才可接收，其最大长度为82个八位组（7bit编码，92个字符）。

（4）可视图文接入。可视图文接入是一种通过网络完成文本、图形信息检索和电子邮件功能的业务。

（5）智能用户电报传送。智能用户电报传送能够提供智能用户电报终端间的文本通信业务。此类终端具有文本信息的编辑、存储处理等功能。

(6) 传真。交替的语音和三类传真是指语音与三类传真交替传送的业务。自动三类传真是指能使客户经 GSM 网以传真编码信息文件的形式自动交换各种函件的业务。

2) GSM 系统承载业务

GSM 系统一开始就考虑兼容多种在 ISDN① 中定义的承载业务，满足 GSM 移动客户对数据通信服务的需要。GSM 系统设计的承载业务不仅使移动客户之间能完成数据通信，更重要的是能为移动客户与公共交换电话网络(Public Switched Telephone Network，PSTN，一种常用旧式电话系统)或与 ISDN 客户之间提供数据通信服务，还能使 GSM 移动通信网与其他公用数据网互通，如公用分组数据网和公用电路数据网。

6. SIM 卡

1) 概述

由于 GSM 通信系统是由欧洲的主要电信运营者和制造厂家组成的标准化委员会设计出来的，因此它更贴近用户和运营者的利益，在安全性、方便性等方面下了较大的功夫。

无线传输比固定传输更易被窃听，如果不提供特别的保护措施，很容易被窃听或被假冒一个注册用户。20 世纪 80 年代年代的模拟系统深受其害，使用户利益受损，因此 GSM 首先引入了 SIM 卡技术，从而使 GSM 在安全方面得到了极大改进。它通过鉴权来防止未授权的接入，这样保护了网络运营者和用户不被假冒的利益；通过对传输加密可以防止在无线通道上被窃听，从而保护了用户的隐私；另外，它以一个临时代号替代用户标识，使第三方无法在无线信道上跟踪 GSM 用户，而且这些保密机制全由运营者进行控制，用户不必加入，更显安全。

由于在 GSM 通信中引入了 SIM 卡的技术，因此无线电通信更加保密，另外，SIM 卡有以下几个特点。

(1) 客户与设备分离(人机分开)。在 GSM 通信中，SIM 卡与移动设备之间已设置了一个开放式的公共接口，这样，使用者与自己的设备之间没有互相依存的关系。因在 SIM 卡中存储有持卡者的客户数据、保安数据、鉴权加密算法等，只要客户手持此卡就可以借用、租用不同厂家的移动台，得到卡内存储的各种业务的服务，大大方便了客户，大大增强了 GSM 通信的移动性，也大大增强了各生产厂家设备的共享性。

(2) 通信安全可靠。因为在 SIM 卡中有一个永久性的内存，既有存储能力，又有进行计算的能力，所以它属于智慧卡。当客户建立呼叫时，首先要客户输入个人身份号码(PIN)，此码由 4 ~ 8 位数字组成，由移动台的键盘键入。输入 3 次不正确的 PIN 码后，PIN 码被锁，通信终止，这是防范伪客户盗用通信的方法之一。若有权客户忘记了 PIN 码或一时疏忽，3 次输入错误，可利用 SIM 卡中存储的 0 ~ 9 位数字的个人解锁钥(PUK)来解锁 PIN 码，使之恢复正常。但也要特别注意，若输入 10 次错误的 PUK，整个 SIM 卡就报废了，只有重新购置一个 SIM 卡才能再进行通信。在呼叫建立过程中，PIN 码正确时，

① 综合业务数字网(Integrated Services Digital Network，ISDN)是一个数字电话网络国际标准，是一种典型的电路交换网络系统。

网络开始对客户身份进行鉴权，利用存储在SIM卡中的A3、A8算法，移动台与网络对计算结果进行比较，相同则鉴权成功，这又是防范盗用通信的第二道防线。鉴权成功之后，为了对客户信息保密、安全传送至被叫，则又采用了一套加解密的方法，即采用A5的算法，防止了非法客户窃密。另外，在鉴权和加解密过程中的密钥(KC)和鉴权钥(K1)参数在空中接口上是不传输的，只有国际移动客户识别码(IMSI)传输一次，以后完全采用不断变化的临时移动客户识别码(TMSI)来代替，因此GSM通信比模拟移动通信安全可靠。

(3) 成本低。它比电话磁卡的成本低，并且质地结实耐用，易于推广。

2) SIM卡功能

SIM卡主要完成两种功能：存储数据(控制存取各种数据)和在安全条件下(PIN、Ki正确)完成客户身份鉴权及客户信息加密算法的全过程。

此功能主要是由SIM卡内的一部具有操作系统的微处理机完成。芯片有8个触点，与移动台设备相互接通是在卡插入设备中接通电源后完成的。此时，操作系统和指令设置可以为SIM提供智慧特性。

SIM卡智能特性的逻辑结构是树形结构。全部特性参数信息都是用数据字段元元方式表达。即在根目录下有3个应用目录，一个属于行政主管部门应用目录，两个属于技术管理的应用目录，分别是GSM应用目录和电信应用目录。所有的目录下均为数据域位，有二进制的和格式化的数据域位。数据域位中的信息有的是永存性的，即不能更新的；有的是暂存的，需要更新的。每个数据域位都要表达出它的用途、更新程度、数据域位的特性(如识别符)、类型是二进制的还是格式化的等。

7. GSM模块的系统搭建

本实验GSM模块系统的搭建方式如图10.2所示。安卓开发板发送信息给GSM模块，GSM模块将信息处理后发出，其中液晶屏用于发出信息的显示。

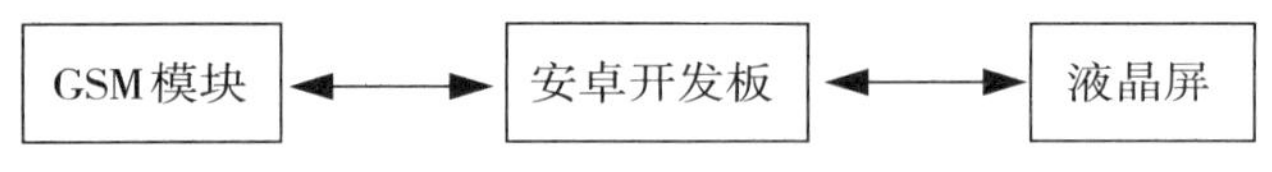

图10.2 GSM模块系统的搭建方式

【实验步骤】

(1) 打开实验箱电源，如图10.3所示，单击“物流通信”图标。然后在打开的“物流通信”界面中单击“GSM实验”图标，如图10.4所示。

(2) 在打开的“GSM实验”界面中单击“实验操作”下的“进入”按钮，如图10.5所示。然后在打开的“实验操作”界面中输入手机号和需要发送的内容，单击“发送”按钮，相应手机号将会收到短信信息，如图10.6所示。

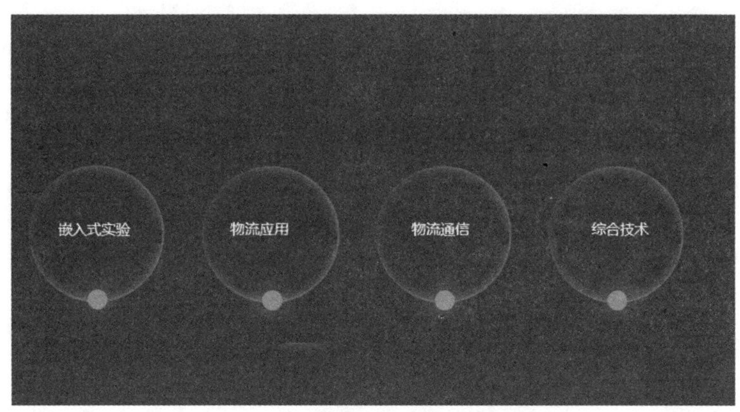

图 10.3　选择“物流通信”

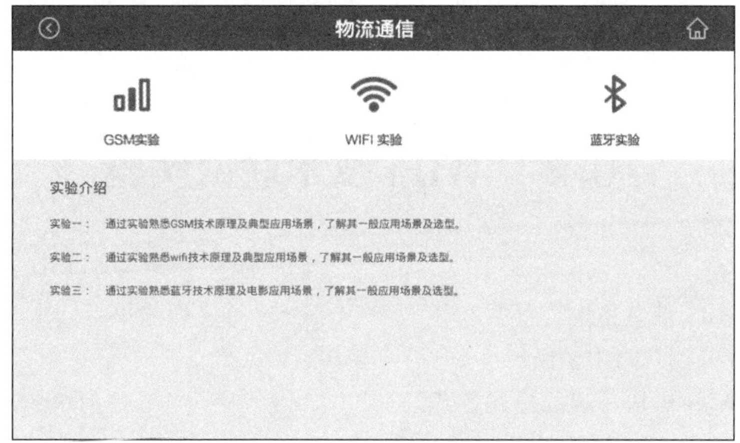

图 10.4　选择“GSM 实验”

图 10.5　选择“实验操作”

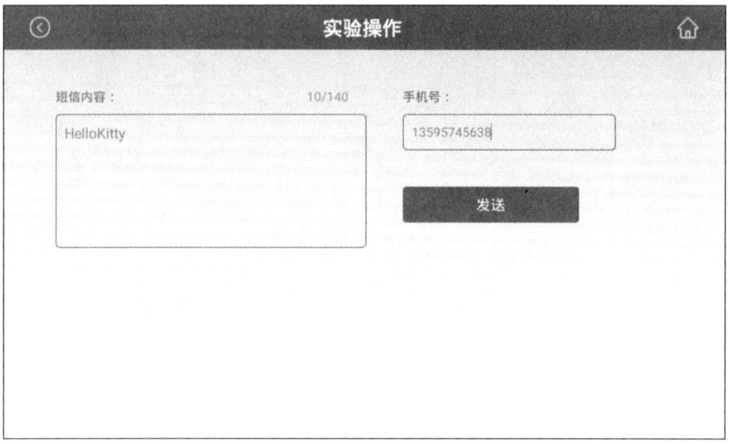

图 10.6　发送短信

10.2　WiFi 技术联网实验

【实验目的】

(1) 了解 WiFi 信息技术。

(2) 了解 WiFi 技术的应用。

(3) 掌握 WiFi 模块系统的搭建方式。

【实验内容】

进行 WiFi 信号连接和网页访问。

【实验仪器】

物流信息技术综合实验平台。

【实验原理】

1. WiFi 技术的概述

WiFi 是一种可以将个人计算机、手持设备(如 PDA、手机)等终端以无线方式互相连接的技术。WiFi 技术采用 IEEE 802.11b 标准，是由无线以太网相容联盟(Wireless Ethernet Compatibility Alliance，WECA)发布的业界术语，它是一种短程无线传输技术，能够在数百英尺范围内支持互联网接入的无线电信号。随着技术的发展，以及 IEEE 802.11a 和 IEEE 802.11g 等标准的出现，现在 IEEE 802.11 已被统称为 WiFi。它可以帮助用户访问电子邮件、Web 和多媒体，为用户提供了无线的宽带互联网访问。同时，它也是在家里、办公室或在旅途中快速、便捷的上网途径。WiFi 无线网络是由 AP(Access Point，即无线访问接入点)和无线网卡组成的无线网络。在开放性区域，通信距离可达 305m；在封闭性区域，通信距离为76～122m，方便与现有的有线以太网络整合，组网的成本更低。WiFi技术具有的诸多优点使其得到广泛的应用。

2. WiFi技术的优点和不足

（1）无线电波的覆盖范围广。WiFi的半径可达100m，适合办公室及单位楼层内部使用，而传统蓝牙技术只能覆盖15m以内。

（2）速度快，可靠性高。802.11b无线网络规范来源于IEEE 802.11网络规范，其最高带宽为11 Mb/s，在信号较弱或有干扰的情况下，带宽可调整为5.5Mb/s、2Mb/s和1Mb/s，带宽的自动调整，有效地保障了网络的稳定性和可靠性。

（3）无需布线。WiFi最主要的优势在于不需要布线，可以不受布线条件的限制，因此非常适合移动办公用户的需要，具有广阔的市场前景。目前它已经从传统的医疗保健、库存控制和管理服务等特殊行业向更多行业拓展，甚至开始进入家庭及教育机构等领域。

（4）健康安全。IEEE 802.11规定的发射功率不可超过100mW，实际发射功率为60～70mW，手机的发射功率为200mW～1W，手持式对讲机高达5W，而且无线网络使用方式并非像手机那样直接接触人体，安全性更高。

WiFi技术存在诸多优点，但也有一定的不足。移动WiFi技术只能作为特定条件下移动WiFi技术的应用，相对于有线网络来说，无线网络在其覆盖的范围内，它的信号会随着离节点距离的增加而减弱，移动WiFi技术本身11 Mb/s的传输速度有可能因为距离的增加到达终端设备时只剩1Mb/s的有效速率，而且无线信号容易受到建筑物墙体的阻碍，无线电波在传播过程中遇到障碍物会发生不同程度的折射、反射、衍射，使信号传播受到干扰，无线电信号也容易受到同频率电波的干扰和雷电天气等的影响，这些都会造成网络信号的不稳定和速率下降。而且，WiFi网络由于不需要显式地申请就可以使用无线网络的频率，因而网络容易饱和而且易受到攻击，使得WiFi网络的安全性得不到保障。802.11提供了一种名为WEP的加密算法，它对网络接入点和主机设备之间无线传输的数据进行加密，防止非法用户对网络进行窃听、攻击和入侵。但由于WiFi天生缺少有线网络的物理结构的保护，而且也不像要访问有线网络之前必须先连接网络，如果网络未受保护，只要处于信号覆盖范围内，只需通过无线网卡就可以访问网络，不但占用了带宽，还有可能造成信息泄露。

3. WiFi技术的应用

由于WiFi的频段在世界范围内是无须任何电信运营执照的免费频段，因此WLAN[①]无线设备提供了一个世界范围内可以使用的、费用极其低廉且数据带宽极高的无线空中接口。用户可以在WiFi覆盖区域内快速浏览网页，随时随地接听拨打电话。而其他一些基于WLAN的宽带数据应用，如流媒体、网络游戏等功能也在逐渐被使用。WiFi功能也使打长途电话(包括国际长途)、浏览网页、收发电子邮件、下载文件等变得更加快捷和方便。WiFi在掌上设备上的应用越来越广

【拓展文本】

① 无线局域网络英文全名：Wireless Local Area Networks，简写为WLAN。

泛，而在智能手机上的应用尤为突出。与早前应用于手机上的蓝牙技术不同，WiFi 具有更大的覆盖范围和更高的传输速率。现在 WiFi 的覆盖范围在国内越来越广泛，宾馆、住宅区、飞机场以及咖啡厅等区域都设有 WiFi 接口，使用户上网更加方便快捷。

4. WLAN 与 WiFi 的区别

首先可以从覆盖率来区分。一般 WiFi 都是小范围的，距离发射器远了就会收不到网络；而 WLAN 覆盖范围就广泛得多，主要影响因素是运营商是否在这个区域设了 WLAN。

其次还可以从发射信号功率大小来区分。从包含关系上来说，WiFi 是 WLAN 的一个标准，WiFi 包含于 WLAN 中，属于采用 WLAN 协议中的一项新技术。WiFi 的覆盖范围则可达 300 英尺(约合 90m)，WLAN 最大(加天线)可以到 5kMb/s。

5. WiFi 的发展和未来

近几年，无线 AP 的数量迅猛增长，无线网络的方便与高效使其得到迅速的普及。除了在目前的一些公共地方有 AP 之外，国外已经有以无线标准来建设城域网的先例，因此，WiFi 的无线地位将会日益牢固。

WiFi 是目前无线接入的主流标准，在英特尔的强力支持下，WiFi 已经有了“接班人”。全面兼容现有 WiFi 的 WiMAX，对比于 WiFi 的 802. 11x 标准，WiMAX 采用 802. 16x 标准。与前者相比，WiMAX 具有更远的传输距离、更宽的频段选择以及更高的接入速度等，预计会在未来几年间成为无线网络的一个主流标准，英特尔计划将来采用该标准来建设无线广域网络。这相比于现时的无线局域网或城域网，是无线网络质的变革，而且现有设备仍能得到支持，极大地节省了用户更新设备的成本。

总而言之，家庭和小型办公网络用户对移动连接的需求是无线局域网市场增长的动力，随着电子商务和移动办公的进一步普及，WiFi 也将被更加广泛地使用。

不可否认，WiFi 技术的商用遇到了许多困难。一方面是受制于 WiFi 技术自身的限制，如其漫游性、安全性和如何计费等都还没有得到妥善的解决。另一方面，由于 WiFi 的赢利模式不明确，如果将 WiFi 作为单一网络来经营，商业用户的不足会使网络建设的投资收益比较低，因此也影响了电信运营商的积极性。但从 WiFi 技术定位看，对于电信运营商而言，WiFi 技术的定位主要是作为高速有线接入技术的补充，将来逐渐也会成为蜂窝移动通信的补充。

虽然 WiFi 技术的商用在目前遇到了一些困难，但 WiFi 技术作为通信系统的补充，有其不可替代的价值。可以说只有各种接入手段相互补充使用，才能带来经济性、可靠性和有效性。因而，它可以在特定的区域和范围内发挥对常规通信的重要补充作用，WiFi 技术与常规通信技术相结合的方式也将具有更广阔的发展前景。

6. WiFi 模块的系统搭建

本实验 WiFi 模块的系统搭建如图 10.7 所示。安卓开发板发送信息给出 WiFi 模块，WiFi 模块在收到信息后进行联网，并访问网页，液晶屏幕用于相关信息的显示。

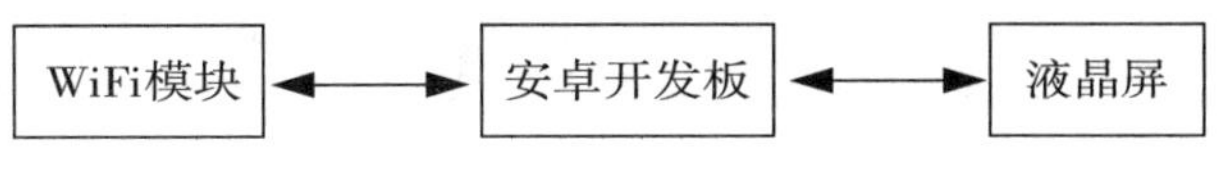

图10.7 WiFi模块的系统搭建

【实验步骤】

(1) 打开实验箱电源，如图10.8所示，单击“物流通信”图标。然后在打开的“物流通信”界面中单击“WiFi实验”图标，如图10.9所示。

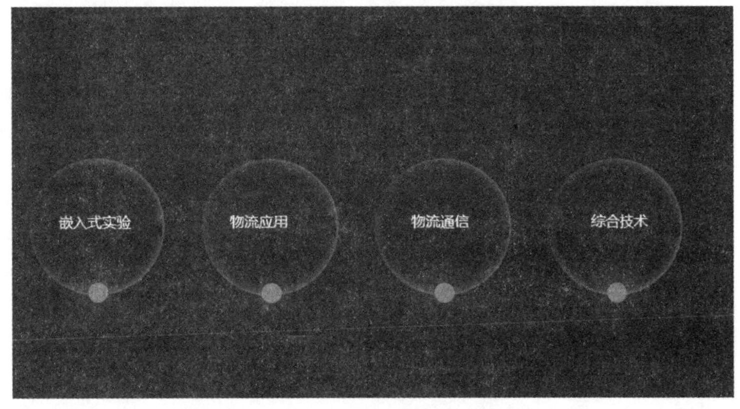

图10.8 选择“物流通信”

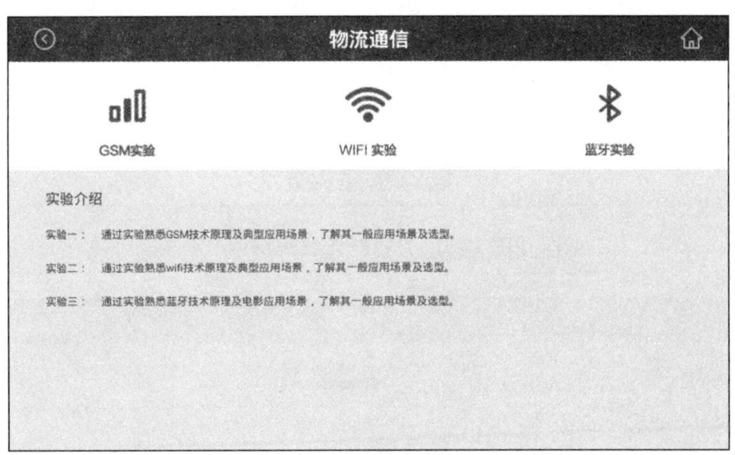

图10.9 选择“WiFi实验”

(2) 在打开的“WiFi测试”界面中单击“实验操作”下的“进入”按钮，如图10.10所示。然后在打开的“实验操作”界面中打开无线局域网，选择相应网络进行连接，如图10.11所示。

(3) 在图10.12所示的输入框中输入访问网址，单击“开始”按钮，屏幕显示网站连接的过程，如图10.13所示。

图 10.10　选择“实验操作”

图 10.11　打开无线局域网

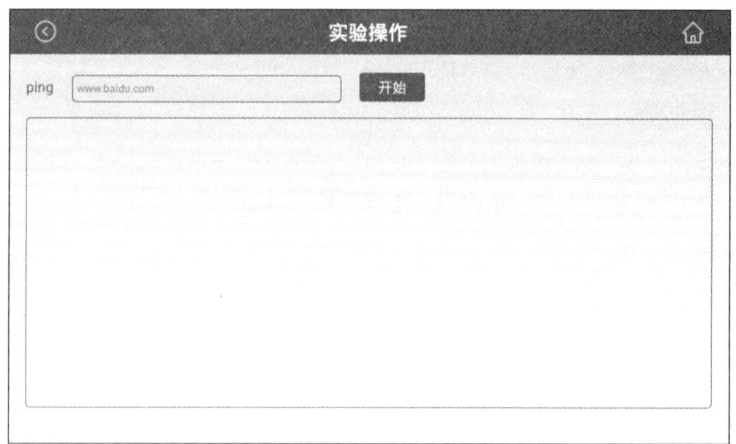

图 10.12　输入网址

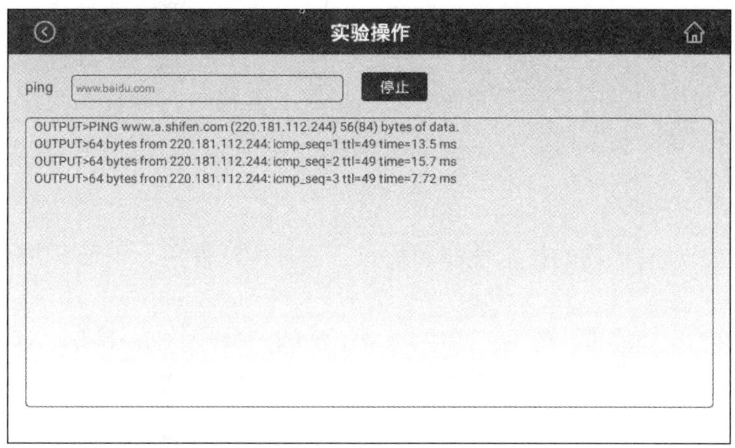

图 10.13 网站连接过程

10.3 蓝牙技术联机实验

【实验目的】

(1) 了解蓝牙信息技术。

(2) 了解蓝牙技术的应用。

(3) 掌握蓝牙模块系统的搭建方式。

【实验内容】

(1) 连接两个实验箱蓝牙设备。

(2) 通过蓝牙进行信息发送。

【实验仪器】

物流信息技术综合实验平台(2 台)。

【实验原理】

1. 蓝牙技术概述

1998 年 5 月，爱立信、IBM、英特尔、Nokia 和东芝五家公司联合成立 T 蓝牙特别利益集团(Bluetooth Speeial Interest Group，BSIG)，并制定了近距离无线通信技术标准——蓝牙技术。旨在利用微波取代传统网络中错综复杂的电缆，使家庭或办公场所的移动电话、便携式计算机、打印机、复印机、键盘、耳机及其他手持设备实现无线互连互通。它的命名借用了一千多年前一位丹麦皇帝哈拉德·布鲁斯(Harald Bluetooth)的名字。

所谓蓝牙技术，实际上是一种短距离无线电技术，它以低成本的近距离无线连接为基础，为固定设备和移动设备通信环境建立了一个短程无线电环境。利用蓝牙技术，能够有效地简化掌上计算机、笔记本式计算机和移动电话等移动通信终端设备之间的通信，也能够成功地简化以上这些设备与Internet之间的通信，从而使这些现代通信设备与Internet之间的数据传输变得更加迅速高效，为无线通信拓宽了道路。它具有无线性、开放性、低功耗等特点。因此，蓝牙技术已经被全球通信业界广泛使用。

2. 蓝牙技术的特点

蓝牙技术由于具有优越的技术性能和特点，而被广泛使用，下面详细介绍其主要性能和特点。

蓝牙设备的工作频段选在全球通用的2.4GHz的ISM(工业、科学、医学)频段，这样用户不必经过申请便可以在2 400～2 500MHz范围内选用适当的蓝牙无线电收发器频段。频道采用23个或79个，频道间隔均为1MHz，采用时分双工方式。调制方式为BT＝0.5的GFSK，调制指数为0.28～0.35。蓝牙的无线发射机采用FM调制方式，从而能降低设备的复杂性。最大发射功率分为3个等级，100mW(20dBm)、2.5mW(4dBm)、1mW(0dBm)，在4～20dBm范围内要求采用功率控制，因此，蓝牙设备之间的有效通信距离约为10～100m。

蓝牙的数据传输率为1Mb/s，采用数据包的形式按时隙传送每时隙0.625μs。蓝牙系统支持实时的同步定向连接和非实时的异步不定向连接，蓝牙技术支持一个异步数据通道或一个并发的同步语音通道或一个同时传送异步数据和同步语音通道。每一个语音通道支持64KB/s的同步语音，异步通道支持最大速率为721KB/s，反向应答速度为57.6KB/s的非对称连接，或者速率为432.6KB/s的对称连接。

跳频是蓝牙使用的关键技术之一。对于单时隙包，蓝牙的跳频速率为1 600跳/秒；对于多时隙包，跳频速率有所降低；但在建链时则提高为3 200跳/秒。使用这样高的调频速率，蓝牙系统具有足够高的抗干扰能力，且硬件设备简单、性能优越。

蓝牙根据网络的概念提供点对点和点对多点的无线连接方式，在任意一个有效通信范围内，所有的设备都是平等的，并且遵循相同的工作方式。基于TDMA原理和蓝牙设备的平等性，任一蓝牙设备在主从网络(Piconet)和分散网络(Scatt-er-net)中，既可用作主设备(Master)，又可作从设备(Slaver)，还可同时既是主设备(Master)，又是从设备(Slaver)，因此在蓝牙系统中没有从站的概念。另外，所有的设备都是可移动的，使得组网方便。

和许多通信系统一样，蓝牙的通信协议采用层次式结构，其程序写在一个9mm×9mm的微芯片中。其底层为各类应用所通用，高层则视具体应用而有所不同，大体分为计算机背景和非计算机背景两种方式，前者通过主机控制接口HCI[①]实现高、低层的连接，后者则不需要HCI。层次结构使其设备具有最大的通用性和灵活性。根据通信协议，各种蓝牙设备无论在任何地方，都可以通过人工或自动查询来发现其他蓝牙设备，从而构成主从网和分散网，实现系统提供的各种功能，使用起来十分方便。

① HCI是Human Computer Interaction的简称，即人机交互。人机交互是人与计算机之间传递、交换信息的媒介和对话接口，是计算机系统的重要组成部分。

3. 蓝牙系统的组成

蓝牙系统一般由无线单元、链路控制(硬件)单元、链路管理(软件)单元和蓝牙软件(协议栈)单元等4个功能单元组成。

蓝牙技术的天线部分体积十分小巧、且质量小，属于微带大线。蓝牙空中接口建立在0dBm(1mW)的基础上，最大可达20dBm(100mW)，遵循FCC(美国联邦通信委员会)有关电平为0dBm的ISM频段的标准。目前，蓝牙产品的链路控制硬件单元包括3个集成器件：连接控制器、基带处理器以及射频传输/接收器，此外还使用了3~5个单独调谐元件。基带链路控制器负责处理基带协议和其他一些低层常规协议。蓝牙基带协议是电路交换与分组交换的结合，采用时分双工实现全双传输。链路管理(LM)软件模块携带了链路的数据设置、鉴权、链路硬件配置和其他一些协议。LM能够发现其他远端LM并通过LMP(链路管理协议)与之通信。蓝牙规范接口可以直接集成到笔记本计算机上，或者通过PC卡或USB接口连接，或者直接集成到蜂窝电话中或通过附加设备连接。蓝牙的软件(协议栈)单元是一个独立的操作系统，不与任何操作系统捆绑，它符合已经制定好的蓝牙规范，适用于集中不同商用操作系统的蓝牙技术规范也在逐渐完善。

4. 蓝牙技术的应用

自从BSIG在全世界范围内发布了蓝牙技术标准，蓝牙技术的推广和应用便得到迅猛发展，截至目前，BSIG的成品已经超过了2 500家，几乎涵盖了全球各行各业，包括通信、计算机、商务办公、工业、家庭、医学、军事、农业等。下面简单介绍蓝牙技术在几种行业的应用。

在通信方面，第二代产品是带有嵌入式蓝牙技术模块的数据通信产品，它们能够在单个设备之间，如膝上计算机与PDA之间传送数据或文件。另外，还可以构成特设网络。蓝牙技术产品应用于移动电话、家庭及办公室电话系统中，可以实现真正意义上的个人通信，即个人局域网。这种个人局域网采用移动电话为信息网关，使各种便携式设备之间可以交换内容。

在商务办公方面，蓝牙技术可以实现数据共享，资料同步。如在开办公会议时，可以用无线的方式访问其他成员，共享文件等信息。利用蓝牙技术还可以制造电子钱包和电子锁，在很多消费场合进行电子付账或在宾馆接待处实现电子登记服务等。

在家庭方面，蓝牙技术可以将信息家电、家庭安防设施、家居自动化与某一类型的网络进行等有机结合，建立了一个智能家居系统。智能家居系统实际上可分为两大部分：一是家庭安防系统，另一部分就是现在常说的智能家居布线系统。家庭安防系统是在特定情况下将报警信号传送至户主的办公电话、计算机、移动电话、传呼机或者小区的安防控制中心，从而实现全天候、全方位、全自动的报警。家居布线系统则是将家庭内的网络信息家电、各类开关、电话、传真、电脑、电视、影碟机、安防监控设备等各种设施统一规划在一个有序的状态下，以统一管理，使之功能更强大、使用更方便、维护更容易、更易扩展新用途。

在现代工业控制系统中，特别是在一些工业测控、故障诊断领域，或者对移动工业设备进行控制的场合，采用无线通信技术具有很大的优越性。工业现场的电磁干扰频率一般在1GHz以下，因此将蓝牙技术用于工业现场环境有其突出的优势。比如可以通过对数控机床无线手持操作器的研究与开发，得到蓝牙在嵌入式工业控制系统方面的集成和开发技术。

在农业方面，由于以前电子检测装置和执行机构的设置复杂、不易造作，不仅大了温室的额外投资成本和安装与维护的难度，有时也影响了作物的良好生长。蓝牙技术是一种新型低成本、短距离的无线网络传输技术。运用蓝牙技术把温室环境自动检测与控制系统中的各个电子检测装置和执行机构无线地连接起来，不仅可以达到便捷地对温室环境参数自动检测，还能灵活地对温室环境参数的自动控制。

5. 蓝牙技术的发展趋势和不足

蓝牙技术未来发展的趋势大概有芯片越来越小巧、与其他技术的兼容、提高抗干扰能力和传输距离、支持众多操作系统、支持漫游功能等。

【拓展文本】

任何科学技术的发展总是从不完善向完善发展的，与其他通信技术一样，蓝牙技术也是一个开放的技术，必然存在一些问题，如保密安全问题、2.4GH ISM频段使用的电磁兼容与频率共用问题、互操作性与兼容性问题、价格、可靠性等综合吸引力问题等。

6. 蓝牙模块实验系统搭建

本实验蓝牙模块的系统搭建如图10.14所示。安卓开发板发送信息给蓝牙模块，蓝牙模块进行相互之间的连接，液晶屏用于相关指令的操作和显示，以及发送信息的输入。

图10.14　蓝牙模块的系统搭建

【实验步骤】

(1) 打开实验箱电源(本实验需要两台实验箱)，如图10.5所示，单击“物流通信”图标。然后在打开的“物流通信”界面中单击“蓝牙实验”图标，如图10.16所示。

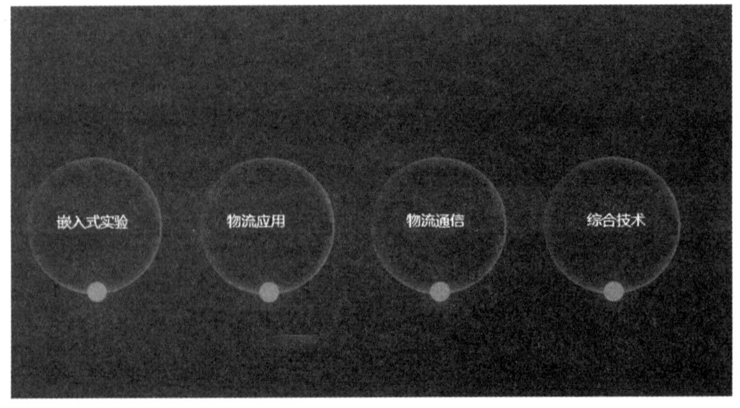

图10.15　选择“物流通信”

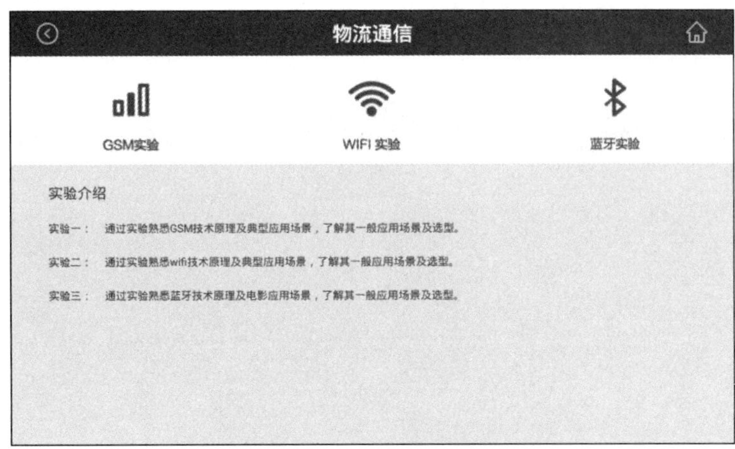

图 10.16　选择“蓝牙实验”

（2）在打开的“蓝牙实验”界面中单击“实验操作”下的“进入”按钮，如图 10.17 所示。然后在打开的“实验操作”界面中打开蓝牙，选择蓝牙设备进行连接，如图 10.18 所示。

图 10.17　选择“实验操作”

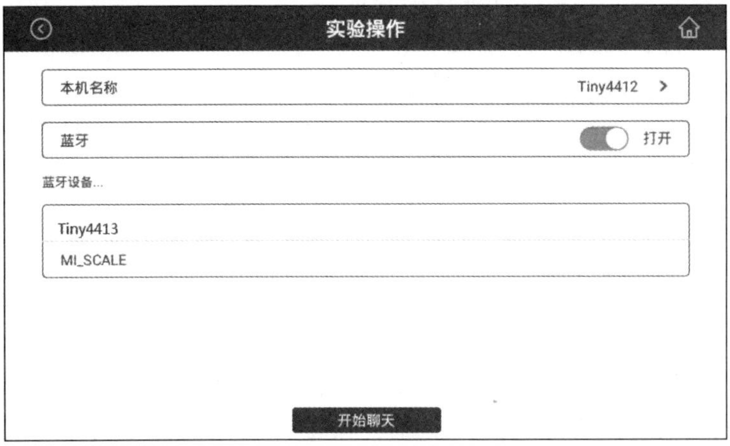

图 10.18　连接蓝牙设备

(3) 若步骤(2)蓝牙连接成功，则两个实验箱即可通过蓝牙进行通信连接，实现信息发送，如图 10.19 所示。

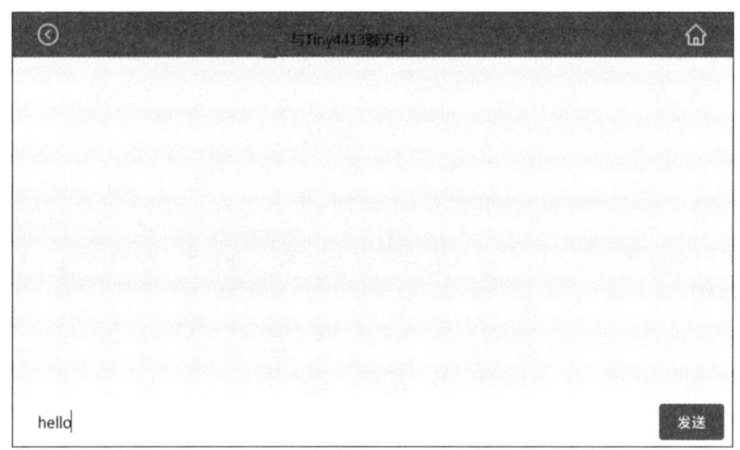

图 10.19　蓝牙聊天窗口

10.4　GSM/WiFi/蓝牙信息技术比较

GSM、WiFi 和蓝牙技术各有其技术优势，现已被广泛使用，现举例 GSM、WiFi 和蓝牙在智能快递柜中的应用，说明其各自的优势和其优势互补的作用。

智能快递柜是一个基于物联网系统，能够将货物(快件)进行识别、暂存、监控和管理的设备，与 PC 服务器一起构成智能快递柜系统。PC 服务器能够对本系统的各个快递投递箱进行统一化管理(如快递投递箱的信息、快件的信息、用户的信息等)，并对各种信息进行整合分析处理。快递员将快件送达指定地点后，只需将其存入快递投递箱，系统便自动为用户发送一条短信，包括取件地址和验证码，用户在方便的时间到达该终端前输入验证码即可取出快件。另外，WiFi 技术和蓝牙技术也在智能快递柜中得到应用，如各个柜体通过 WiFi 与主机相连接，进行快递点多个快递柜的管理，避免了布线困难，方便了新增快递柜的入网操作；快递柜自身带有蓝牙设备，用户在取件时，只需与该蓝牙设备相连接，将收到的短信指令发送给快递柜蓝牙设备，即可实现无线开箱。这种方式极大地方便了用户取件，避免了在多人取件时排队等待的问题。智能快递柜投/取件图如图 10.20 所示。

由 GSM、WiFi 和蓝牙在智能快递柜中的应用，我们可以总结出 GSM、WiFi 和蓝牙各自的技术特点和优势。

GSM 技术可以实现物流信息技术中远距离信息传输的目的，但 GSM 需要手机的支持，而且费用相对较高，在传输较大文件时会消耗较高资源，在物流行业中，一般只是用其进行小文件的传输，如短信、文本、照片等。

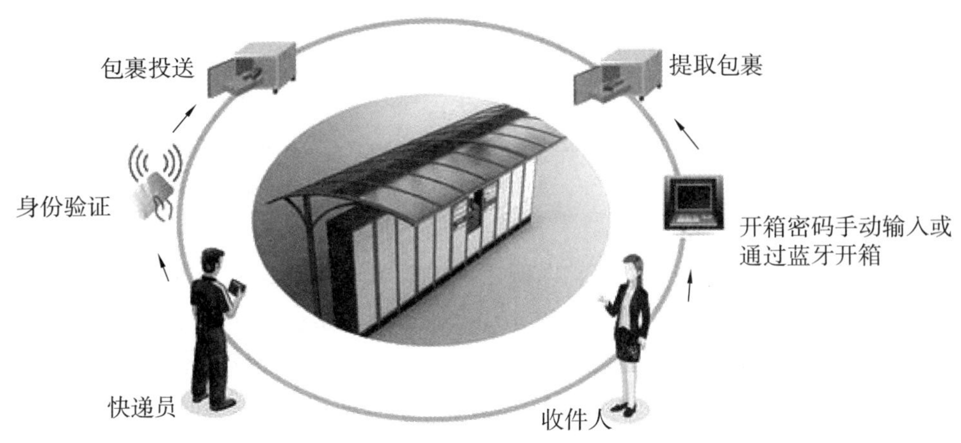

图10.20 智能快递柜投/取件图

WiFi 可以实现 50Mb/s 以上的传输速度，缺点是支持距离有限，覆盖半径在 100m 以内，如家用无线路由器只能在家里使用。因此，虽然 WiFi 速度比 GSM 快，但有覆盖区的限制。

蓝牙技术致力于在 10 ~ 100m 的空间内使所有支持该技术的移动或非移动设备可以方便地建立网络联系、进行话音和数据通信。

对于 WiFi 与蓝牙的关系，人们往往首先想到的是竞争，尤其是在 WiFi 推出 WiFi Direct 技术后，两者之间的竞争更明显。然而，博通公司最新推出的组合模块 InConcert 将 WiFi 与蓝牙集于一体，让两者的关系从对立走向了互补。InConcert 组合模块由 BCM4313（单流 IEEE 802.11n）和 BCM2070（Bluetooth 3.0 + HS）组成，将两种无线连接手段集于一体。目前已经有包括华硕和三星在内的 5 家 OEM[①] 公司决定在其新型笔记本和上网本中采用该模块组合技术。两种连接方式的集成将给用户带来更好的体验，用户在使用无线连接时，不必手动搜索以及选取连接方式，InConcert 组合模块会自动完成该任务，在短距离情况下，可以通过蓝牙或者 WiFi 直连实现，无须网络覆盖。而如果距离稍长，可以通过 WiFi 无线网络进行。

因此，GSM、WiFi、蓝牙信息技术各有其优点和不足，它们作为通信系统中的重要成员，三者之间虽然存在竞争，但优势互补将是未来发展的趋势。

本章小结

GSM 是第 2 代蜂窝移动通信技术，它的出现带来了一次无线通信技术的革命，大大提高了频率的复用效率，增大了系统容量。GSM 主要由交换网络子系统（NSS）、无线基站子

① OEM 生产，俗称代工（生产），也称定点生产，基本含义为品牌生产者不直接生产产品，而是利用自己掌握的关键核心技术负责设计和开发新产品，控制销售渠道，具体的加工任务通过合同订购的方式委托同类产品的其他厂家生产。

系统(BSS)和移动台(MS)三大部分组成，并使用了 SIM 卡技术，来增强 GSM 系统的安全性。

WiFi 是采用 IEEE 802 相关标准的短程无线传输技术，因为具有带宽高、速度快、健康安全等特点，并在处理信息、多媒体、邮件和游戏应用方面尤为突出，目前广泛应用在教室、家庭、办公室、飞机场和工业环境中，在 100m 的范围内提供了一种可靠性高的无线传输解决方案。

蓝牙是一种短距离无线电技术，它以低成本的近距离无线连接为基础，为固定设备和移动设备通信环境建立一个短程无线电环境。工作范围通常在 10m 左右。

本章在物流信息技术实验箱中进行 GSM、WiFi 和蓝牙信息技术实验实训，使读者更好地理解 GSM、WiFi 和蓝牙技术的优、缺点，更直观地体会到这些通信技术的工作方式。

关键术语

移动通信(Mobile Communication)
蜂窝系统(Cellular System)
技术规范(Technical Specifications)
手持设备(Handheld Device)
组网(Ad-hoc Network)
宽带(Broadband)
调频(Frequency Modulation)
覆盖范围(Coverage)

习　题

一、填空题

1. GSM 数字移动通信系统是由欧洲主要电信运营商和制造厂家组成的标准化委员会设计的，它是在________的基础上发展而成的。
2. 蜂窝移动通信系统主要是由________、________和________三大部分组成。
3. 随着技术的发展，以及 IEEE 802.11a 和 IEEE 802.11g 等标准的出现，________标准已被统称为 WiFi。
4. WiFi 无线网络是由________和________组成的无线网络。
5. 所谓蓝牙技术，实际上是一种________技术，它以低成本的近距离无线连接为基础，为固定设备和移动设备通信环境建立了一个短程无线电环境。
6. 蓝牙根据网络的概念提供________和________的无线连接方式。
7. 蓝牙基带协议是与________的结合，采用时分双工实现全双传输。
8. 蓝牙系统一般由________、________、________和________ 4 个功能单元组成。

二、思考题

1. 简述 GSM、WiFi 和蓝牙的发展历史。
2. 简述 WLAN 与 WiFi 的区别。
3. 简述 GSM、WiFi 和蓝牙信息技术的优、缺点。
4. 理解 GSM、WiFi、蓝牙信息技术实验的系统搭建方式。

综合篇

第11章 智能快递柜条码开锁模拟实验

【学习目标】

（1）掌握基本智能快递柜工作流程。

（2）了解蓝牙监控应用及理解蓝牙联机监控的系统搭建方式。

（3）了解超高频 RFID 在仓储管理系统的应用。

（4）熟悉仓储系统的管理流程。

【学习重点】

（1）智能快递柜工作流程。

（2）蓝牙监控应用。

【学习难点】

蓝牙联机监控的系统搭建方式。

【实验目的】

（1）了解智能快递柜的发展。

（2）掌握基本智能快递柜的工作流程。

【实验内容】

进行智能快递柜开柜实验。

【实验仪器】

物流信息技术综合实验平台。

【实验原理】

1. 条码扫描器的原理和分类

条码扫描器，又称为条码阅读器、条码扫描枪等。它是用于读取条码所包含信息的阅读设备，利用光学原理，把条码的内容解码后通过数据线或者无线的方式传输到计算机或者其他设备，广泛应用于超市、物流快递、图书馆等扫描商品、单据的条码。

普通的条码阅读器通常采用以下 4 种技术：光笔、CCD、激光、影像型红光。

1）光笔的工作原理

光笔是最先出现的一种手持接触式条码阅读器，它也是最为经济的一种条码阅读器。

使用时，操作者需将光笔接触到条码表面，通过光笔的镜头发出一个很小的光点，当这个光点从左到右划过条码时，在“空”部分，光线被反射，在“条”部分，光线将被吸收，因此在光笔内部产生一个变化的电压，这个电压通过放大、整形后用于译码。

优点：与条码接触阅读，能够明确哪一个是被阅读的条码；阅读条码的长度可以不受限制；与其他的阅读器相比成本较低；内部没有移动部件，比较坚固；体积小，质量轻。

缺点：使用光笔会受到各种限制，如在有一些场合不适合接触阅读条码；另外只有在比较平坦的表面上阅读指定密度的、打印质量较好的条码时，光笔才能发挥它的作用；而且操作人员需要经过一定的训练才能使用，如阅读速度、阅读角度及使用的压力不当都会影响它的阅读性能；最后，因为它必须接触阅读，当条码在因保存不当而产生损坏，或者上面有一层保护膜时，光笔都不能使用；光笔的首读成功率低及误码率较高。

2）CCD 阅读器的工作原理

CCD（Charge-coupled Device，CCD）为电子耦合器件，比较适合近距离和接触阅读，它的价格没有激光阅读器贵，而且内部没有移动部件。

CCD阅读器使用一个或多个LED，发出的光线能够覆盖整个条码，条码的图像被传到一排光上，被每个单独的光电二极管采样，由邻近的探测结果为“黑”或“白”区分每一个条或空，从而确定条码的字符。换而言之，CCD阅读器不是注意的阅读每一个“条”或“空”，而是条码的整个部分，并转换成可以译码的电信号。

优点：与其他阅读器相比，CCD阅读器的价格较便宜，但同样有阅读条码的密度广泛、容易使用的优点。它的质量比激光阅读器轻，而且不像光笔一样只能接触阅读。

缺点：CCD阅读器的局限在于它的阅读景深和阅读宽度，在需要阅读印在弧形表面的条码(如饮料罐)时，会有困难；在一些需要远距离阅读的场合，如仓库领域，也不是很适合；CCD的防摔性能较差，因此产生的故障率较高；在所要阅读的条码比较宽时，CCD也不是很好的选择，信息很长或密度很低的条码很容易超出扫描头的阅读范围，导致条码不可读；而且某些采取多个LED的条码阅读器中，任意一个LED故障都会导致不能阅读；大部分CCD阅读器的首读成功率较低且误码概率高。

3）激光扫描仪的工作原理

激光扫描仪是各种扫描器中价格相对较高的，但它所能提供的各项功能指标最高，因此在各个行业中被广泛采用。

激光扫描仪的基本工作原理为手持式激光扫描仪通过一个激光二极管发出一束光线，照射到一个旋转的棱镜或来回摆动的镜子上，反射后的光线穿过阅读窗照射到条码表面，光线经过条或空的反射后返回阅读器，由一个镜子进行采集、聚焦，通过光电转换器转换成电信号，该信号将通过扫描器或终端上的译码软件进行译码。

激光扫描仪分为手持与固定两种形式：手持式激光扫描仪连接方便简单、使用灵活，固定式激光扫描仪适用于阅读量较大、条码较小的场合，能有效解放双手工作。

优点：激光扫描仪可以很杰出的用于非接触扫描，通常情况下，在阅读距离超过30cm时激光阅读器是唯一的选择；激光阅读条码密度范围广，并可以阅读不规则的条码表面或透过玻璃或透明胶纸阅读，因为是非接触阅读，因此不会损坏条码标签；因为有较先进的阅读及解码系统，首读识别成功率高、识别速度相对光笔及CCD更快，而且对印刷质量不好或模糊的条码识别效果好；误码率极低(仅约为三百万分之一)；激光阅读器的防震、防摔性能好。

缺点：激光扫描仪唯一的缺点是价格相对较高，但如果从购买费用与使用费用的总和计算，与CCD阅读器并没有太大的区别。

4）影像型红光扫描器的工作原理

影像型红光扫描器是一款可替代激光扫描仪的条码阅读器，其扫描景深达30cm，配合其高达300次/秒的扫描速度，使其具有优异的读码性能。影像型红光扫描器具有独特的影像式设计，令其解码能力极强，一般扫描器无法识读的条码，它仍可识读。影像型红光扫描器通过智能接口，只需更换电缆就可实现键盘、RS232串口、USB等接口的转换，同时，还可直接连接笔记本式计算机。对于掌上计算机等特殊设备，某些型号可内置电池直接供电，解决了掌上计算机供电能力不足的问题，其丰富的数据编辑功能可使影像型红光扫描器与用户现有软件充分配合。

2. 智能快递柜概述

如今，网购已成为消费者购物的一大主要途径，每年的网购市场份额成倍数上升，尤其是双十一、春节等节假日前后，电商冲击着传统的实体店销售。但随之而来的爆仓、消费者拿件不及时等问题，导致配送效率不高、消费者与快递人员的沟通不当而引发的冲突等，已成为电商和快递企业亟待解决的问题。

【拓展文本】

在我国，京东商城、顺丰、韵达、邮政快递已经在个别城市的住宅小区和商务楼宇积极采取措施解决快递配送问题，智能快递柜和自助快递终端服务模式开始在某些场所尝试运营。并且，智能快递柜已从快递公司的自主行为上升到国家层面，国家邮政局拟就推行智能快递的相关标准进行研讨，并尽快上升到实施日程中。但是，各快递公司对邮政系统铺设的智能快递柜心存顾虑。智能快递柜可以发挥的其他辅助功能，如广告、代刷缴费都在起步状态，所需技术不是主要问题，关键是市场需求量到底多大、是否有竞争力、能否盈利等问题使快递公司处于困惑或观望状态。

虽然快递业中的智能快递柜在目前发展中还存在着许多障碍，但 ATM 的成功运作案例也预示着储物柜存在很大的成功可能性，潜在的巨大电商发展空间将是推动智能快递柜发展的最大动力。

对于智能快递柜如何快速发展起来，快递企业、智能快递柜的生产商、小区物业、商场等多方组织应共同努力，创造共赢。可将电商的智能配送终端分离出来，交由快递以外的第四方企业全权管理智能快递柜，由第四方企业对智能快递柜及其布置所在的小区物业或商场、智能快递柜中的暂存物、广告宣传进行全面管理。另外，智能快递柜的运营还可与 ATM 机形成关联，在发展社区自助金融服务之外，将货到付款形式的自提验货与 ATM 机付款绑定服务，通过指纹识别验证付款等安全性更高的信息技术加以实现，突破目前存在的一些运营模式困境。虽然，许多问题和设想还需实践检验，但智能快递柜的发展前景还是非常广阔的。

3. 条码开锁方式在智能快递柜中的应用

智能快递柜的条码开锁方式类似于条码储物柜。条码储物柜在现实生活中应用广泛，为超市、图书馆、展览馆、酒楼、车站、码头、迪厅、溜冰场、其他娱乐等场所提供短期寄存保管服务，也可以作为工厂、机关、医院及特种行业员工的更衣柜。采用的条码储物柜无须在键盘上输入密码或投币，只需将条码靠在条码扫描器上即可。它克服了传统的人工寄存所带来的费人力、速度慢、易冒领、不安全等诸多弊端。条码储物柜的条码开锁方式在智能快递柜中也广泛使用，用户将收到的条码在条码扫描器上扫描即可打开相应柜体，这种方式的特点是节省了条码的制作成本，而且不易遗失，安全性更高。智能快递柜使用流程如图 11.1 所示。

常见智能快递柜业务有以下流程。

客户通过网上购物系统完成网上物品订购、网上支付等流程，电商将送货单(附条码)贴在货物包装上。送货员拿着送货单，在智能快递柜的红外线扫描器上扫描后，智能快递

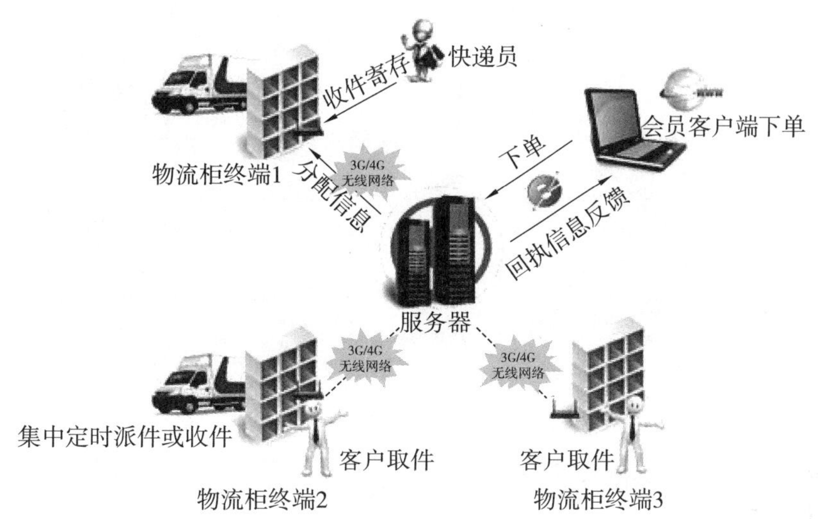

图 11.1 智能快递柜使用流程

柜控制器将自动检索空箱柜，此箱门即自动弹开。送货员将客户物品放置于已开箱门的箱格内后关上箱门便完成投递。

系统随即自动将客户物品的条码、箱号、门号、送达时间等信息上传到服务器，服务器管理中心软件通过物品条码，在系统中查询出客户的手机号或会员卡号。

服务器管理中心软件生成开箱密码或条码开箱密码，然后将箱号、柜号、密码、送达时间等信息发送给客户。客户可以通过扫描条码，或手动输入开箱密码开箱。

4. 智能快递柜条码开锁方式系统搭建

本实验智能快递柜条码开锁方式系统的搭建如图 11.2 所示。条码扫描模块扫描出条码信息发送给处理器 1(即 STC15W4K32S4 单片机)，处理器 1 将条码信息发送给安卓开发板，安卓开发板进行条码信息验证，若验证成功，则通过处理器 2 打开电子锁。其中，液晶屏用于实验相关操作和显示。

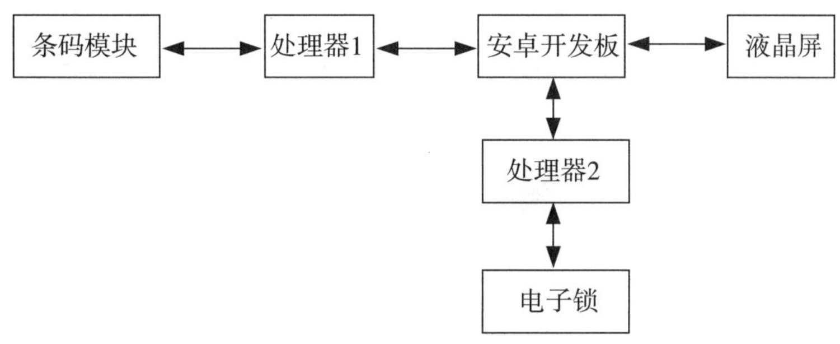

图 11.2 智能快递柜条码开锁方式系统的搭建

【实验步骤】

(1) 打开实验箱电源，如图 11.3 所示，单击“综合技术”图标。然后在打开的“综合技术”界面中单击“模拟储物柜实验”图标，如图 11.4 所示。

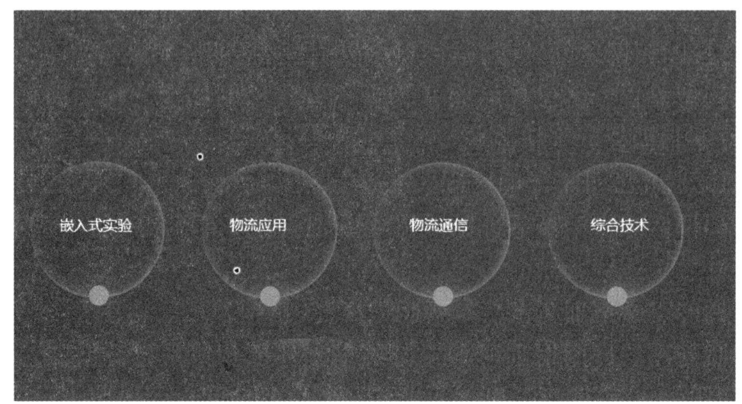

图 11.3　选择“综合技术”

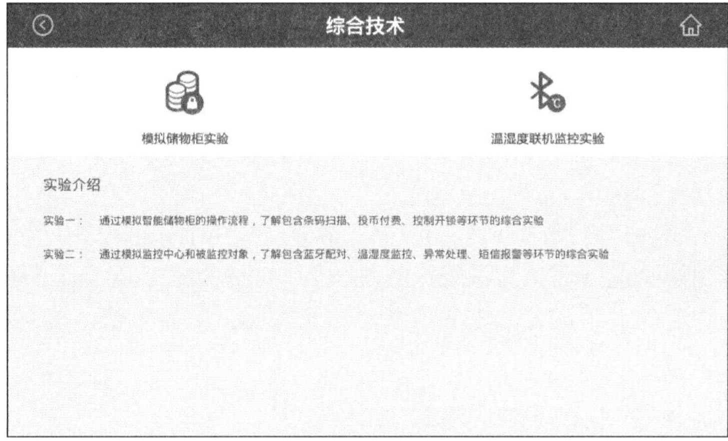

图 11.4　选择“模拟储物柜实验”

（2）在打开的“综合技术”界面中单击“实验操作”下的“进入”按钮，然后在打开的“实验操作”界面中将实验箱提供的二维码放在条码扫描模块上方进行扫描，如图 11.5 所示，扫描成功后，模拟储物柜打开(注：条码扫描前需要先打开条码扫描模块开关，开关位于条码扫描模块右下侧)。

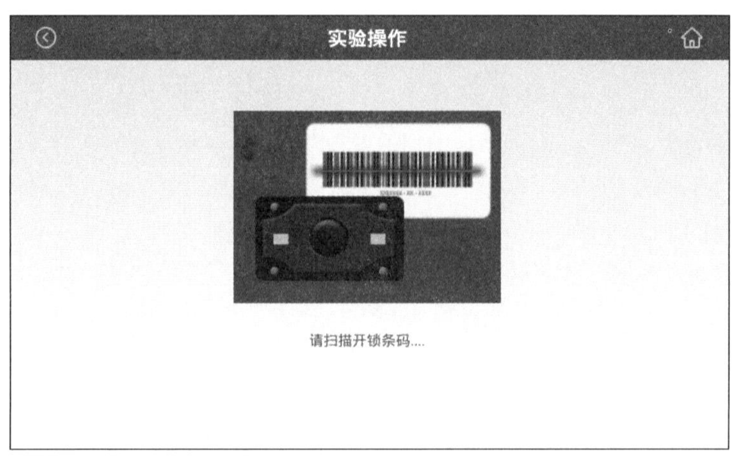

图 11.5　模拟储物柜扫描二维码

本章小结

条码扫描器，又称为条码阅读器、条码扫描枪等。它是用于读取条码所包含信息的阅读设备，利用光学原理，把条码的内容解码后通过数据线或者无线的方式传输到计算机或者其他设备。普通的条码阅读器通常采用以下4种技术：光笔、CCD、激光、影像型红光。

电子商务的发展带动了智能快递柜的发展，虽然还存在问题，但前景还是广阔的。

本章在物流信息技术实验箱中进行智能快递柜条码开锁模拟实验，使读者可更好地理解物流信息技术在现实场景中的应用以及智能快递柜的工作流程。

关键术语

条码开锁(Bar Code Lock)
网购(Online Shopping)
快递(Express)
储物柜(Locker)
智能快递柜(Intelligent Express Cabinet)

习　题

一、填空题

1. 条码扫描器是用于读取条码所包含信息的阅读设备，利用________原理，把条码的内容解码后通过数据线或者无线的方式传输到计算机或者其他设备。

2. 普通条码阅读器通常采用________、________、________和________4种技术。

3. CCD为________器件，比较适合近距离和接触阅读。

4. 激光扫描仪的基本工作原理为手持式激光扫描仪通过________发出一束光线，照射到一个旋转的棱镜或来回摆动的镜子上，反射后的光线穿过照射到条码表面，光线经过________的反射后返回阅读器，由一个镜子进行采集、聚焦，通过转换成电信号，该信号将通过扫描器或终端上的译码软件进行译码。

二、思考题

1. 试阐述几种条码阅读器的优、缺点。

2. 简述条码开锁方式在智能快递柜中应用的工作流程。

3. 简述智能快递柜的发展现状和前景。

4. 简述智能快递柜条码开锁方式模拟实验的系统搭建方式。

第12章 智能快递柜温湿度联机监控模拟实验

【实验目的】

(1) 了解蓝牙监控的应用。

(2) 理解蓝牙联机监控的系统搭建方式。

【实验内容】

进行温湿度联机监控的主机和从机实验。

【实验仪器】

物流信息技术综合实验平台(2台)。

【实验原理】

1. 蓝牙无线局域网概述

蓝牙技术作为一种小范围无线连接技术，能够在设备间实现方便快捷、灵活安全、低成本、低功耗的数据和语音通信，是目前实现无线局域网的主流技术之一。同时，蓝牙系统以 Ad Hoc[①] 的方式工作，每个蓝牙设备都可以在网络中实现路由选择的功能，可以形成移动自组网络。而且，将蓝牙与其他网络相连接可进行更广泛的应用，如接入互联网或公众移动通信网，可以使用户应用更方便。作为有线局域网的补充，蓝牙无线局域网克服了有线网络的弊端，可利用计算机等随时随地进行数据等的查询和录入，在无线监护方面发挥着重要作用。

【拓展文本】

1) 蓝牙的组网机制

蓝牙局域网工作组的主要目标是定义基于 IP 的蓝牙局域网应用协议，蓝牙局域网协议描述了两个及多个的蓝牙设备如何组成一个 Ad Hoc 网络以及如何使用同样的机制通过网络接入点接入远程网络。网络接入点可以是传统的 LAN 数据接入点，而分组 Ad Hoc 网络表示的仅是一组相互连接的设备。

分组 Ad Hoc 网络是一组移动主机的集合，它们可以在无须其他网络硬件或网络设施的支持下组成一个 Ad Hoc 无线网络。

蓝牙 PAN 网络具有以下 Ad Hoc 网络的特点。

(1) 独立组网能力。各节点在一定网络构成算法的支持下，可以在很短的时间内自动组成一个独立的网络而无须任何网络设施支持。

① Ad Hoc 网是一种多跳的、无中心的、自组织无线网络，又称为多跳网(Multi-hop Network)、无基础设施网(Infrastructureless Network)或自组织网(Self-organizing Network)。整个网络没有固定的基础设施，每个节点都是移动的，并且都能以任意方式动态地保持与其他节点的联系。

（2）多跳路由。节点的发射功率较低，因此覆盖范围有限。相互通信范围之外的节点通信需要经过中间节点的转发，经过多跳实现。

（3）拓扑动态变化。在蓝牙局域网中，某些节点具有移动性，可能随时离开或再次加入网络，也有些节点会随时关闭电源，引起节点和链路数量分布的变化，因此蓝牙局域网的拓扑结构可能随时发生变化。

（4）节点的局限性。大部分蓝牙节点依靠电池供电，能量受限，而且节点存在移动性、内存小以及处理器处理能力有限等特点，因此有效地减少节点能耗非常重要。

（5）安全性。虽然蓝牙采取了严密的安全机制，但由于 Ad Hoc 网络特点，蓝牙节点易受到窃听、主动入侵与拒绝服务等网络攻击。

2）蓝牙网络的拓扑结构

蓝牙系统采用一种灵活的无基站的组网方式，使得一个蓝牙设备可与 7 个其他的蓝牙设备相连接。蓝牙系统网络结构的拓扑结构有两种形式，即微微网(Piconet)和散射网(Scatternet)。

（1）微微网。微微网是通过蓝牙技术以特定方式连接起来的一种微型网络，一个微微网可以只是 2 台相连的设备，如一台便携式计算机和一部移动电话，也可以是 8 台连在一起的设备。在一个微微网中，所有设备的级别是相同的，具有相同的权限。蓝牙采用自组式组网方式(Ad Hoc)，微微网由主设备(Master)单元(发起链接的设备)和从设备(Slaver)单元构成，有一个主设备单元和最多 7 个从设备单元，如图 12.1 所示。主设备单元负责提供时钟同步信号和跳频序列，从设备单元一般是受控同步的设备单元，受主设备单元控制。

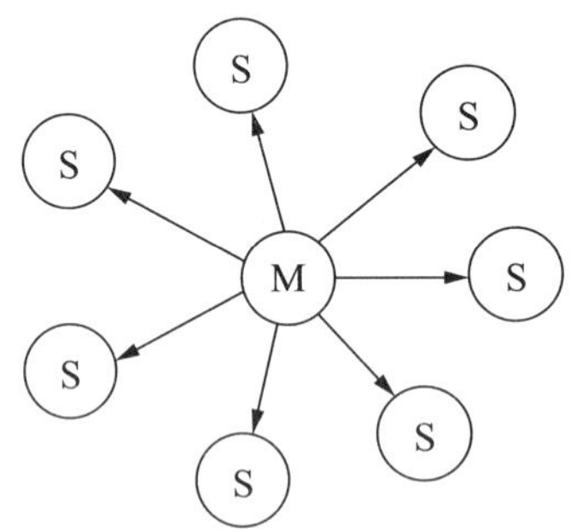

图 12.1　一个主设备和 7 个从设备组成的微微网

在每个微微网中，用一组伪随机跳频序列来确定 79 个跳频信道，这个跳频序列对于每个微微网来说是唯一的，由主节点的地址和时钟决定。蓝牙无线信道使用跳频/时分复用(FH/TDD)方案，信道以 625μs 时间长度划分时隙，根据微微网主节点的时钟对时隙进行编号，号码从 0 - (227 - 1)以 227 为一个循环长度，每个时隙对应一个跳频频率，通常跳频速率为 1 600 跳/s。主节点只在偶数时隙开始传送信息，从节点只在奇数时隙开始传送，信息包的开始与时隙的开始相对应。微微网中信道的特性完全由主节点决定，主节点的蓝牙地址决定跳频序列和信道接入码，主节点的系统时钟决定跳频序列的相位和时间。根据蓝牙节点的平等性，任何一个设备都可以成为网络中的主节点，而且主、从节点可转

换角色。主节点通过轮询从节点实现两者之间的通信，从节点只有收到主节点的信息包方可发送数据

（2）散射网。一个微微网最多只能有7个从节点同时处于通信状态。为了能容纳更多的装置，并且扩大网络通信范围，多个微微网互连在一起，就构成了蓝牙自组织网，即散射网，如图12.2所示。在散射网中，不同微微网之间使用不同的跳频序列，因此，只要彼此没有同时跳跃到同一频道上，即便有多组资料流同时传送也不会造成干扰。连接微微网之间的串连装置角色称为桥(Bridge)。桥节点可以是所有所属微微网中的Slaver角色(即从角色)，这样的Bridge的类别为Slave/Slave(S/S)；也可以是在其中某一所属的微微网中当Master(即主角色)，在其他微微网中当Slaver，这样的Bridge类别为Master/Slaver(M/S)。桥节点通过不同时隙在不同的微微网之间的转换而实现在跨微微网之间的资料传输。蓝牙独特的组网方式使桥节点具有强大的功能，同时可以有7个移动蓝牙用户通过一个网络节点与Internet相连。它靠跳频顺序识别每个微微网，同一微微网所有用户都与这个跳频顺序同步。

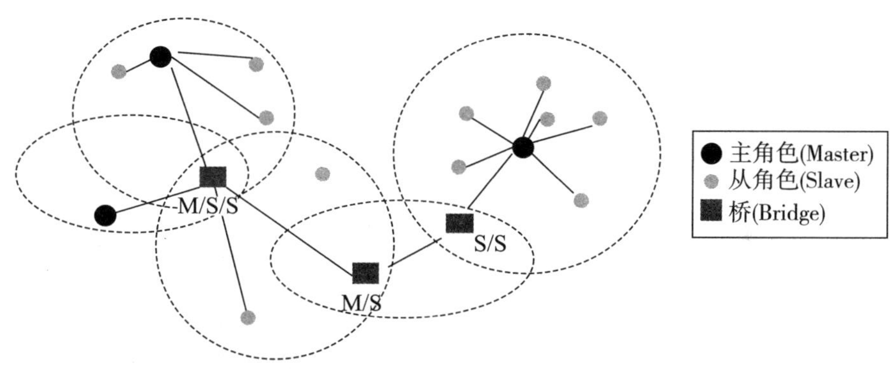

图 12.2　蓝牙散射网实例

蓝牙散射网是自组网的一种特例，其最大的特点是可以无基站支持，每个移动终端的地位是平等的，并可以独立进行分组转发的决策，其建网灵活性、多跳性、拓扑结构动态变化和分布式控制等特点是构建蓝牙散射网的基础。

目前蓝牙规范中对微微网内的通信协议有了明确的规定，但对蓝牙散射网的研究，还处于探索阶段，是各国科学家感兴趣和重点研究的课题之一，越来越多的研究成果完善了蓝牙网络的应用，提高了蓝牙产品的普及率。中国是人口密集、商业经济活动集中的国家，在这里低成本、组网简单灵活的蓝牙产品将会有更广阔的应用前景。蓝牙作为近距离无线技术，也是人与机器之间交流的有效方式，将在多领域得到更广泛的应用，如移动通信、计算机及周边设备、个人随身信息和娱乐设备、网络接入设备、医疗保健、金融、军事等。

2. 蓝牙技术在温湿度监控系统中的应用

蓝牙技术具有低功耗、稳定和自组网等技术优势，现已被广泛使用，现就蓝牙技术在温度与湿度监控系统中的应用举例说明。

在物联网时代，智能监控、智能设备和智能家居等的进一步发展，对短距离的无线通信控制提出了更高的要求。蓝牙4.0是2012年最新蓝牙版本，是3.0的升级版本；较3.0版本具有更省电、成本低、3ms低延迟、超长有效连接距离、AES-128加密等特点；通常用在短距离监控、智能家居和智能穿戴设备等方面。蓝牙4.0集蓝牙、高速、低耗能三技术为一体，稳定性好，安全度高，数据传输速度快，有效覆盖范围达到了100m。而随着技术改进，现今在IPv 6协议下，其可实现“设备直接联网”，无须再通过手机或PC。这项技术将应用于每年出售的数亿台蓝牙手机、PC及掌上计算机，以最低耗能提供持久的无线连接，有效扩大相关应用产品的覆盖距离，开辟全新的网络服务。

在短距离温湿度监控方面，由于对低功耗、传输稳定性和自组网方面有其特殊的要求，蓝牙技术可以在一般情况下保持休眠状态，当需要进行温度与湿度检测时再进行唤醒。而且，由于蓝牙技术信息传输稳定，可进行自组织网络，因此，可用于在一定空间中组建一个稳定可靠的无线局域网络，为短距离、低功耗的温度与湿度监控系统提供了有效的解决方案(如机房中多个机器的温度与湿度检测、粮库中的温度与湿度检测等)。蓝牙温度与湿度监控系统方案如图12.3所示。

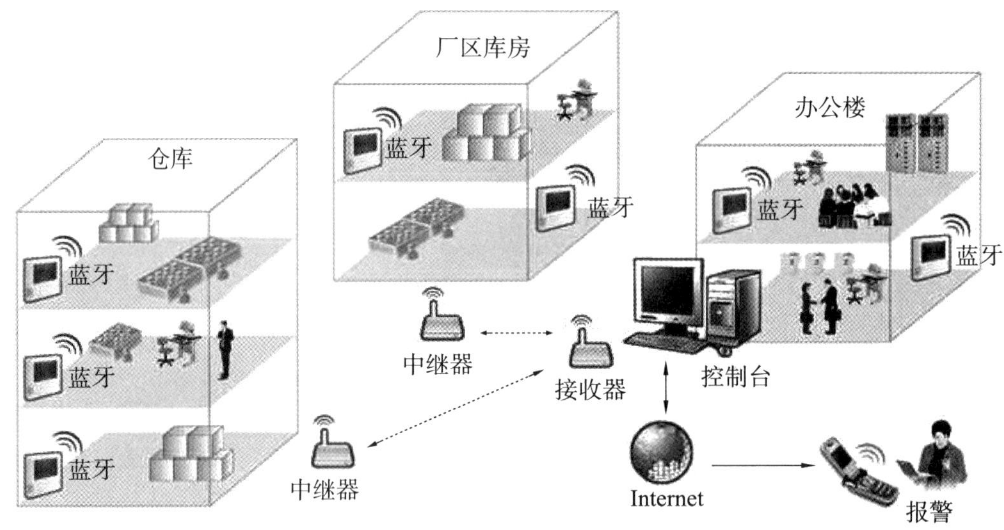

图12.3　蓝牙温度与湿度监控系统方案

蓝牙温湿度监控系统方案的优势如下。

(1) 具有自组织网络的特点：蓝牙技术可在一定空间中自动构建无线局域环境。并且，蓝牙具有稳定和低功耗的特点，适合对布线困难、功耗要求较高的场合进行温湿度检测。

(2) 可以进行主、从角色切换：蓝牙设备在网络中的角色有主设备(Master)与从设备(Slave)两种。当主设备接点电量较低时，可以将从设备切换为主设备，将主设备切换为从设备，从而有效保证了无线数据的传输。

(3) 蓝牙模块体积小、便于集成：对于某些场合的温湿度监测，移动设备的体积相对较小(如插入粮堆内的检测设备)，嵌入其内部的蓝牙模块满足了这一局限性要求。

（4）开放的接口标准：为了推广蓝牙技术的使用，蓝牙技术联盟将蓝牙的技术标准全部公开，全世界范围内的任何单位和个人都可以进行蓝牙产品的开发，只要最终通过蓝牙产品兼容性测试，就可以推向市场。

（5）成本低：随着市场需求的扩大，各个供应商纷纷推出自己的蓝牙芯片和模块，使得蓝牙产品价格迅速下降。因此，蓝牙温湿度监控系统方案相对于其他无线方式具有低成本的优势。

【实验步骤】

（1）打开实验箱电源(本实验需要两台实验箱)，如图 12.4 所示，单击“综合技术”图标。

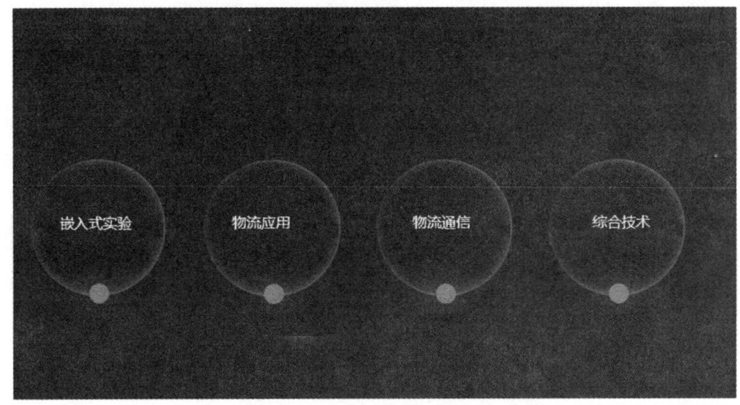

图 12.4　选择“综合技术”

（2）在打开的“综合技术”界面中单击“温湿度联机监实验”图标，如图 12.5 所示。

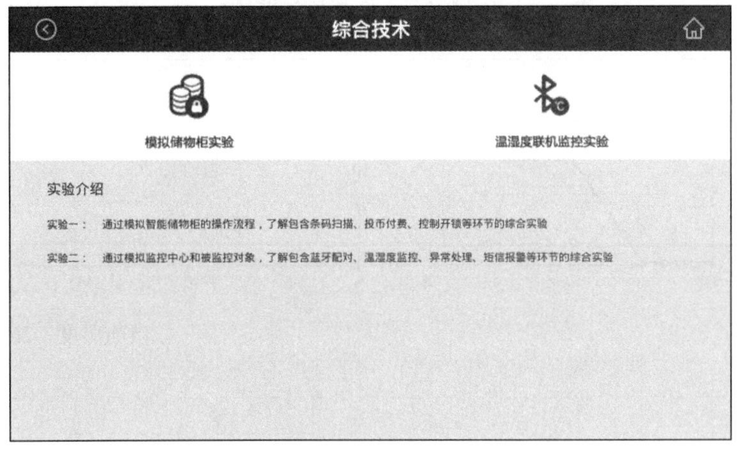

图 12.5　选择“温湿度联机监控实验”

（3）在打开的“综合技术”界面中单击“实验操作”下的“进入”按钮。然后在打开的“实验操作”界面中选择将一台实验箱设置为被监控对象，将另一台实验箱设置为监控中心，进行温湿度联机监控实验，如图 12.6 所示。

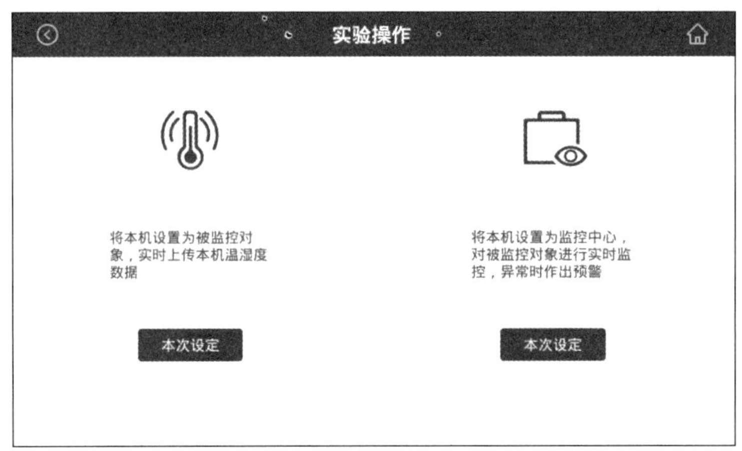

图 12.6　选择监控主、从机

（4）进行两台实验箱的蓝牙连接，如图 12.7 所示。主机上将会检测到本机的温湿度数据，如图 12.8 所示。

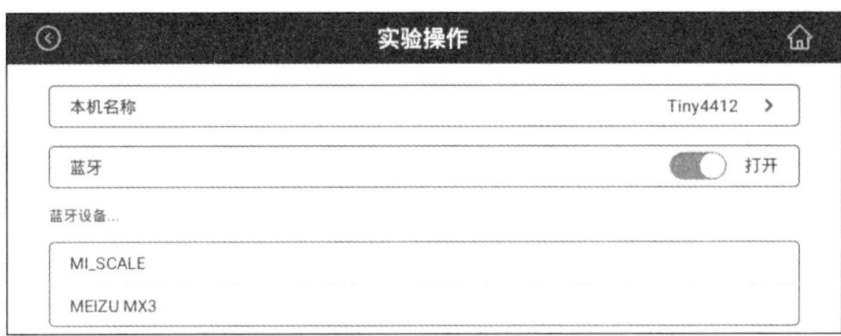

图 12.7　实验箱蓝牙连接

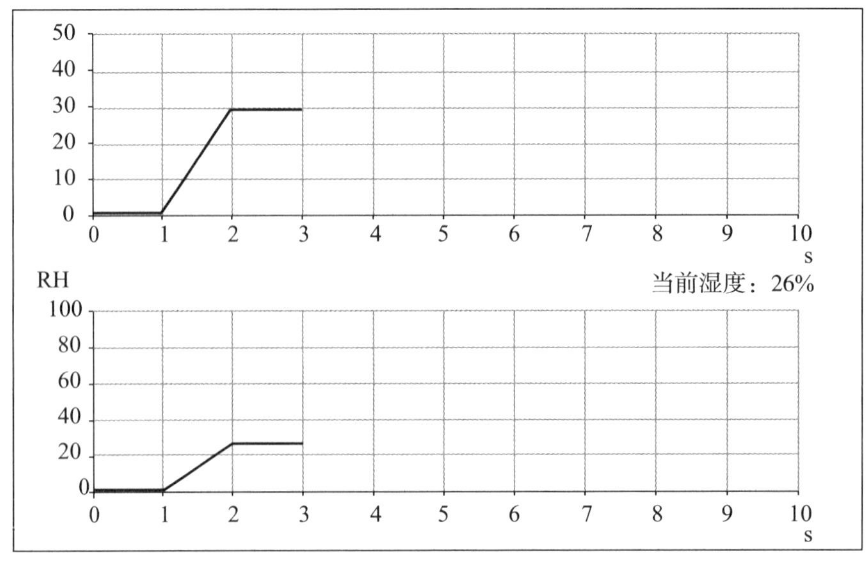

图 12.8　温度与湿度显示

本章小结

蓝牙技术作为一种小范围无线连接技术，通过以 Ad Hoc 的方式工作，使用户应用更方便，在无线监护方面发挥着重要作用。蓝牙 PAN 网络具有以下 Ad Hoc 网络的特点：独立组网能力、多跳路由、拓扑动态变化、节点的局限性、安全性。蓝牙系统网络结构的拓扑结构有两种形式：微微网和散射网。蓝牙散射网是自组网的一种特例，其最大的特点是可以无基站支持。

本章在物流信息技术实验箱中进行智能快递柜温度与湿度联机监控模拟实验实训，使读者了解蓝牙监控应用，理解蓝牙联机监控的系统搭建方式。

关键术语

无线局域网(Wireless Local Area Networks)
蓝牙组网(Bluetooth Networking)
多跳路由(Multi-hop Routing)
拓扑结构(Topological Construction)
主节点(Master Node)
从节点(From Node)
基站(Base Station)

习　题

一、填空题

1. 蓝牙系统以________的方式工作，每个蓝牙设备都可以在网络中实现路由选择的功能，可以形成________网络。

2. 蓝牙局域网工作组的主要目标是定义________应用协议。

3. 蓝牙系统网络结构的拓扑结构有两种形式：________和________。

4. 蓝牙微微网主设备单元负责提供________和________，从设备单元一般是受控同步的设备单元，受主设备单元控制。

5. 蓝牙散射网是自组网的一种特例，其最大特点是________。

二、思考题

1. 简述蓝牙 PAN 网络与 Ad Hoc 网络的共同特点。

2. 简述蓝牙系统网络结构的拓扑结构，即蓝牙微微网和散射网的工作原理。

3. 简述蓝牙技术的应用。

4. 简述蓝牙技术在温湿度监控系统中应用的工作流程。

5. 简述温湿度联机监控模拟实验的系统搭建方式。

第13章 基于超高频RFID的仓储管理系统实验

【实验目的】

（1）了解超高频 RFID 在仓储管理系统的应用，熟悉仓储系统的管理流程。

（2）深入了解条超高频 RFID 别基本原理，形成对超高频 RFID 识别的理论认识。

（3）熟练掌握利用超高频 RFID 识别设备进行标签识别。

（4）培养学生协作与交流的意识与能力，让学生进一步掌握超高频 RFID 使用技巧，为学生开发应用超高频 RFID 技术奠定基础。

【实验内容】

模拟应用超高频 RFID 的仓库管理流程。

【实验仪器】

具有 Windows XP 或以上系统的计算机。

【实验原理】

1. RFID 智能仓储管理系统概述

基于 RFID 技术的智能仓储管理系统是在传统仓储管理的工作方式和流程中加入 RFID 终端设备和电子标签，来实现数据采集并完成库内作业管理工作。从仓库管理的核心流程（入库→库内作业→出库→退货）及库存控制上实现更高效精确的管理，有效控制并跟踪仓库业务的物流和成本管理全过程，实现完善的企业仓储信息管理。

RFID 技术具备读取距离远、读取速度快、可批量群读、不易污损、数据容量大等条码无法实现的特点，可有效简化仓库繁杂的作业流程，提升企业信息化管理效率和透明度。同时，系统集成多种硬件解决方案满足用户不同应用需求，通过采用不同技术手段实现有效作业流程改善和提高工作效率，满足最终企业和组织中所要求的信息化、智能化、现代化的需求，帮助客户开始智慧的转型。

【拓展视频】

2. RFID 智能仓储管理系统的原理

RFID 是一种非接触的自动识别技术，其基本原理是利用射频信号和空间耦合（电感耦合或电磁耦合）非接触式传输特性，实现对被识别物体的自动识别并交换数据。系统采用 B/S + C/S 结构，由数据追溯平台（B/S）和手持（PC）客户端程序（C/S）两部分组成。数据追溯平台具有管理与企业 ERP 系统数据对接、客户端数据接口支持和追溯信息查看等功能。客户端程序根据软件使用环境分两种：手持客户端（Win CE 系统）和 PC（Window 系统）客户端。手持客户端有收货、上架、拣货、盘点等功能，PC 客户端有标签初始化、发货等功能。

3. RFID 智能仓储管理系统的网络结构

RFID 智能仓储管理系统网络结构如图 13.1 所示。

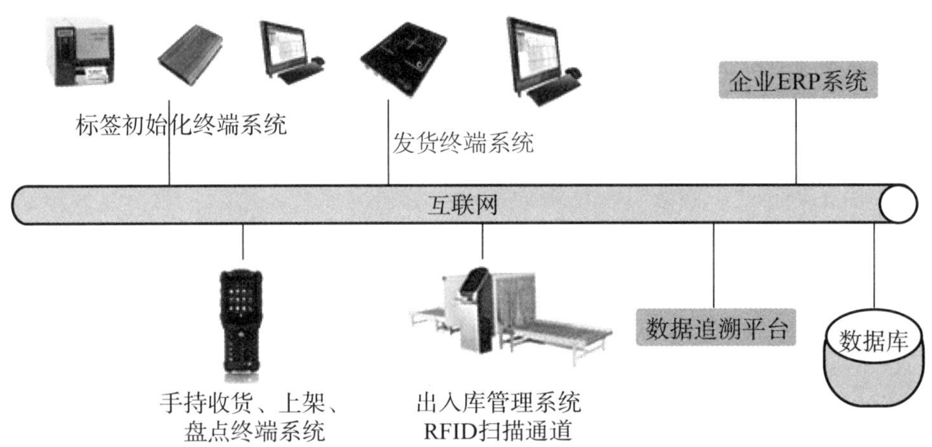

图 13.1　RFID 智能仓储管理系统网络结构

4. RFID 智能仓储管理系统的优势

（1）仓库空间有限，一个货位对应多个 SKU，提高仓库利用率。

（2）周期性拣货量大，订单多而急，需提高拣货效率，优化拣货路径。

（3）提高收发货效率，收发货准确率百分之百。

（4）保证仓库商品仓存准确率，提高盘点效率。

（5）防伪追溯：用于网络打假和商品流向追踪。

（6）提高品牌商仓库的信息化管理以及优化成品的物流供应链。

在整个 RFID 仓库管理运营中，RFID 技术的远距离识别、大批量读取以及准确性等特点，都应用到仓储管理的入库、库内作业、出库、盘点、分拣等过程中。利用 RFID 的特性，可以改变传统的库存管理方式，智能采集的数据经过分析处理，能够获取智慧的洞察，提高业务的精益，并能最大化企业的投资价值，节省人力资源，给企业带来一种全新的仓库管理方式。

【实验步骤】

（1）产品入库。

① 打开物流信息技术上位机物流信息技术与信息管理实验软件平台，应用实验模块。单击“超高频 RFID 仓储实验”模块，弹出如图 13.2 所示的对话框。

② 单击“入库”按钮，弹出界面如图 13.3 所示对话框，输入所要入库的产品名称并选择相应的产品类别。

③ 单击“开始扫描”按钮，扫描产品标签，将会看到产品信息自动录入“在库产品信息列表”中，并自动分配好货位，如图 13.4 所示。

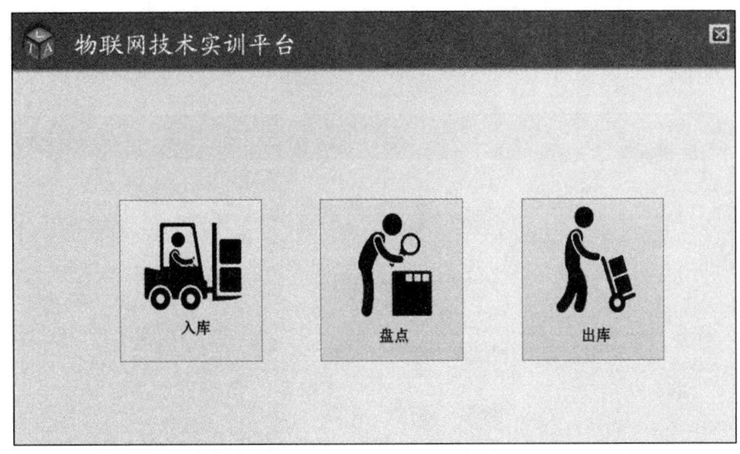

图 13.2　产品入库模拟操作步骤(一)

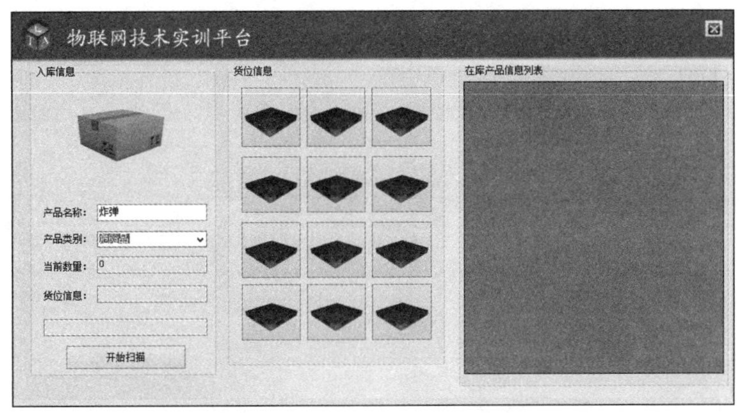

图 13.3　产品入库模拟操作步骤(二)

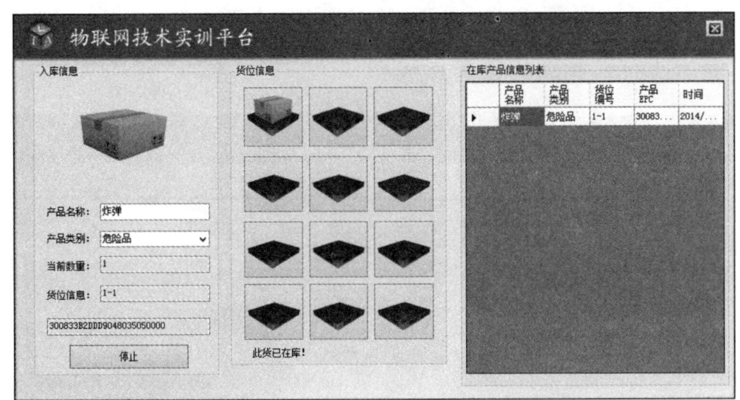

图 13.4　产品入库模拟操作步骤(三)

④ 再用相同的方法将剩余产品入库，结果如图 13.5 所示。

(2) 产品盘点。

① 退出入库模块，单击“盘点”按钮，显示仓库中已存在已入库产品的信息。单击

“开始扫描”按钮，扫描将要盘点的产品标签，产品“货位信息”内出现对勾，则表明该产品盘点成功，如图 13.6 所示。

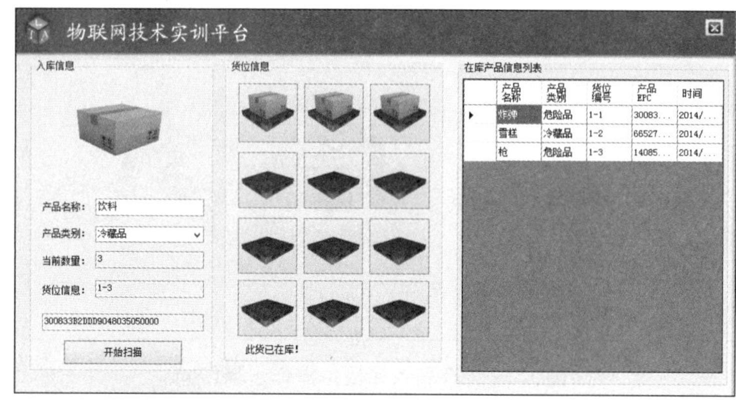

图 13.5　产品入库模拟操作步骤(四)

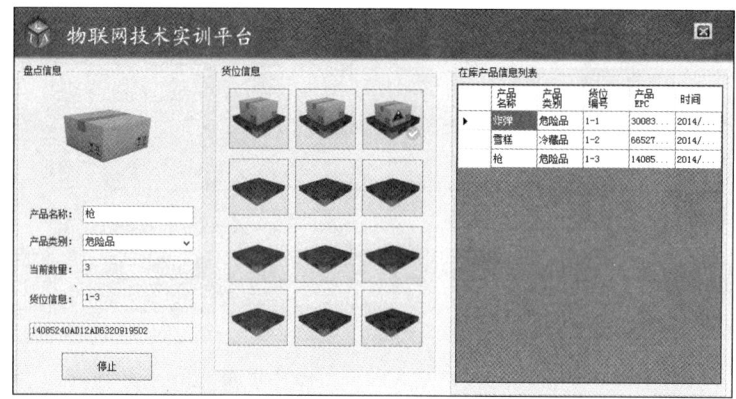

图 13.6　产品盘点模拟操作步骤(一)

② 图 13.7 表示所有入库商品皆盘点成功。

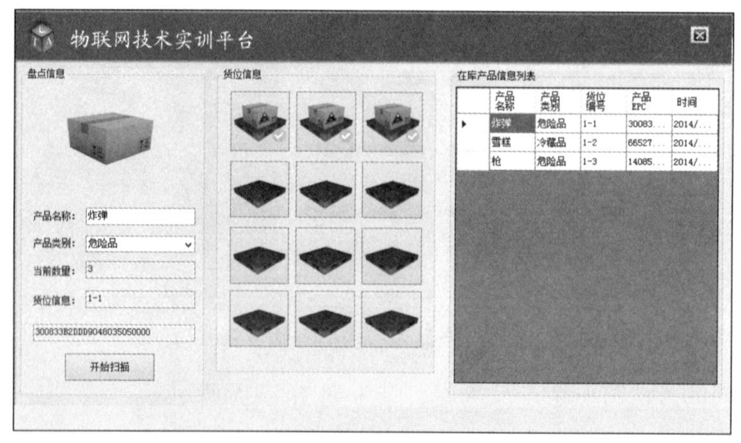

图 13.7　产品盘点模拟操作步骤(二)

（3）产品出库。

① 退出盘点模块，单击“出库”按钮，显示仓库中已存在已入库产品的信息，如图 13. 8所示。

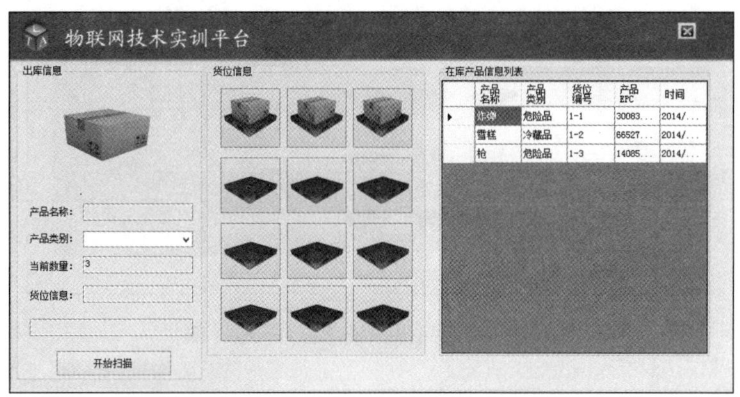

图 13. 8　产品出库模拟操作步骤(一)

② 单击“开始扫描”按钮，扫描将要出库的产品标签；出库成功，仓库中已无在库产品信息，如图 13. 9 和图 13. 10 所示。

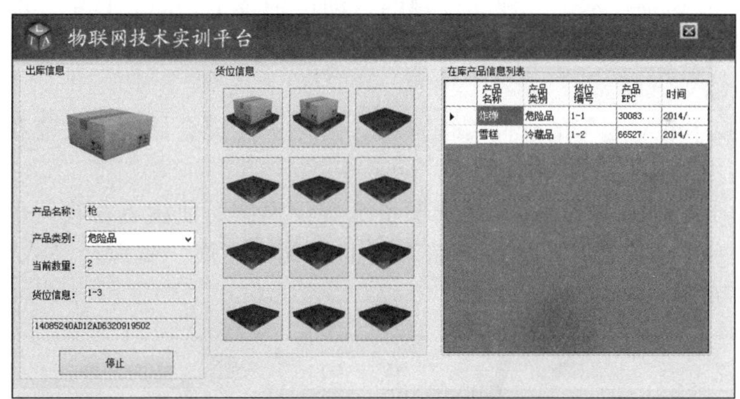

图 13. 9　产品出库模拟操作步骤(二)

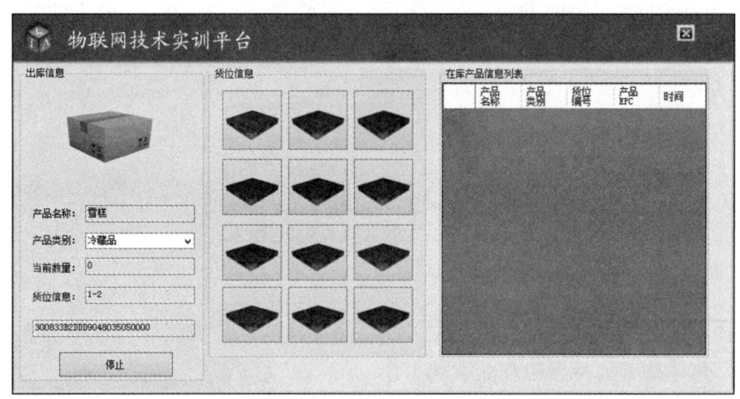

图 13. 10　产品出库模拟操作步骤(三)

③ 单击“停止”按钮，停止扫描，退出实训平台，如图 13. 11 所示。

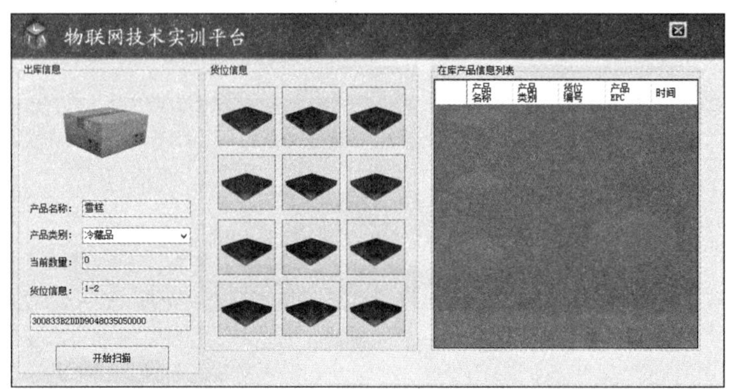

图 13. 11　产品出库模拟操作步骤(四)

本章小结

RFID 无线射频识别技术是一种非接触的自动识别技术，因其具备读取距离远、读取速度快、可批量群读、不易污损、数据容量大等条码无法实现的特点，而被广泛使用在仓库管理、物流运输等方面。

利用 RFID 技术建立起来的仓储管理系统，简化了传统仓储的工作流程，使得全过程数据化、透明化，提高了工作效率。

本章通过基于超高频 RFID 的仓储管理系统实验模拟，使读者在物流信息技术与信息管理实验软件平台上学习到 RFID 在仓储管理上的具体应用，掌握产品入库、产品盘点、产品出库的完整流程。

关键术语

仓储管理系统(Warehouse Management System)　　高频(Radio Frequency Identification，RFID)
数据库(Database)

习　题

一、填空题

1. 基于 RFID 技术的智能仓储管理系统是在传统仓储管理的工作方式和流程中加入 RFID ________和________，来实现数据采集并完成库内作业管理工作。

2. RFID 技术具备读取________、读取________、可批量群读、不易污损、数据________等条码无法实现的特点。

3. RFID 是一种非接触的________，其基本原理是利用和空间耦合(电感耦合或电磁耦合)非接触式传输特性，实现对被识别物体的自动识别并交换数据。

二、思考题

1. 简述 RFID 仓储管理系统的工作流程。
2. 简述 RFID 仓储管理模拟操作步骤。
3. 简述 RFID 技术的优点，并与条码识别技术进行比较。

附录1　术语表

WiMAX：WiMAX 是全球微波互联接入（Worldwide Interoperability for Microwave Access）的简称。WiMAX 也叫 802.16 无线城域网或 802.16。WiMAX 是一项新兴的宽带无线接入技术，能提供面向互联网的高速连接，数据传输距离最远可达 50km。WiMAX 还具有 QoS 保障、传输速率高、业务丰富多样等优点。

EAN：国际物品编码协会（EAN International，EAN）成立于 1977 年，是基于比利时法律规定建立的一个非营利性质的国际组织，致力于建立一套国际通行的全球跨行业的产品、运输单元、资产、位置和服务的标识标准体系和通信标准体系。

UCC：UCC 是 Uniform Code Council 的简称，即美国统一代码委员会。

CIM：《国际铁路货物运输公约》（Convention Concerning International Carriage of Goods by Rail，CIM）是关于铁路货物运输的国际公约，是在 1890 年制定的《伯尔尼公约》基础上发展而来的。

MIS：管理信息系统（Management Information System，MIS）是一个以人为主导，利用计算机硬件、软件、网络通信设备以及其他办公设备，进行信息的收集、传输、加工、储存、更新、拓展和维护的系统。

ERP：ERP 是企业资源计划（Enterprise Resource Planning）的简称，是指建立在信息技术基础上，集信息技术与先进管理思想于一身，以系统化的管理思想，为企业员工及决策层提供决策手段的管理平台。

FTP：FTP 是 File Transfer Protocol（文件传输协议）的英文简称，而中文简称为文传协议，用于 Internet 上控制文件的双向传输。同时，它也是一个应用程序（Application）。

WSN：无线传感器网络（Wireless Sensor Networks，WSN）是一种分布式传感网络，它的末梢是可以感知和检查外部世界的传感器。WSN 中的传感器通过无线方式通信，因此网络设置灵活，设备位置可以随时更改，还可以跟互联网进行有线或无线方式的连接。

冷链物流：冷链物流（Cold Chain Logistics）泛指冷藏冷冻类食品在生产、储藏运输、销售，到消费前的各个环节中始终处于规定的低温环境下，以保证食品质量、减少食品损耗的一项系统工程。

物流“最后一公里”：指货物从离开配送中心到达分拣中心后，从分拣中心到达用户手中的这段过程，是整个物流环节的末端环节，是唯一一个直接和客户面对的环节。

ISM 波段：ISM（Industrial Scientific Medical）Band，是由 ITU-R（ITU Radiocommunication Sector，国际通信联盟无线电通信局）定义的。此频段主要开放给工业、科学、医学 3 个主要机构使用，属于 Free License，无须授权许可，只需要遵守一定的发射功率（一般低于 1W），并且不要对其他频段造成干扰即可。

NMT：Nordic Mobile Telephony（北欧移动电话），NMT 是被瑞典、挪威和丹麦的电信管理部门在 20 世纪 80 年代初确立的普通模拟移动电话北欧标准。NMT 系统也在欧洲其他的一些国家和地区安装了，包括俄罗斯的部分地区、中东和亚洲。NMT 运转在 450MHz 和

900MHz 的带宽上。

蜂窝移动通信：蜂窝移动通信(Cellular Mobile Communication)采用蜂窝无线组网方式，将终端和网络设备通过无线通道连接起来，进而实现用户在活动中可相互通信。其主要特征是终端的移动性，并具有越区切换和跨本地网自动漫游功能。

附录 2　Keil μVision 4 安装教程

（1）运行安装程序 C51V900. exe，如附图 1 所示。

（2）完成安装过程，如附图 2 所示。

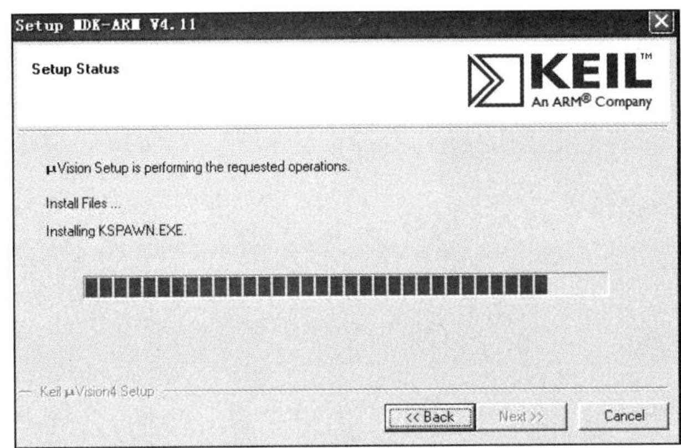

附图 1　运行安装程序

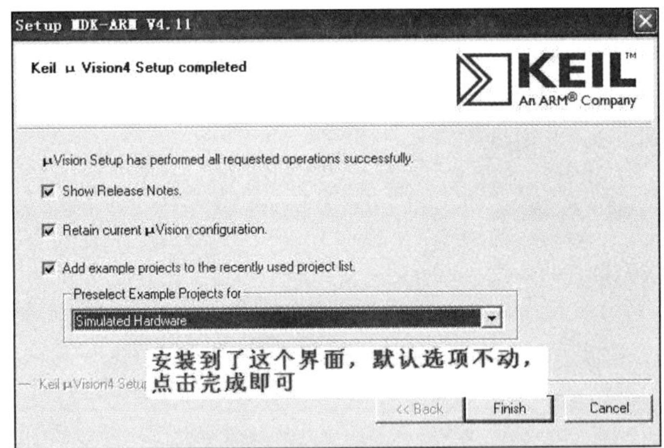

附图 2　完成安装过程

（3）运行安装完毕的 Keil μVision 4（附图 3），进入 Keil μVision 4 的集成编辑环境。

附图 3　Keil μVision 4 图标

附录 3　Altium Designer 10 安装教程

（1）在相应的磁盘里建一个文件夹存放 Altium Designer 10 安装包，如在 D 盘建立了一个“DXP10”文件夹，如附图 4 所示。

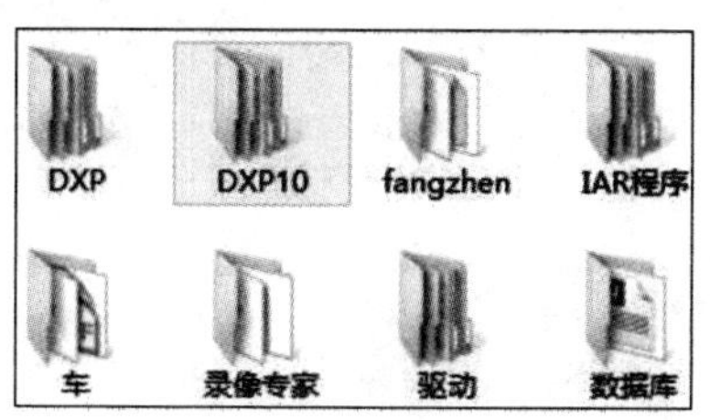

附图 4　在 D 盘建立“DXP10”文件夹

（2）将安装包复制完成后，再建立一个文件夹(因为安装程序要求安装在一个空文件夹里)，如建立一个“应用程序”文件夹，如附图 5 所示。

名称	修改日期	类型	大小
新建文件夹	2014/10/1 14:45	文件夹	
应用程序	2014/10/1 15:33	文件夹	

附图 5　建立“应用程序”文件夹

（3）安装应用程序：打开新建文件夹，找到 AltiumInstaller，双击，如附图 6 所示。

Altium Designer 10	2014/10/1 14:44	文件夹	
Board Level Libraries	2014/10/1 14:45	文件夹	
Examples and Reference Designs	2014/10/1 14:45	文件夹	
Private License Server Setup	2014/10/1 14:45	文件夹	
TeamHS	2014/10/1 14:45	文件夹	
7za	2011/2/22 21:03	应用程序	524 KB
Altium Designer 10.PlatformVersion	2010/11/19 10:54	PLATFORMVERS...	1 KB
AltiumInstaller	2011/2/22 21:03	应用程序	7,177 KB
AltiumUninstaller	2011/2/22 21:03	应用程序	3,524 KB
autorun	2011/2/22 21:03	安装信息	1 KB
EULA	2011/2/23 6:57	Foxit Reader PD...	89 KB
EULA_CN	2011/2/23 6:57	Foxit Reader PD...	283 KB
EULA_JP	2011/2/23 6:57	Foxit Reader PD...	329 KB

附图 6　双击 AltiumInstaller

然后根据提示单击 Next 按钮，如附图 7 所示。

（4）勾选 I accept the agreement 复选框，如附图 8 所示，然后单击 Next 按钮。

接着再次单击 Next 按钮，如附图 9 所示。

（5）修改安装路径，如将其安装在事先建立的 D：\DXP10\应用程序中，如附图 10 所示。

同理，下面也改成与上面相同的路径，如附图 11 所示，然后单击 Next 按钮。

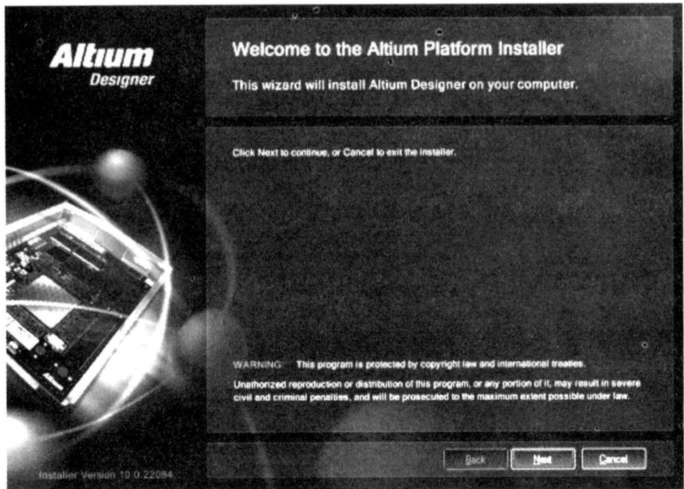

附图 7　单击 Next 按钮

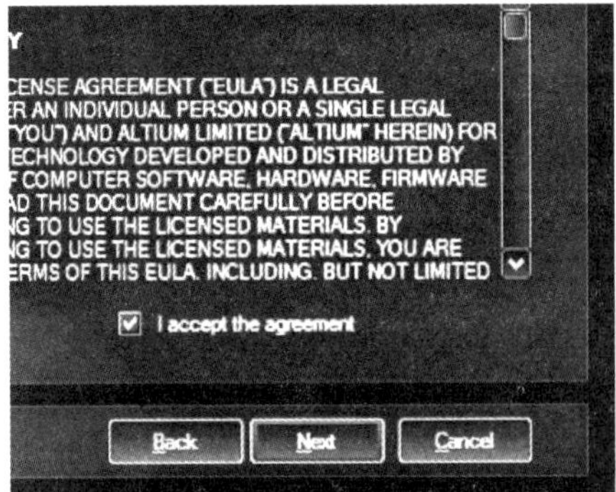

附图 8　单击 Next 按钮

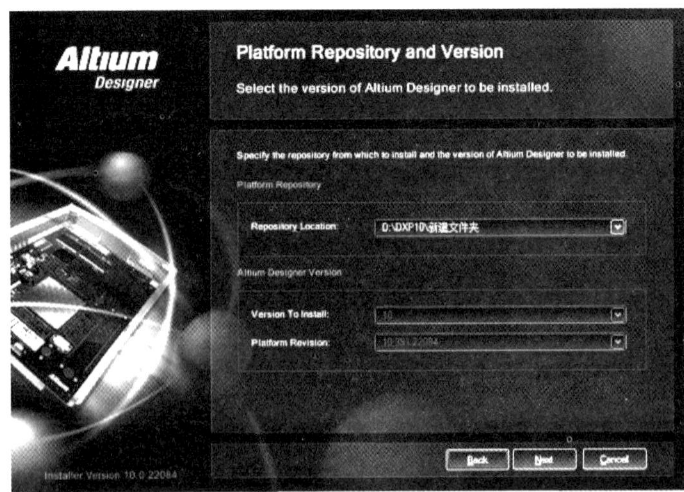

附图 9　单击 Next 按钮

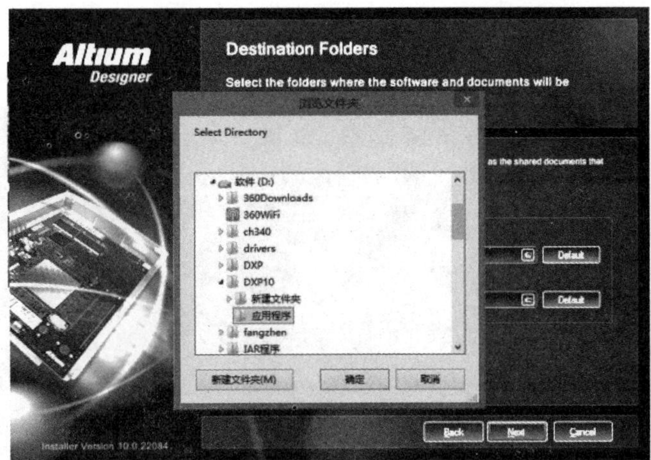

附图 10　修改安装路径

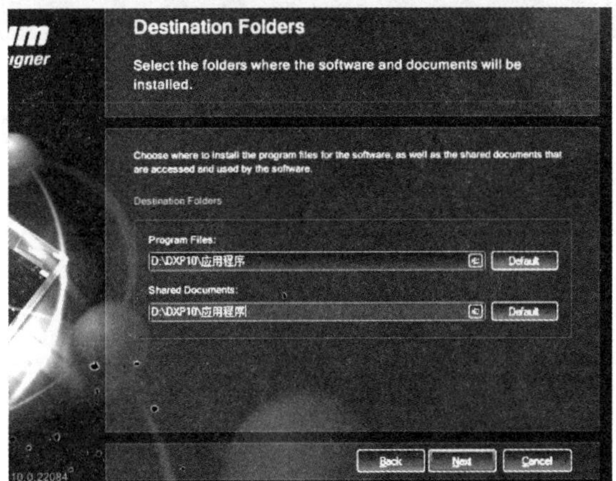

附图 11　改成与附图 10 所示相同的路线

再单击 Next 按钮，接下来就是等待安装过程完成，如附图 12 所示。

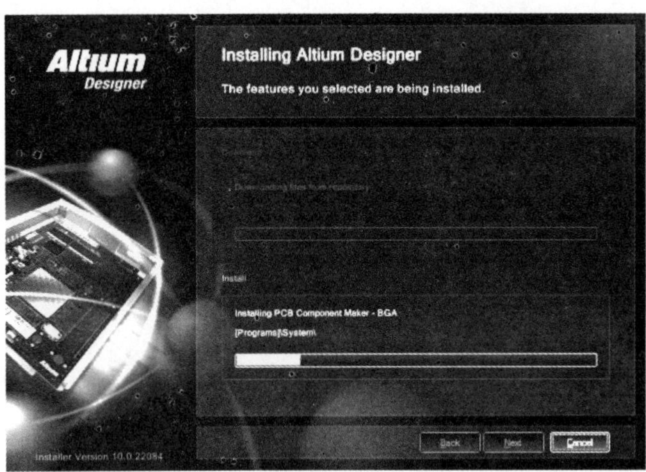

附图 12　安装过程界面

（6）安装完成，单击 Finish 按钮，Altium Designer 10 软件便自动启动，若出现附图 13 所示的画面，则表明安装成功。

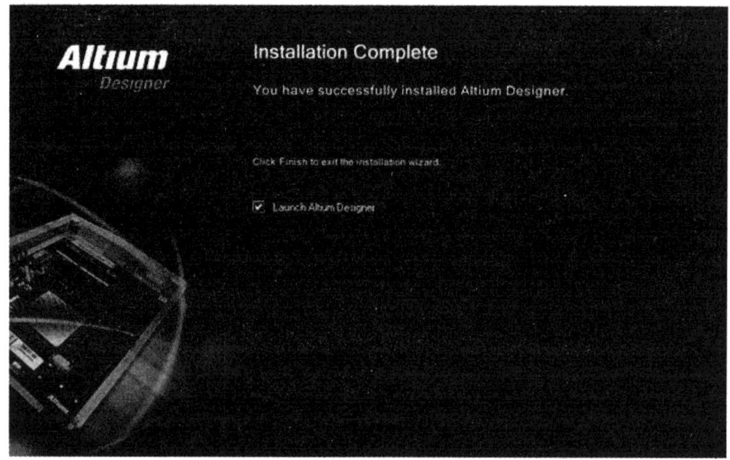

附图 13　安装完成界面

附录4　Altium Designer 10简明使用教程

1. 创建一个新的PCB工程

在Altium Designer里，一个工程包括所有文件之间的关联和设计的相关设置。一个工程文件，如xxx. PrjPCB，是一个ASCII文本文件，它包括工程里的文件和输出的相关设置，如打印设置和CAM设置。与工程无关的文件被称为自由文件。与原理图和目标输出相关联的文件都被加入工程中，如PCB、FPGA、嵌入式(VHDL)和库。当工程被编译的时候，设计校验、仿真同步和比对都将一起进行。任何原始原理图或者PCB的改变都将在编译的时候更新。

所有类型工程的创建过程都是一样的。下面以PCB工程的创建过程为例进行介绍，先创建工程文件，然后创建一个新的原理图并加入新创建的工程中，最后创建一个新的PCB，和原理图一样加入工程中。下面先来创建一个PCB工程。

(1) 选择File | New | Project | PCB Project命令，或在Files面板的New选项中选择Blank Project(PCB)选项。如果这个选项没有显示在界面上，则从System中选择Files选项。也可以在Altium Designer软件的Home Page的Pick a Task部分中选择Printed Circuit Board Design选项，并单击New Blank PCB Project按钮。

(2) Projects面板框显示在屏幕上，新的工程文件PCB_Project1. PrjPCB已经列于框中，并且不带任何文件，如附图14所示。

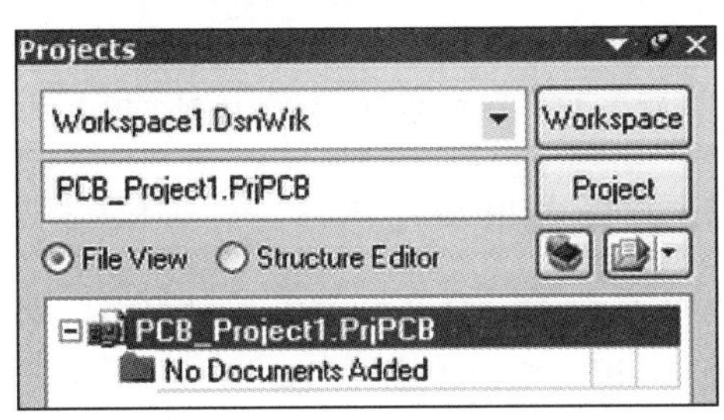

附图14　新建工程文件

(3) 重新命名工程文件(用扩展名 . PrjPCB)，选择File | Save Project As命令，在File Name文本框中输入工程名Multivibrator. PrjPCB，并单击Save按钮保存。

2. 创建一个新的电气原理图

(1) 选择File | New | Schematic命令，或者在Files面板内的New选项中选择SchematicSheet选项。在设计窗口中将出现了一个命名为“Sheet1. SchDoc”的空白电路原理图，并且该电路原理图将自动被添加到工程的“SourceDocuments”目录下。

(2) 选择File | Save As命令可以对新建的电路原理图进行重命名，并通过文件保存导航保存到用户所需要的硬盘位置，如输入文件名称“Multivibrator. SchDoc”并且单击“保存”按钮。

当用户打开该空白电路原理图时，会发现工程目录改变了。主工具条包括一系列的新建按钮，其中新建工具条包括新建条目的菜单工具条和图表层面板。现在用户就可以编辑电路原理图了。

用户还能够自定义许多工程的外观。例如，用户能够重新设置面板的位置或者自定义菜单选项和工具条的命令。现在可以在继续进行设计输入之前将这个空白原理图添加到工程中，如附图 15 所示。

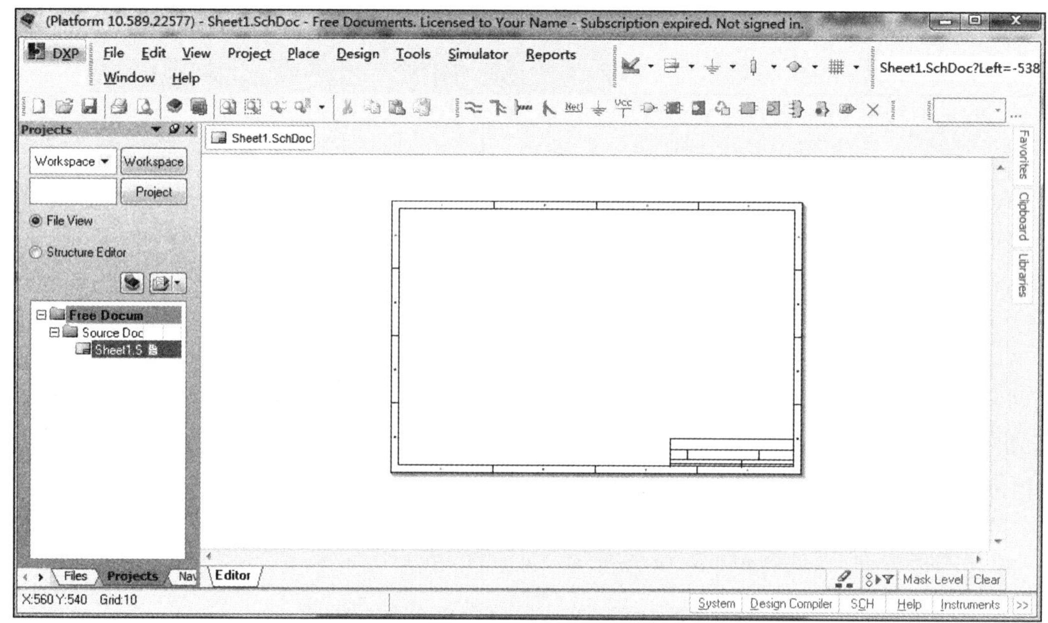

附图 15　将空白原理图添加到工程中

3. 添加电路原理图到工程当中

如果添加到工程中的电路原理图以空文档的形式被打开，可以通过在工程文件名上右击，并且在工程面板中选择 AddExistingtoProject 选项，选择空文档并单击 Open 按钮。还可以在 Projects 面板中简单地用鼠标拖曳空白文档到工程文档列表中的面板中。该电路原理图在“SourceDocuments”工程目录下，并且已经连接到该工程。

在绘制电路原理图之前要做的第一件事情就是设置合适的文档选项，步骤如下。

（1）选择 menus | Design | DocumentOptions 命令，弹出“文档选项设置”对话框。通过向导设置，将图表的尺寸设置为 A4。选择 SheetOptions | StandardStyles 选项，单击“下一步”按钮将会列出许多图表层格式。

（2）选择 A4 格式，单击 OK 按钮，关闭对话框并且更新图表层大小尺寸。

（3）重新让文档适合显示的大小，可以选择 View | Fit Document 命令。在“Altium”中，可以通过设置热键的方法让菜单处于激活状态，任何子菜单都有自己的热键用来激活。

例如，前面提到的 View | FitDocument，可以通过按 V + D 组合键来实现。许多子菜单，如 Eidt | DeSelect 能直接用一个热键来实现。激活 Eid | DeSelect | AllonCurrentDocument，只需按 X 热键和 S 热键即可。下面介绍电路原理图的总体设置。

（1）选择 Tools | Schematic Preferences 命令，弹出“电路原理图偏好优先设置”对话框。

（2）在对话框左边的树形选项中单击 Schematic-DefaultPrimitives，激活 Permanent 选项。单击 OK 按钮关闭该对话框。在开始设计原理图前，选择 File | Save 命令[快捷键：F，S]保存此原理图。

4. 画电路原理图

加载元件和库，Altium Designer 为了管理数量巨大的电路标识，电路原理图编辑器提供了强大的库搜索功能。虽然元件都在默认的安装库中，但是还是很有必要知道如何通过从库中去搜索元件。加载和添加电路所需库的步骤如下。首先来查找型号为 2N3904 的晶体管。

（1）单击 Libraries 标签显示 Library 面板。

（2）在 Library 面板中单击 Search in 按钮，或者选择 Tools | Find Component 命令打开 Libraries Search 对话框。

（3）对于这个例子必须确定在 Options 设置中，Search in 设置为 Components。对于库搜索存在不同的情况，应使用不同的选项。

（4）必须确保 Scope 设置为“Libraries on Path”，并且“Path”包含了正确连接到库的路径。如果在安装软件的时候使用了默认的路径，路径将会是“Library”。可以通过单击“文件浏览”按钮来改变库文件夹的路径。对于这个例子还需得确保 Include Subdirectories 复选项框已经勾选。

（5）为了搜索 3904 的所有索引，在 Libraries Search 对话框的搜索栏输入“＊3904＊”（附图 16）。使用＊标记来代替不同的生产厂商所使用的不同前缀和后缀。

（6）单击 Search 按钮开始搜索。搜索启动后，搜索结果将在库面板中显示。

（7）单击 MiscellaneousDevices. IntLib 库中的名为“2N3904”的元件并添加它。这个库拥有所有可以利用于仿真的 BJT 晶体管元件标识。

（8）如果选择了一个库里面没有安装的元件，在使用该元件绘制电路图前，会出现安装库的提示。由于 MiscellaneousDevices 已经默认安装了，所以该元件可以使用。

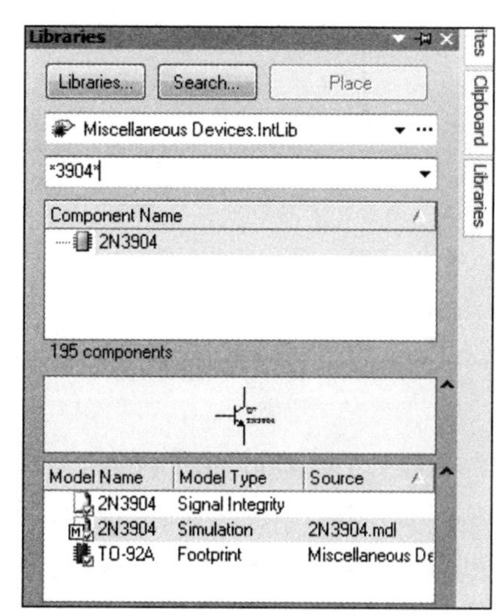

附图 16　在 Libraries Search 对话框的搜索栏输入“＊3904＊”

在库面板最上面的下拉列表中有“添加库”选项。单击列表中任何一个库的名字，则库里面的所有元件将在下面显示。可以通过元器件过滤器快速加载元件。

5. 在电路原理图中放置元件

第一种要在电路图中放置的元件为晶体管 Q1 和 Q2。

（1）选择 View | Fit Document 命令，原理图表层全屏显示。

（2）通过 Libraries 快捷键来显示库面板。

（3）Q1 和 Q2 为 BJT 晶体管，所以从 Libraries 面板顶部的库下拉列表中选择 MiscellaneousDevices. IntLib 库激活当前库。

（4）使用“filter”快速加载所需要的元件。默认的星号 * 可以列出所有能在库里找到的元件。设置“filter”为“ *3904* ”，将会列出所有包含文本“3904”的元件。

（5）2N3904 将选择该元件 2N3904，然后单击 Place 按钮。或者，直接双击该元件的文件名，光标会变成十字准线叉丝状态并且一个晶体管紧贴着光标。现在正处于放置状态。如果移动光标，晶体管将跟着移动。

（6）在原理图放置器件之前，应该先设置其属性。当晶体管贴着光标时，按 TAB 键，将打开 Component Properties 属性框。对该属性对话框进行如附图 17 所示的设置。

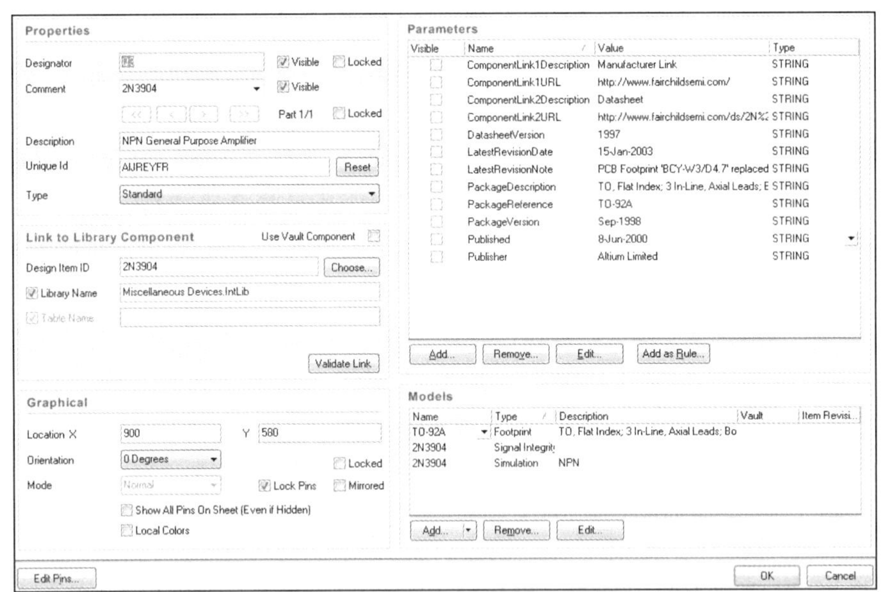

附图 17　设置属性

（7）在 Component Properties 对话框的“Designator”栏输入“Q1”。

（8）接下来，必须检查元件封装是否符号 PCB 的要求。在这里，使用的集成库已经包含了封装的模型以及仿真模型电路。确认调用了封装 TO-92A 封装模型包含在模块中，保持其他选项为默认设置，并单击 OK 按钮关闭对话框。

现在开始放置器件。

（1）移动光标，放置晶体管在中间靠左的位置。单击或者按 Enter 键来完成放置。

（2）移开光标，原理图上将出现该晶体管，并且仍旧处于放置器件状态，晶体管仍然贴着光标。Altium Designer 的功能是允许反重复放置同一器件，所以现在放置第二个晶体管。由于该晶体管跟原来的一样，因此在放置器件时不需要再次编辑器件的属性。Altium Designer 将自动增加“designator”名字中的数字后缀。所以这次放置的晶体管的“designator”将为 Q2。

（3）通过按 X 键来改变放置器件的方向，这将使元件沿水平方向翻转。

（4）移动光标到 Q1 右边，为了使位置更加准确，按 Page Up 键两次来放大画面。这样可以看到栅格线。

（5）按 Enter 键来放置 Q2。每次放置好一个晶体管，又会出现一个准备放置的晶体管。

（6）所有晶体管都放置完毕后，可以通过右击或按 Esc 键退出放置状态，则光标又回到原来的样子。

接下来放置 4 个电阻。

（1）在库面板中，激活 MiscellaneousDevices. IntLib 库。

（2）设置“filter”为 res1。

（3）单击 Res1 来选择该器件，这样一个电阻元件符号将贴着光标。

（4）按 Tab 键来编辑属性。在属性对话框中，设置“designator”为 R1.

（5）在模型块列表中确定 AXIAL-0. 3 已经被包含。

（6）PCB 元件的内容由原理图映射过去，所以这里设置 R1 的大小为 100kΩ。

（7）由于不需要仿真，所以设置“Value”参数中的“Visible 选择”为“非使能”。

（8）按空格键使电阻旋转 90°，位于正确的方向。

（9）把电阻放置在 Q1 的上方，按 Enter 键完成放置。关于如何连接电阻到晶体管，将会在连线部分做说明。

接下来放置一个 100kΩ 的电阻 R2 于 Q2 的上方。Designtor Designator 的标号会自动增加。

（10）剩下的两个电阻 R3 和 R4 的大小为 1kΩ，通过 Tab 键设置它们的“Comment”为 1kΩ，确认“Value”的“Visible 选项”为“非使能”，单击 OK 按钮关闭对话框。

（11）放置 R3 和 R4，并通过右击或按 Esc 键退出。

现在放置两个电容。

（1）电容器件也在“MiscellaneousDevices. IntLib”库中，该库已经选择了。

（2）在“Libraries”面板的元器件过滤区内输入“cap”于 filter。

（3）单击 CAP 来选择该器件，单击 Place 按钮，这样一个电容元件符号将贴着光标。

（4）通过按“Tab”键设置电容属性。设“disigatordesignator”为 C1，“Comment”为 20n，“Visible”为“非使能”，PCB 封装为 RAD-0. 3，单击 OK 按钮。跟设置电阻一样，如果需要仿真，则需要设置 Value 的值。这里不需要仿真，所以 Value 设置为非使能。

（5）跟前面一样，放置电容。

（6）通过右击或按 Esc 键退出。

最后一个需要放置的器件是 connector，位于“MiscellaneousConnectors. IntLib”。

（1）在库面板中，选择“MiscellaneousDevices. IntLib”库。需要的“connector”为2排针，所以“filter”设置为 * 2 * 。

（2）单击 Header2 来选择该器件，单击 Place。通过按 Tab 键设置电容属性。设“disigatordesignator”为Y1，“Visible”为“非使能”，PCB 封装为 HDR1X2，单击 OK 按钮。

（3）在放置前，按 X 键，使器件处于垂直方向，然后放置 connector 器件。

（4）退出放置。

（5）选择 File | Save 命令保持原理图。

现在已经放置完所有的元件，如附图 18 所示。

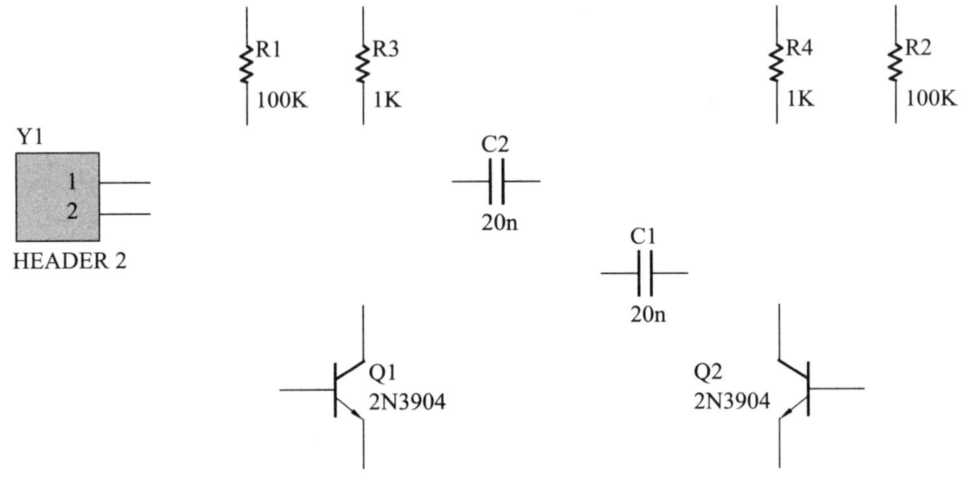

附图 18　放置完所有的元件

如果想移动元件，点击鼠标左键并保持按压左键，然后移动鼠标，拖动元件到用户想要的位置。电路连线是处理电路中不同元件的连接，完成下面的步骤。

（1）为了使电路图层美观，可以按 Page Up 键来放大，或按 Page Down 键来缩小。保持 Ctrl 键按下，使用鼠标的滑轮可以放大或缩小图层。

（2）在菜单中选择 Place | Wire 命令或者在连线工具条中单击 Wire 进入绘线模式，光标会变成 crosshair 十字准线模式。

（3）把光标移动到 R1 的最下面，当位置正确时，一个红色的连接标记会出现在光标的位置。这说明光标正处于元件电气连接点的位置。

（4）单击或者按 Enter 键来确定第一个连线点。移动光标，会出现一个从连接点到光标位置，随着光标延伸的线。

（5）在 R1 的下方 Q1 的电气连接点的位置放置第二个连接点，这样第一根连线就快画好了。

（6）把光标移动到 Q1 的最下面，当位置正确时，一个红色的连接标记会出现在光标的位置。单击或者按 Enter 键来连接 Q1 的基点。

（7）光标又重新回到了十字准线 cross hair 状态，这说明可以继续画第二根线了。可以通过右击或者按 Esc 键来完全退出绘线状态，不过现在还不要退出。

(8) 现在连接 C1 到 Q1 和 R1。把光标放在 C1 左边的连接点上，单击或者按 Enter 键，开始绘制一根新的连线。水平移动光标到 R1 与 Q1 所处直线的位置，电气连接点将会出现，单击或按 Enter 键来连接该点。这样两根线直接便自动连接在一起了。

(9) 按照附图绘制电路剩下的部分。

(10) 当完成所有连线的绘制时，右击或按 Esc 键来退出画线模式。光标回到原来的状态。

(11) 如果想移动元件和连接它的连线，当移动元件的时候按下并保持按下 Ctrl 键，或者选择 Move | Drag 命令网络和网络标记。

每个元件的管脚连接的点都形成一个网络。例如一个网络包括了 Q1 的基点、R1 的一个脚和 C1 的一个脚。为了能够简单的区分设计中比较重要的网络，可以设置网络标记。

接下来放置两个电源网络标记。

(1) 选择 Place | NetLabel 命令，一个带点的框将贴着光标。

(2) 在放置前，通过 Tab 键打开 NetLabeldialog 对话框。

(3) 在“Net”栏输入“12V”，单击 OK 按钮关闭对话框。

(4) 在电路图中，把网络标记放置在连线的上面，当网络标记与连线接触时，光标会变成红色十字准线 redcross。如果是一个灰白十字准线的 cross，则说明放置的是管脚。

(5) 当完成第一个网络标记的绘制时，仍处于网络标记模式，在放置第二个网络标记前，可以按下 Tab 键，编辑第二个网络。

(6) 在“Net”栏输入“GND”，单击 OK 按钮关闭，然后放置标记。

(7) 在电路图中，把网络标记放置在连线的上面，当网络标记与连线接触时，光标会变成 redcross 红色十字准线。右击或按 Esc 键出绘制网络标记模式。

(8) 选择 File | Save 命令，保存电路图，同时保存项目，完成使用 AltiumDesigner 绘制的电路原理图，如附图 19 所示。

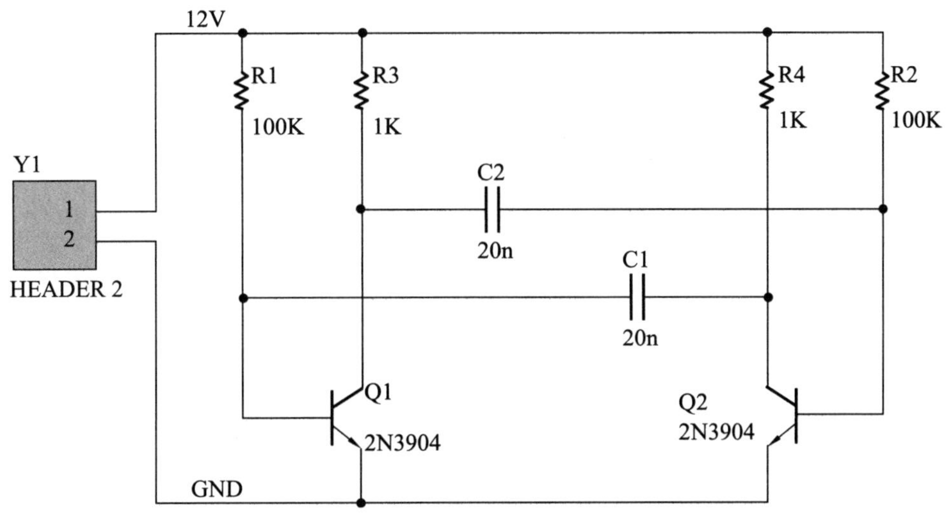

附图 19　完成并保存使用 AltiumDesigner 绘制的电路原理图

参 考 文 献

[1]李军涛，张丽珍，曹守启，等．物流工程专业本科培养计划的探索与实践[J]．价值工程，2013，(12)：261－263.

[2]穆荣宁．计算机网络通信常见问题及技术发展的探讨[J]．硅谷，2012，(09)：26，31.

[3]李苏剑，游战清，郑利强．物流管理信息系统理论与案例[M]．北京：电子工业出版社，2005.

[4]中国物品编码中心．条码技术与应用[M]．北京：清华大学出版社，2004：13－20.

[5]王平，蒋进，梅海军，等．物品递送数字签名确认新方法及其掌上终端[J]．计算机集成制造系统，2003，9(7)：566－570.

[6]蔡淑琴．物流信息与信息系统[M]．北京：电子工业出版社，2005：51－55.

[7]尹纪新．无线射频基础[M]．北京：人民邮电出版社，2008.

[8]杨聚平，杨长春，姚宣霞．电商物流中“最后一公里”问题研究[J]．商业经济与管理，2014，(04)：16－22，32.

高等院校物流专业创新规划教材

序号	书　名	书　号	编著者	定价	序号	书　名	书　号	编著者	定价
1	物流工程	7-301-15045-0	林丽华	30.00	40	物流系统优化建模与求解	7-301-22115-0	李向文	32.00
2	物流管理信息系统	7-301-16564-5	杜彦华	33.00	41	集装箱运输实务	7-301-16644-4	孙家庆	34.00
3	现代物流学	7-301-16662-8	吴　健	42.00	42	库存管理	7-301-22389-5	张旭凤	25.00
4	物流英语	7-301-16807-3	阚功俭	28.00	43	运输组织学	7-301-22744-2	王小霞	30.00
5	采购管理与库存控制	7-301-16921-6	张　浩	30.00	44	物流金融	7-301-22699-5	李蔚田	39.00
6	物料学	7-301-17476-0	肖生苓	44.00	45	物流系统集成技术	7-301-22800-5	杜彦华	40.00
7	物流项目招投标管理	7-301-17615-3	孟祥茹	30.00	46	商品学	7-301-23067-1	王海刚	30.00
8	物流运筹学实用教程	7-301-17610-8	赵丽君	33.00	47	项目采购管理	7-301-23100-5	杨　丽	38.00
9	现代物流基础	7-301-17611-5	王　侃	37.00	48	电子商务与现代物流	7-301-23356-6	吴　健	48.00
10	现代物流管理学	7-301-17672-6	丁小龙	42.00	49	国际海上运输	7-301-23486-0	张良卫	45.00
11	供应链库存管理与控制	7-301-17929-1	王道平	28.00	50	物流配送中心规划与设计	7-301-23847-9	孔继利	49.00
12	物流信息系统	7-301-18500-1	修桂华	32.00	51	运输组织学	7-301-23885-1	孟祥茹	48.00
13	城市物流	7-301-18523-0	张　潜	24.00	52	物流管理	7-301-22161-7	张佺举	49.00
14	营销物流管理	7-301-18658-9	李学工	45.00	53	物流案例分析	7-301-24757-0	吴　群	29.00
15	物流信息技术概论	7-301-18670-1	张　磊	28.00	54	现代物流管理	7-301-24627-6	王道平	36.00
16	物流配送中心运作管理	7-301-18671-8	陈　虎	40.00	55	配送管理	7-301-24848-5	傅莉萍	48.00
17	物流工程与管理	7-301-18960-3	高举红	39.00	56	物流管理信息系统	7-301-24940-6	傅莉萍	40.00
18	国际物流管理	7-301-19431-7	柴庆春	40.00	57	采购管理	7-301-25207-9	傅莉萍	46.00
19	商品检验与质量认证	7-301-10563-4	陈红丽	32.00	58	现代物流管理概论	7-301-25364-9	赵跃华	43.00
20	供应链管理	7-301-19734-9	刘永胜	49.00	59	物联网基础与应用	7-301-25395-3	杨　扬	36.00
21	逆向物流	7-301-19809-4	甘卫华	33.00	60	仓储管理	7-301-25760-9	赵小柠	40.00
22	供应链设计理论与方法	7-301-20018-6	王道平	32.00	61	采购供应管理	7-301-26924-4	沈小静	35.00
23	物流管理概论	7-301-20095-7	李传荣	44.00	62	供应链管理	7-301-27144-5	陈建岭	45.00
24	供应链管理	7-301-20094-0	高举红	38.00	63	物流质量管理	7-301-27068-4	钮建伟	42.00
25	企业物流管理	7-301-20818-2	孔继利	45.00	64	物流成本管理	7-301-28606-7	张　远	36.00
26	物流项目管理	7-301-20851-9	王道平	30.00	65	供应链管理(第2版)	7-301-27313-5	曹翠珍	49.00
27	供应链管理	7-301-20901-1	王道平	35.00	66	现代物流信息技术(第2版)	7-301-23848-6	王道平	35.00
28	物流学概论	7-301-21098-7	李　创	44.00	67	物流信息管理(第2版)	7-301-25632-9	王汉新	49.00
29	航空物流管理	7-301-21118-2	刘元洪	32.00	68	物流项目管理(第2版)	7-301-26219-1	周晓晔	40.00
30	物流管理实验教程	7-301-21094-9	李晓龙	25.00	69	物流运作管理(第2版)	7-301-26271-9	董千里	38.00
31	物流系统仿真案例	7-301-21072-7	赵　宁	25.00	70	物流技术装备(第2版)	7-301-27423-1	于　英	49.00
32	物流与供应链金融	7-301-21135-9	李向文	30.00	71	物流运筹学(第2版)	7-301-28110-9	郝　海	45.00
33	物流信息系统	7-301-20989-9	王道平	28.00	72	交通运输工程学(第2版)	7-301-28602-9	于　英	48.00
34	物流项目管理	7-301-21676-7	张旭辉	38.00	73	第三方物流(第2版)	7-301-28811-5	张旭辉	38.00
35	现代企业物流管理实用教程	7-301-17612-2	乔志强	40.00	74	现代仓储管理与实务(第2版)	7-301-28709-5	周兴建	48.00
36	出入境商品质量检验与管理	7-301-28653-1	陈　静	32.00	75	物流配送路径优化与物流跟踪实训	7-301-28763-7	周晓光	42.00
37	智能物流	7-301-22036-8	李蔚田	45.00	76	智能快递柜管理系统实训	7-301-28815-3	杨萌柯	39.00
38	新物流概论	7-301-22114-3	李向文	34.00	77	物流信息技术实训	7-301-28807-8	周晓光	38.00
39	物流决策技术	7-301-21965-2	王道平	38.00	78	电子商务网站实训	7-301-28831-3	邢　颖	45.00

如您需要浏览更多专业教材，请扫下面的二维码，关注北京大学出版社第六事业部官方微信(微信号：pup6book)，随时查询专业教材、浏览教材目录、内容简介等信息，并可在线申请纸质样书用于教学。

感谢您使用我们的教材，欢迎您随时与我们联系，我们将及时做好全方位的服务。联系方式：010-62750667，63940984@qq.com，pup_6@163.com，lihu80@163.com，欢迎来电来信。客户服务QQ号：1292552107，欢迎随时咨询。